破产债权人权利保护

实务指南

POCHAN ZHAIQUANREN
QUANLI
BAOHU SHIWU ZHINAN

吴华彦 主编

上海人民出版社

主　　编：吴华彦

编委成员：吴华彦　任　兵　吴　瑶
　　　　　　罗　灿　刘　彧

推荐序

市场经济的基础是信用交易，信用交易自然形成形式多样的债权债务关系。债权债务关系作为市场经济中最为典型的经济现象，相应的制度供给非常丰富。《民法典》第一条开宗明义指出的"保护民事主体的合法权益，调整民事关系，维护社会与经济秩序……"是法律对包括债权在内的民事主体合法权益保护宗旨的宣示。不少法律甚至特别强调维护债权债务关系、维护债权人合法权益。市场经济作为法治经济，需要通过保护债权实现保护产权、鼓励交易、促进交易、维护交易安全、保障交易秩序的价值目标。就法理而言，债的给付与受领关系体现着债权人与债务人之间的紧张关系，多数情形经由债务人清偿与债权人实现债权而消解。就社会而言，债权债务关系的创设与完成不断促使财富融通，是市场经济的要义所在，也成为繁荣经济生活最典型的图景。

不过，并非所有的债权债务关系都能够按照当事人的意愿走完"债的生命周期"，债务人完全履行债务，债权人全面实现权利。发生争议时，当事人可以依赖于诉讼、仲裁等机制。债务人不当拒绝履行时，可以依赖于强制执行等制度提供保护。这些争议依然遵循债的"相对性原则"，在债权人与债务人之间解决。复杂的情形是债务人清偿能力严重下降，债权债务关系的处理超出了特定的债权人与债务人之间事先的安排，出现诸多债权人之债权期待与债务人有限财产之间的严重冲突，出现了对同一债务人的各债权人之间的紧张关系。基于公正的目标，需要的是一套能够维护全体债权人利益的公平清偿制度。其中，债务人财产与对债务人的债权就成为两大重点领域。一旦债务人进入破产出现无力清偿债务的情形,与债务人独立构建债权债务关系的债权人群体被"卷入"一个"利益共同体"。债权人只能按照规定的程序与方式去行使自己原本在破产程序之前所确定的各种权利,争取获得债权救济的机会。在此意义上,破产法处理债权债务关系的规则与破产法以外的债权债务关系规则就当然地"聚合"到一起,破产程序中依法维护债权人利益也就成了一门特殊的"法律技艺"。对于律师而言,在担任管理人履行职责的场合,受理债权申报、审核、甄别、分类、清偿,确定债权人并维护债权人破产程序中的知情权、参与权、监督权与受领破产财产的权利,协助组织债权人会议、债权人委员会等债权人团体形成团体决策等;在为特定债权人依法维护利益的场合,需要参与确定债权的性质与数额,完成债权申报事务,代理解决债权申报争议,代表债权人参与破产程序,依法律规定维护债权人的其他权利,等等。参与过破产案件的律师对于出现的各种有关债权保障的问题都有过许多的研究,有着尝试各种解决方案的丰富实践。或者是因为债权申报、补充申报的程序性问题及其对于债权人影响问题,或者是因为债权人在参与破产程序过程中发生的争议,或者是因为债权发生原因的审查问题,或者是因为债权的性质与破产程序中的地位问题,或者是因为债权数额问题,或者是因为与债权担保涉及债务人特定财产或者涉及第三人的问题……

应当说,债权人是破产债权制度的最重要的主体,保障债权人的利益是资源稀缺情形下利益分配制度实现法律正义价值观的第一位要求。破产清算程序贯彻保障全体债权人的公平清偿目标,债权保障理念是核心理念,尽管制度内容有使债权绝对化的一面,但其最大限度保障破产债权实现的理念与精神却不容置疑,也是"有债必还"法则最好的践行者。问题是,在形形色色的债权形成"集合"时,破产程序面临的难题就转换为维护债权人公平受偿机会与针对不同的债权类型依法维护各种优先性的权利的矛盾、各类当事人事先依法约定的优先性权利与依照法律规定的优先性权利之间的矛盾,甚至考虑到债务人资产的稀缺性,强制性地将某些债权采取制度性的"劣后"安排。破产实务中,我们常常需要穿透债权债务关系的迷雾,在破产程序中先甄别个别债权债务关系的发生原因、性质，对各类债权进行检索分类，明确不同类别的债权各自在破产程序中的地位。此外，市场逻辑的启示同样十分重要：债务人财产价值最大化才是确定债权最佳实现方式的经济基础，要善于采取市场化的方式发现债务人财产的最大价值，利用债务人财产继续从事生产经营创造更多的财富用于分配。破产制度要避免一般清算对资产价值的耗损，鼓励组织全体债权人并动员其他外部资源寻求更优方案，鼓励发现债务人资产所蕴含的营运价值，在维护债务人存续并创造更多价值基础上寻求最优分配方案。显然，现代破产制度内涵越来越丰富，包括各类债权人在内的利益各方参与破产程序，以着力于解决债权债务关系、维护债权人与债务人的合法权益、维护交易秩序与促进经济发展的理念都指引我们构建更加发达的规则体系。例如，有限责任背景下，"破产不免责主义"与"破产惩罚主义"可以被放弃，对于诚实而不幸的债务人提供东山再起的机会代表现代破产文明的方向；公司等作为股东、债权人以及其他利益相关者权益的集合体，更需要通过破产预防维护债权人与债务人的合法权益；破产程序对于当事人合约安排等的严格约束与刚性重置在面对现代经济活动的高度联结性作出更缓和的调适，允许为了维护金融体系稳定与交易秩序等提供"破产隔离"的安全港保护，等等。总的看来，既要确立保障破产债权作为破产制度功能定位最坚实的基础，又需要梳理与甄别破产程序中的相关利益各方，破产制度的实施需要鼓励利益各方在复杂背景下采取恰当的行动，并在破产程序中实现利益相互平衡的目标。无论是破产法的理论研究，或者是破产执业中的个案探索，都需要在实现这一目标上作出更大的努力。

我国破产法研究的历史并不长，破产法通常被认为是一个小众的研究领域。破产法研究也有一个特殊的现象，那就是，破产执业群体在总结破产实践与开展研究上具有特殊的自觉性。破产实务研究成为破产法研究的重要组成部分。本书作者及团队长期专注于民商事法律服务和企业破产与重组法律服务，作为管理人或债权人代理人参与过诸多破产案件，面对经常遭遇的争议、疑惑与困难，也进行了不少专题性的研究，对于破产法体系与具体规则、破产法规则与非破产法规则的对接、破产法的适用与破产事务的执行等问题都有了比较深刻的认识。在此基础上，从债权人在破产程序中如何保护合法权益角度出发，结合各地破产实践中改革探索的经验，以问题为导向，就涉及破产债权的破产实务问题形成了比较系统的参考方案。通观本书，我们可以发现本书有不少亮点。

第一，紧紧围绕破产债权中心命题。本书以破产实务为主线，比较系统地介绍了有关破产程序中债权人权利保护的各种方式。讨论并不拘泥于体系构建，而是就相关的破产法理论、破产纠纷处理规则与破产经验展开讨论。从"债的生命周期"看，包括合同签订过程中的债权保护约定，合同存续期间的债权保护方案，债务人发生破产原因情形下破产申请权的行使策略安排，破产程序启动后的债权申报，破产程序期间债权人诸权利的行使等都进行了讨论。对于特定情形下的债权救济问题也有选择地进行了讨论，尤其是对共益债融资、房地产企业破产中的债权保护、民办学校等特殊主体破产情形下的债权保护及在破产衍生诉讼中的权利行使等热点问题都作了比较深入的分析。相信这些分析对于鼓励债权人采取"积极行动主义"能够发挥积极的作用。

第二，着力切合最新破产实践。我国自改革开放以来，高度重视营商环境建设，不断完善市场主体退出制度。尤其是2013年11月《中共中央关于全面深化改革重大问题的决定》特别强调要"健全优胜劣汰市场化退出机制，完善企业破产制度"，2018年中央全面深化改革委员会审议通过《加快完善市场主体退出制度改革方案》，破产实践发展迅速。破产实务研究也越来越丰富。从事破产执业的律师需要承担繁重的实务工作，要抽出专门时间写作实属不易。更为重要的是，近年来，从《民法典》的颁布和与相关司法解释的出台，从国务院与最高人民法院有关破产政策文件与司法文件的出台到各地破产司法的实践探索，从基于破产程序的规范办案到动员社会力量推动市场化重整的积极探索，都丰富着破产法的理论。作者团队持续关注破产理论研究和破产实践的最新动态，最新信息被及时融合到相关章节中。

第三，结合现实问题提供方案。本书以系列专章的形式为债权人及其律师在实务中维护自己的合法权益提供了细致入微的辅导建议，从实践案例出发却远不满足于解决某个问题，着力对一类问题给出可行性的实务建议。对于一些实操性问题，更是较为详细地写明了实操规范和技巧，折射出了商事思维以及复合学科知识背景对于解决破产疑难问题和达到真正保护债权人合法利益的法律目标的重要价值。

来源于一线实务者的总结与思考的破产法著作，不仅是破产执业者交流的重要方式，也是破产法理论研究的重要组成部分，还可以为进一步开展研究提供重要的支持。阅读本书，深感作者群体以破产专业优势服务广泛领域，开展实务研究资料鲜活，观点明确，既通俗易懂又有一定的理论深度。我相信读者们，特别是破产实务工作者，可以从本书中获得准确理解与适用相关破产规范、处理破产实务问题的实务经验与理论知识，并不断提高破产实操技巧。我也同样相信，破产执业群体共同推动的破产实务研究将在破产法理论研究与推动破产法实施中发挥更大的作用。

华东政法大学教授、博士生导师，

上海市破产法研究会副会长

杨忠孝

自　序

在过往的职业经历中，我曾撰写过很多不同类型的文章，但为自己编撰的书籍作序则是一次全新的体验。几经启笔，几搁置之。在思考良久后，我决定还是在序言中与大家分享一下我与破产法的结缘、我对破产法的一些思考以及我为什么会编写这本关于破产债权人权利保护的书籍。

一、与破产法的结缘

严格意义上来讲，我从事房地产法律服务已经超过 20 年。我是在 2007 年取得了律师执业资格，破产法也是在同年颁布，但在 2007 年我与破产法并无交集。可能在当时，我或者很多同行看来"破产"是一个很糟糕的概念，破产法也并不是一个值得投入时间研究甚至是创造价值的法律服务领域。从我学法律时最浅薄的认知来看，破产法似乎也仅仅是一部程序性的法律。受制于整个法制建设的完备性和发展速度，2007 年之后的很长一段时间，破产法的整个体系建设并没有日趋完善，甚至相对其他部门法来说，它的发展速度十分缓慢。正因如此，当我在一次研讨会上碰到一个从事破产实务的律师，我感到很诧异，我和他交流破产法领域需要什么样的律师，以及他能够提供哪些法律服务的时候，他的回答并没有引起我足够的重视与充分的理解。

那么，我究竟又是如何跟破产法结缘的呢？时间回溯到 10 年前，彼时我们的房地产市场正经历着市场宏观调控，市场的萎靡直接导致了房地产开发企业经营上的困境或停滞，也导致了不良资产和烂尾楼现象的发生，而这些问题严重的房地产开发企业又进一步面临破产的窘境。由于我当时主要是从事房地产领域的法律服务，于是经人介绍承办了一起知名房地产企业的破产案件。具体而言，得益于我在房地产领域的专业经验，约有近百名购房者委派代表前来上海咨询房地产破产法律服务，委托我们的团队代理其债权申报工作，希望集体维权。在这个过程中，我作为购房者的代理人全程参与了企业的破产重整。这种沉浸式的经历让我在房地产和破产法领域获得了深入的实践经验，并将这两个领域的法律服务有机地融合了起来。

在这家知名房地产企业的破产重整进程中，我们团队遇到了很多困惑，一方面，如购房户在开发商濒临破产局面下选择继续履行合同还是解除合同的问题，购房户是否有权在未支付全额购房款的情况下拥有超级优先权等问题，这些问题的解决与否都将直接影响到购房户权利的主张。另一方面，我又与管理人的负责人结合案情深度讨论了债权人的知情权问题、以房抵债问题以及抵押权与在建工程优先权先后的问题，甚至还包括了房地产项目开发过程中可能涉及的刑事舞弊问题。随着案件的进展，我协助当事人参与债权人委员会的工作，学习了管理人如何进行表决和分组，重整投资人如何筛选甄别以及重整计划实施等都是破产过程中需要解决的重要问题。参与的整个过程让我对破产法有了更深刻的认识，其并不是简单的程序性问题，而是涉及实体性的权利处理。大量的破产问题都需要管理人、债权人和投资人共同解决，管理人在破产案件中担任极为重要的角色，也承担了极大的压力。该案件结束后，我对破产法产生了浓厚的兴趣，并开始将自己的经验和知识投入这个非常复杂而有意义的研究中。

二、破产法研究的思考

通常情况下，律师们在探讨破产法时会重点分享管理人的业务，因为在法律人眼中管理人是由法院指派的，承担着管理破产企业、主导破产程序流程的重要角色。因此，管理人的业务可以说是破产法中最主流的业务。在我编撰本书时，我所在的律师事务所已经入选上海市高级人民法院企业破产案件二级管理人名册，大量的破产管理人业务也由此展开。破产管理人的法律实务是实体法和程序法的结合，法律本身规定了清算、和解和重整的程序，但同时也规定了许多实体权利的保护，如取回权、撤销权、别除权、优先权等，这些实体权利直接影响到债权人权益的维护。因此，我们简单评价破产法仅仅是程序法，可能有失偏颇，应更多将其描述为一片综合性的法域。担任管理人团队的律师，需要掌握多门法律，对破产法的烂熟于胸自不待言，熟练运用民法典、公司法、税法，了解刑法、金融和财务知识，甚至对破产企业所在的行业也需要充分熟悉。不同的行业要求不同的知识背景和专业素养，这无疑对管理人提出了非常艰巨的考验。因此，在法院选任管理人时，对管理人的综合能力、行业经验和团队构成也都有非常高的要求，以此从侧面督促管理人能够更好地履行职责。

当然，我觉得在破产业务当中，除了担任管理人的法律服务之外，债权人的代理人、投资人的法律顾问或者代理人也扮演了不可或缺的角色。尤其近年来，因为营商环境评价，市场退出机制不断完善，破产体系性法律建设日趋完备。在这样的背景下，破产案件不再仅仅是管理人主导破产程序、债权人配合的简单的"服从"关系，已经变成了债权人、投资人、管理人三方均对破产程序的有效展开承担不同责任的新局面。我们在办理破产案件过程中，也碰到了很多本身专注于争议解决的律师，对于从程序上去主张申请企业破产自无问题，但是在破产受理听证过程中如何有效主张，可能有些处理方式还是有待商榷的。除此之外，在破产程序中，如何有效维护债权人的利益，尤其如何行使特殊权利？例如，我在办理的某破产清算案件中发现，代理律师在债务人濒临破产的情况下建议当事人起诉解除房屋买卖合同，解除合同后作为购房户的当事人原本可能享有的超级优先权完全丧失，债权被认定为普通债权，清偿率极低，代理律师在对于此类可能涉及破产企业的债权保护的问题上预见性显然是不足的。不过值得欣慰的是，现在越来越多的诉讼律师已经通过学习能够将诉讼程序、执行程序和破产程序有效地进行衔接，以最大限度维护当事人合法权益。最后，从投资人的角度来看，律师法律服务的内容也很广阔。很多人认为投资人法律顾问的服务内容非常简单，因为只需要做尽职调查的工作，而尽职调查的大部分工作管理人已经完成，所以留给投资者律师的工作处理并不多。但我认为事实并非如此。例如，如果要做一个房地产企业的破产，投资人需要考虑很多因素，除了充分尽职调查外，还需要考虑施工和办证，以及未来市场销售和回款的问题等，这些问题不完全是商业问题，它们一定程度上是商业和法律结合的问题，管理人给不出答案，需要投资人和律师共同分析判断。所以，很多"困惑"需要律师具备综合的解决问题的能力，这对律师提出了非常高的要求，而破产投资人法律顾问的业务也非常有价值。

在律师协会破产与不良资产业务研究第十一届委员会成立的会议上，我曾发言说，我们委员会的很多同僚做的主要都是破产管理人的业务，但我们也有责任和义务提高律协所有会员，特别是律师对破产法的整体认识并进一步提高办案的水平。只有如此，在破产案件中，我们才能做到，无论是管理人、债权人的代理人，还是投资人的法律顾问的角色，都能够保持一个比较高的水准去应对不同当事人的法律服务需求。

三、为什么要出这本书

我发现许多律师在破产债权人保护方面认为申报债权是他们主要提供的法律服务，而客户普遍认为破产则意味着债权难以实现清偿，所以无论在付费意愿还是服务价格方面都有明显的消极情绪，这是令人遗憾的。从 2019 年开始，我们团队就计划陆续推出破产债权人保护的系列文章，以便通过更系统、专业的分享来讨论破产债权人保护的法律问题。我们预设是站在债权人的角度来梳理整个破产流程，介绍不同阶段债权人可以做些什么、哪些行为是合法的，希望对提高债权人和代理人的法律水平有所帮助。截至 2020 年，我们发现市场上缺乏系统性、完整的破产债权人保护实务书籍。因此，我们计划将这些文章编写成实用的指南，通过这本书的刊印，为律师和债权人提供快速了解破产流程、如何申报债权、如何主张权利、如何运用程序规则等方面的法律实务知识，有效维护自身的合法权益，并帮助债权人了解管理人的责任和义务。当然，受限于专业水平和办理案件的经验，本书可能不够完美，并且随着破产法的迭代发展以及不断完善，本书也需要不断进行更新，欢迎大家指出不足之处，与我们交流相关的法律问题。

最后，我想感谢为本书撰写提供稿件的各位伙伴，没有大家的辛勤付出，这本书不可能如此顺利地出版。同时，在本书出版的过程中也获得了杨忠孝教授、李诗鸿教授、刘正东会长等的大力支持与指导，在此一并表示感谢。

借此书和读者分享，破产法并不是一个大家避之唯恐不及的法律，我们应该用正确的眼光去看待破产法，评价破产法。唯有如此，大家对于破产法的理解与运用才会更加充分，破产法对于债权人的保护才会更加完善，以至于最终帮助整个社会的市场退出机制不断走向成熟。

是为序！

2023 年 3 月 9 日深夜

凡 例

1. 本书中法律、行政法规名称中的"中华人民共和国"省略，其余一般不省略，例如《中华人民共和国企业破产法》简称《企业破产法》。

2. 本书中下列司法解释及司法指导性文件使用简称：

文 件 名 称	发文字号	施行日期	简 称	时效性
《最高人民法院关于审理企业破产案件若干问题的规定》	法释〔2002〕23号	2002年9月1日	《审理破产案件若干规定》	现行有效
《最高人民法院关于适用〈中华人民共和国企业破产法〉若干问题的规定（一）》	法释〔2011〕22号	2011年9月26日	《破产法司法解释（一）》	现行有效
《最高人民法院关于适用〈中华人民共和国企业破产法〉若干问题的规定（二）》	法释〔2020〕18号	2020年12月29日	《破产法司法解释（二）》	现行有效（2020年修正）
《最高人民法院关于适用〈中华人民共和国企业破产法〉若干问题的规定（三）》	法释〔2020〕18号	2020年12月29日	《破产法司法解释（三）》	现行有效（2020年修正）
《最高人民法院关于适用〈中华人民共和国民事诉讼法〉的解释》	法释〔2022〕11号	2022年4月1日	《民事诉讼法司法解释》	现行有效（2022年修正）
《最高人民法院关于人民法院执行工作若干问题的规定（试行）》	法释〔2020〕21号	2020年12月29日	《执行工作若干规定》	现行有效（2020年修正）
《最高人民法院关于人民法院办理财产保全案件若干问题的规定》	法释〔2020〕21号	2020年12月29日	《财产保全案件若干规定》	现行有效（2020年修正）
《最高人民法院印发〈关于执行案件移送破产审查若干问题的指导意见〉的通知》	法发〔2017〕2号	2017年1月20日	《执行转破产指导意见》	现行有效
《最高人民法院关于首先查封法院与优先债权执行法院处分查封财产有关问题的批复》	法释〔2016〕6号	2016年4月12日	《首封与执行法院处分财产问题批复》	现行有效
《最高人民法院关于建设工程价款优先受偿权问题的批复》	法释〔2002〕16号	2002年6月27日	《建设工程价款优先受偿权问题批复》	已失效（2021年废止）
《最高人民法院关于审理建设工程施工合同纠纷案件适用法律问题的解释》	法释〔2004〕14号	2004年10月25日	《建工合同司法解释（一）》	已失效（2021年废止）

文　件　名　称	发文字号	施行日期	简　称	时效性
《最高人民法院关于审理建设工程施工合同纠纷案件适用法律问题的解释（二）》	法释〔2018〕20号	2019年2月1日	《建工合同司法解释（二）》	已失效（2021年废止）
《最高人民法院关于审理建设工程施工合同纠纷案件适用法律问题的解释（一）》	法释〔2020〕25号	2021年1月1日	《新建工合同司法解释（一）》	现行有效
《最高人民法院印发〈全国法院破产审判工作会议纪要〉的通知》	法〔2018〕53号	2018年3月4日	《破产审判会议纪要》	现行有效
《最高人民法院关于印发〈全国法院民商事审判工作会议纪要〉的通知》	法〔2019〕254号	2019年11月8日	《九民会议纪要》	现行有效
《最高人民法院关于人民法院办理执行异议和复议案件若干问题的规定》	法释〔2020〕21号	2020年12月29日	《执行异议和复议规定》	现行有效（2020年修正）
《最高人民法院关于当前商事审判工作中的若干具体问题》	—	2015年12月24日	《商事审判若干问题》	现行有效
《最高人民法院关于审理融资租赁合同纠纷案件适用法律问题的解释》	法释〔2020〕17号	2020年12月29日	《融资租赁司法解释》	现行有效（2021年修正）
《最高人民法院印发〈关于审理公司强制清算案件工作座谈会纪要〉的通知》	法发〔2009〕52号	2009年11月4日	《清算会议纪要》	现行有效
《最高人民法院关于适用〈中华人民共和国公司法〉若干问题的规定（三）》	法释〔2020〕18号	2020年12月29日	《公司法司法解释（三）》	现行有效（2020年修正）
《最高人民法院关于适用〈中华人民共和国民法典〉有关担保制度的解释》	法释〔2020〕28号	2020年12月31日	《担保制度司法解释》	现行有效
《最高人民法院关于适用〈中华人民共和国民法典〉时间效力的若干规定》	法释〔2020〕15号	2020年12月29日	《时间效力若干规定》	现行有效
《最高人民法院关于审理企业破产案件指定管理人的规定》	法释〔2007〕8号	2007年4月12日	《指定破产管理人规定》	现行有效

3. 特别说明：《民法典》已于2021年1月1日起施行，《民法通则》《民法总则》《合同法》《物权法》《担保法》《婚姻法》《继承法》《收养法》《侵权责任法》已同步废止。

目　录

绪论　破产程序和债权人权利保护指南图解

第一节　破产程序业务流程及办理时限面面观

自 2007 年 6 月 1 日《企业破产法》实施之日起，我国企业破产由政策性破产逐步向市场化破产转型。然而对于破产债权人的保护，往往因债权人对于破产法律缺乏充分的认识、对于自身权利行使的不恰当不充分等原因，导致破产案件中债权人的权利主张流于形式，不利于对破产债权的保护。因此，本节拟对我国破产法律制度中规定的破产案件办理流程、程序及相对应的业务办理时限等问题作一全面解析，以图表方式进行解构。

《企业破产法》规定了三种不同的破产程序：破产清算、破产重整和破产和解，以适应破产实践中不同情况下债务人破产程序选择的需要，且三种破产程序在满足一定条件的情况下可以进行转换。2017 年 1 月 20 日，最高人民法院发布《执行转破产指导意见》，规定了未执行完毕的被执行人在符合破产条件的情况下，可以经破产审查转入破产程序，仍在三种法定破产程序中选择适用。每种破产程序在申请、受理、办理、办结等办理时限方面，《企业破产法》及其司法解释都作出了相应的规定。需要说明的是，由于破产案件数量的不断增加，以及全国各级人民法院响应繁简分流的审理要求，对法律规定的办理时限作出限缩，以求快速高效审理，具体办理时限可详见地方法院规定。每种破产程序的流程和办理时限及相互转换规则，图表列示如下：

一、破产清算程序业务流程及办理时限

破产清算程序	1. 债权人、债务人、清算义务人申请债务人破产清算	工作内容	破产程序启动的前提：已到期未清偿债权人向管辖法院申请、债务人自行向法院申请、负有清算义务的义务人向法院申请，按法律规定提交材料，证明债务人具备破产条件。
		办理时限	1）债权人和债务人申请无办理时限要求。 2）清算义务人系自行清算的，一般不设时限，除非怠于清算；清算义务人系强制清算的，在6个月内清算完毕，特殊情况可申请延长；怠于清算或逾期清算完毕的，转入破产清算。
	2. 法院审查、受理、送达	工作内容	法院对申请进行形式审查和实质审查，判断是否具备破产条件，裁定是否予以受理。
		办理时限	1）债权人申请的，法院5日内通知债务人提出异议，债务人如有异议在7日内提出，异议期满15日内法院裁定是否受理，特殊情况可延长15日，裁定书5日内送达，对裁定不服的10日内上诉。 2）债务人申请的，法院15日内裁定是否受理，特殊情况可延长15日，裁定书5日内送达，对裁定不服的10日内上诉。 3）清算义务人申请的，法院15日内裁定是否受理，特殊情况可延长15日，裁定书5日内送达，对裁定不服的10日内上诉。
	3. 指定破产管理人	工作内容	法院在裁定受理破产案件的同时指定破产管理人，负责破产案件具体事务的执行和程序推进。
		办理时限	在裁定受理的同时指定破产管理人，实践中部分疑难复杂案件指定管理人程序较长，往往先裁定受理，在合理期限内指定管理人。
	4. 管理人接管债务人企业	工作内容	管理人进场接管债务人企业，按照《企业破产法》第二十五条规定履行管理人职责，接管的内容包括但不限于：债务人的所有章证照；财务账簿资料；劳动人事资料；业务合同资料；债务人货币、土地、房产、车辆、设备等有形财产和知识产权、企业资质等无形资产；负责债务人财产保卫看护和日常经营活动等。
		办理时限	法律层面未明确规定管理人完成接管的时间，地方法院有相应规定，以江苏地区为例，对于简易案件一般在指定管理人后3日内完成接管，非简易案件一般在15日内完成接管，对于债务人不配合或情况复杂需要分批接管的，时限可延长，具体以管辖法院和承办法官要求为准。
	5. 管理人清产核资	工作内容	管理人聘请财务审计（管理人系会所除外）、资产评估、造价鉴定等中介机构对债务人财产进行评估；催收债务人对外债权、投资；追讨第三人占有的债务人财产；调查债务人财产情况；通知中止诉讼、执行，解除保全等。
		办理时限	该项工作为破产程序中的重要工作内容，法律未明确规定完成清产核资的时间，但该工作时间计入案总办案时间。对于具体项目，有相关时限规定，如：行使撤销权应在一年内、清收债权应在诉讼时效内、决定合同解除或履行应在2个月内、中止诉讼执行和解除保全应立即通知等。
	6. 债权申报与审核、异议、异议之诉、确认	工作内容	管理人通知已知债权人、发布公告，接受债权申报和补充申报，对债权进行审核，提交债权人会议查核，接受债权人异议，参与债权异议之诉，对于无异议债权提交法院裁定确认等。职工债权无需申报，由管理人查核公示。
		办理时限	管理人25日内通知已知债权人申报，25日内发布债权申报公告，给予30天~3个月债权申报期，及时审核债权，债权申报期满15日内召开第一次债权人会议，查核通过，债权人有异议在15日内提出，对回复不服在15日内或直接提起债权异议之诉，对无异议债权及时提交法院裁定确认，制发债权表，待确认债权及时出具审核结果等。
	7. 召开第一次债权人会议、表决事项	工作内容	管理人在法院主持下召开第一次债权人会议，通报工作内容、债权申报审核情况，公布债权表，提交表决事项（资产变价方案、债权分配方案、债委会组成及工作方案、管理人报酬方案等），公布表决结果。
		办理时限	债权申报期限届满后15日内召开会议，提前准备会议资料，当场公布表决事项的表决结果，会后接收询问和异议。
	8. 召开第二次至第N次债权人会议（如有）、表决事项；召开债委会会议（如有）、表决事项	工作内容	根据案件需要召开第二次、第三次等债权人会议或债委会会议，就需要继续表决的事项提交会议表决，按照《企业破产法》规定的表决规则及比例通过或不通过表决事项。
		办理时限	根据案件需要，由法院、管理人、债委会或占债权总额25%以上债权人提议时召开。开会前提前15日通知债权人。
	9. 资产变现：拍卖、变卖、折价实物清偿	工作内容	管理人根据表决通过的资产变价方案，通过线上线下方式处置债务人财产，实现变现用于分配。无法处置的，采取变卖、折价、实物清偿等方式处置。
		办理时限	根据资产变价方案及时处置债务人财产，无法处置或处置不成的，及时召开债权人会议或债委会会议重新表决，形成合意，再行处置。
	10. 债权分配、受偿	工作内容	管理人根据表决通过的债权分配方案，对变现资产进行分配，采取实物分配的，完成实物交付或产权转移手续。对暂时无法分配的部分进行提存和补充分配。
		办理时限	资产变现后及时完成分配；无法分配的提存，债权人在分配期满后2个月内仍未受领的，分配给其他债权人；诉讼未决的债权分配人在破产终结后2年内仍未受领的，分配给其他债权人。

二、破产重整程序业务流程及办理时限

	工作内容	破产程序启动的前提，已到期未清偿债权人向管辖法院申请或债务人自行向法院申请，按法律规定提交材料，证明债务人具备破产条件和重整挽救价值。
1. 债权人、债务人申请债务人破产重整	办理时限	债权人和债务人申请无时限要求，在宣告破产前提出即可。
	备注	本图表列示的是法院裁定破产企业直接进行破产重整的流程及时限要求；通过清算转重整程序，清算期间已经完成的工作在重整程序中继续适用，接续办理，流程和时限可以参照破产清算程序图表列示。重整不成，转入清算程序，参照破产清算程序图表列示接续办理完毕。
2. 法院审查受理、指定破产管理人、管理人接管企业、清产核资、债权申报审核、异议、确认、第一次债权人会议	工作内容	本步骤的工作内容参照"破产清算程序"中第2—7项办理。
	办理时限	本步骤的办理时限参照"破产清算程序"中第2—7项办理。
	备注	重整计划草案的沟通和制定是重整程序的关键，贯穿程序始终，具备条件的应在第一次债权人会议上提交表决。
3. 重整投资人招募与引进	工作内容	管理人根据前期工作得到的数据，在法院指导下制作重整投资人招募方案，多渠道公开招募，引进意向投资人。
	办理时限	重整投资人招募贯穿重整程序的始终，是重整能够成功的关键环节，法律未规定具体时限，但应在重整计划提交时限内完成。
4. 重整计划草案的制定	工作内容	管理人根据债权人债权性质进行分组（职工债权组、担保债权组、税收债权组、普通债权组、小额债权组、投资人组、其他组别），在法院指导下，管理人组织各组债权人、债务人、意向投资人制定重整计划草案，就重整经营方案、债权调整、债权清偿时间和方式等形成方案，供债权人会议表决。
	办理时限	在法院裁定之日起6个月内提交法院和债权人会议，经债务人或管理人申请可以延长3个月。
5. 重整计划草案的表决与二次表决	工作内容	重整计划草案提交债权人会议表决，按照《企业破产法》规定的表决规则表决（出席会议的同一表决组的债权人过半数同意重整计划草案并且其所代表的债权额占该组债权总额的三分之二以上的，该组通过，各组均通过，重整计划草案通过）。表决未通过的组，可以再次协商后二次表决。表决通过的，法院审查裁定是否批准重整计划草案。表决不通过且法院不强裁的或虽然表决通过但法院未裁定批准的，法院裁定终止重整程序，转入破产清算程序。
	办理时限	法院收到重整计划草案之日起30日内提交债权人会议表决；表决通过后10日内提交法院裁定；法院收到后30日内作出裁定。
6. 重整计划的执行	工作内容	裁定批准的重整计划由债务人负责执行，管理人向债务人移交财产和营业事务。
	办理时限	管理人及时移交债务人，债务人按照重整计划规定的方案经营以及规定的期限清偿债权。
7. 重整计划的执行监督	工作内容	管理人监督重整计划的执行，债务人定期向管理人报告重整计划执行情况、财产状况，监督期满管理人向法院提交监督报告。
	办理时限	管理人监督期限贯穿重整计划执行期间，经管理人申请，法院可以裁定延长监督期限。
8. 预重整		预重整程序未在法律层面规定，实质是将重整程序工作提前到案件进入法定程序前，预重整程序已在破产实践中得到较广泛运用，具体流程可参照破产重整程序。

左侧总标签：**破产重整程序**

三、破产和解程序业务流程及办理时限

	工作内容	债务人自行向法院申请，按法律规定提交材料，证明债务人具备破产原因，提出和解协议草案。
1. 债务人申请破产和解	办理时限	申请无时限要求，在宣告破产前提出即可。
	备注	本图表列示的是法院裁定破产企业直接进行破产和解的流程及时限要求；通过清算、重整转和解程序，清算、重整期间已经完成的工作在和解程序中继续适用，接续办理，流程和时限可以参照破产清算程序图表列示。和解不成，转入清算程序，参照破产清算程序图表列示接续办理完毕。
2. 法院审查受理、指定破产管理人、管理人接管企业、清产核资、债权申报审核、异议、确认、第一次债权人会议	工作内容	本步骤的工作内容参照"破产清算程序"中第2—7项办理。
	办理时限	本步骤的办理时限参照"破产清算程序"中第2—7项办理。
	备注	和解协议草案的沟通和制定是和解程序的关键，贯穿程序始终，应在第一次债权人会议上提交表决。
3. 和解协议草案的制定	工作内容	债务人在法院指导下、管理人配合下，与债权人协商制定和解协议草案，确定债权清偿方案。
	办理时限	法律未规定重整协议草案制定的时限，债务人申请和解时即需提出和解协议草案，后续根据实际债权债务和资产情况进行调整。
4. 和解协议草案的表决	工作内容	和解协议草案提交债权人会议表决，按照《企业破产法》规定的规则表决（出席会议的有表决权的债权人过半数同意，且其所代表的债权额占无担保债权总额的三分之二以上）。
	办理时限	召开债权人会议提交表决，表决以一次为限。
5. 和解协议的批准与执行	工作内容	表决通过且经法院裁定批准，进入和解协议执行阶段，由债务人负责执行，管理人移交财产和营业事务，并向法院提交执行职务报告。表决未通过或虽表决通过但法院未裁定批准或债务人拒不履行和解协议，法院裁定终止和解程序，转入破产清算程序。
	办理时限	无明确时限要求，及时办理，可参照重整程序批准时限要求；执行期间根据和解协议确定。

左侧总标签：破产和解程序

四、执行转破产程序业务流程及办理时限

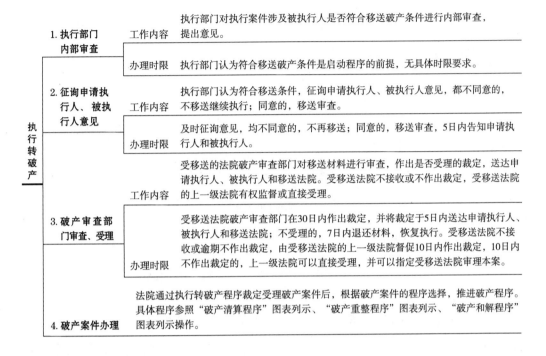

五、破产清算、重整、和解程序的转换

（一）法院裁定以破产清算程序进入

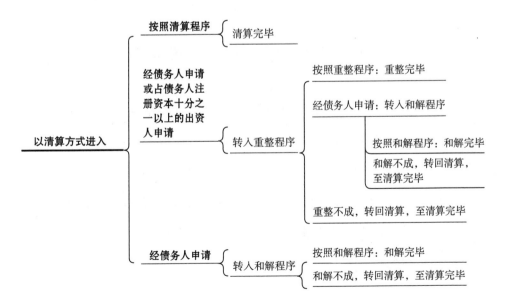

（二）法院裁定以破产重整程序进入

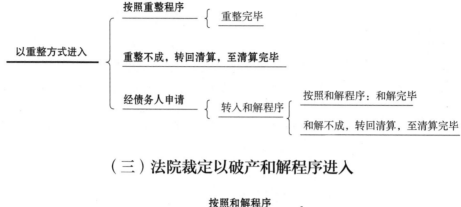

（三）法院裁定以破产和解程序进入

本节通过 7 幅图全面展示了我国企业破产法律制度规定的破产清算、重整、和解及执行转破产制度的业务流程和相对应的办理时限，以及不同程序进入破产后的相互转换规则。后文将全面梳理债权人在破产程序中的权利类型、权利内容以及行权依据，重点解析破产债权人的几类重要权利。

第二节 破产程序中债权人权利保护面面观

破产法的立法宗旨是公平清理债权债务，公平保护债权人和债务人的合法权利，维护社会主义市场经济秩序。为实现对债权人在破产程序中权利的公平保护，《企业破产法》及其司法解释、规范性文件设置了多种破产债权人权利保护机制，赋予了破产债权人多项权利，且权利的范围和保护力度有扩大趋势。破产债权人的主要权利类型及权利内容、行权依据，本节进行总结梳理并以图表列示。

一、债权人在破产程序中的主要权利类型

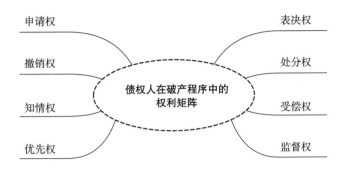

二、各种权利类型项下的权利内容及法律依据

债权人的申请权

申请债务人破产清算、重整的权利	《企业破产法》第七条第二款、第七十条，《破产法司法解释（一）》第六、七、九条
申请破产程序转换的权利	《企业破产法》第七十条第二款
申请恢复行使担保物权的权利	《企业破产法》第七十五条
申请行使抵销的权利	《企业破产法》第四十条，《破产法司法解释（二）》第四十一条至第四十六条
债权申报与补充申报的权利	《企业破产法》第六章，《破产法司法解释（三）》第五条
申请召开一债会后债权人会议的权利	《企业破产法》第六十二条第二款
申请加入债权人委员会的权利	《企业破产法》第六十七条
申请对债务人财产进行保全的权利	《破产法司法解释（二）》第六条

债权人的异议权

对法院不受理裁定的上诉	《企业破产法》第十二条
对管理人报酬的异议权	《企业破产法》第二十八条第二款
对债权审查认定的异议权、起诉权	《企业破产法》第五十八条，《破产法司法解释（三）》第八条、第九条
不服债权人会议决议的撤销权	《企业破产法》第六十四条第二款，《破产法司法解释（三）》第十二条
申请复议权	《破产审判会议纪要》第三十四条、《九民会议纪要》第一百一十二条

	作为已知债权人被通知权	《企业破产法》第十四条
债权人的知情权	查阅债务人财务和经营信息资料权	《破产法司法解释（三）》第十条

	担保债权人的优先受偿	《企业破产法》第一百零九条
	职工债权的优先受偿	《企业破产法》第一百一十三条
	税款债权的优先受偿	《企业破产法》第一百一十三条
债权人的优先权	购房户债权人的优先受偿	《建设工程价款优先受偿权问题批复》第二条（2022年1月1日起废止）
	工程款的优先受偿	《最高人民法院关于建设工程价款优先受偿权问题批复》第二条至第四条（2021年1月1日起废止）
	船舶优先受偿	《海商法》第二十二条
	受教育者债权的优先受偿	《民办教育促进法》第五十九条
	个人储蓄存款本金、利息的优先受偿	《商业银行法》第七十一条第二款
	其他优先权类型	

	债权人会议表决事项的表决权	《企业破产法》第五十九条、《破产法司法解释（三）》第十一条
债权人的表决权	重整计划草案的表决与二次表决权	《企业破产法》第八十二条
	和解协议草案的表决权	《企业破产法》第九十七条
	参与破产财产处分的表决权	《企业破产法》第一百一十一条、《破产法司法解释（二）》第二十五条、《破产法司法解释（三）》第十五条

债权人的处分权	债权人的撤销权	对偏坦性清偿的申请撤销	《企业破产法》第十六条、第三十一条至第三十三条，《破产法司法解释（二）》第十二条至第十六条

	参与破产财产分配受偿权	《企业破产法》第九十二条、第一百条、第一百一十五条、第一百二十三条
债权人的受偿权	申请行使取回权	《企业破产法》第三十八条、第七十六条，《破产法司法解释（二）》第二十六条至第三十二条
	申请行使别除权	《企业破产法》第七十五条

	监督管理人履行职务的权利	《企业破产法》第二十三条
债权人的监督权	申请更换管理人的权利	《企业破产法》第二十二条第二款，《破产法司法解释（二）》第二十三条，《指定破产管理人规定》第三节
	对管理人失职的索赔权	《破产法司法解释（二）》第三十三条

三、债权人的几类重点权利分析

（一）债权人的破产别除权

破产程序中的担保权具有别除权的表征，虽然我国在破产立法上未采别除权概念，《企业破产法》中仅在第一百零九条予以规定，但毫无疑问我国破产法上的担保权具有别除权的权利表征。实务中，破产企业的财产大部分甚至全部实施了抵押、质押等担保措施，特别是破产房企、实体制造业企业，因融资需要，厂房、土地、机器设备等主要固定资产抵押给银行等金融贷款机构、第三方融资渠道，进入破产程序后，担保权人要求行使担保权，管理人或自行管理的债务人依法如何应对，直接关系到债权人清偿比例、债务人的营运价值和重整可能性，甚至整个破产程序的顺利推进。

破产程序中的别除权行使，笔者认为与债务人所处的破产程序紧密相关，在破产清算、重整、和解程序中应区别对待，且需考虑程序之间的转换可能性，对于债务人以破产清算进入程序后正在申请转重整程序的案件，往往会阻却别除权的行使。债权人在重整程序中的别除权行使应着重适用《九民会议纪要》第一百一十二条之规定，来评估对于自身担保权能否行使、暂停行使、恢复行使、提供担保等且重点加以考察。此外，对于担保权的优先受偿范围、优先权顺位等问题也要予以重视。对破产别除权的分析见下图。

		在破产清算、和解程序中，担保债权人申请就担保财产变现清偿债权应得到支持，《企业破产法》第七十六条规定的担保权暂停行使针对的是破产重整程序，且《破产审判会议纪要》第二十五条明确了清算和解程序中债权人可随时申请行使别除权，管理人不得拒绝，除非担保财产单独处置会降低其他财产的价值而需整体处置。
	区别在何种破产程序中行使别除权	在破产重整程序中，担保债权人的担保权暂停行使。但债权人可以申请恢复行使，管理人或自行管理的债务人应判断对应担保物是否为重整所必需，如非必需则应及时处置，如是必须应根据债权人要求提供相应担保，不提供担保的应及时处置。可见，重整程序中的别除权也有行使的空间和可能，并非一刀切地暂停等待分配。
破产别除权的行使及限制规则		破产的三个程序还存在相互转换的可能，实践中可能会出现管理人或自行管理的债务人以清算程序后期可能会转入重整程序为由阻却别除权的行使，不能一概而论，法院需基于债务人具体情况，立足当下，考虑长远，及时作出判断，避免因可能的程序转换阻却别除权行使。
	重整程序中别除权行使的重点问题	程序的启动：担保权人可以向法院申请恢复行使别除权。
		是否必需的判断：由管理人或自行管理的债务人对担保财产是否为重整程序所必需进行判断，法院30日内裁定。
		非必需的处置：确系重整非必需财产，15日内开始处置变现。
		必需的处理：确系重整必需财产，债权人可以要求管理人或自行管理的债务人提供相应担保，不提供担保的应及时处置。当然，对必需的判断结果，债权人可以在10日内申请复议。
	其他重点关注问题	别除权行使的权利边界，应以担保权的优先债权范围为限，所以别除权的行使应和债权申报与审查认定相配合。
		别除权与破产费用、共益债务的优先受偿顺位，不应作一刀切认定，破产费用和共益债务并非债权清偿，性质属于为全体债权人管理财产发生的必要费用，对于担保权人来说，理应承担相应部分的必要费用，比例如何切割，应视具体情况确定。
		别除权与"超级优先权"的优先受偿顺位，因"超级优先权"是为保障民生等特殊目的而设置，在清偿顺位上，"超级优先权"应先于担保权得到清偿。

（二）债权人的破产抵销权

破产程序中抵销权行使规则区别于一般民商事程序，债权人对债务人所享有的债权，根据债权性质和债务人清偿能力的不同，在破产程序中往往债权清偿比例需要调整，相反，因破产程序中债权人对债务人的负债属于管理人对外债权清收范畴，除该负债债权人也进入破产程序外，对外清收的债权清偿比例无需调整，所以破产法律制度对破产程序中行使抵销权设置了特别的权利行使路径以及相应的限制规则。

破产抵销权的行使重点应关注债权债务产生的时间节点、行使程序、禁止抵销类型及特殊情况等。关于破产抵销权的行权规则，如下图。

破产抵销权的行使及限制规则

可以抵销的债权债务形成时间节点
- 债权人对债务人的负债产生于破产申请受理前。
- 债权人对债务人取得的债权是自己的债权或从他人处取得的形成于破产受理前的债权。

禁止抵销情形
- 债权人已知债务人具备破产条件或已破产而恶意负债，负债在破产申请前一年的除外。
- 债务人的债务人已知债务人具备破产条件或已破产而恶意负债，负债在破产申请前一年的除外。
- 偏袒性个别清偿。

抵销权行使程序
- 申请：债权人主动申请，管理人不得主动提出，除非抵销对债务人财产有益。
- 判断：管理人作出判断，认为抵销成立的，在债权表中予以调整；不成立的，在收到通知之日起3个月内起诉，法院判决是否支持。抵销自始有效或自始无效。

特殊情况
- 行使抵销权时，相抵销的债权和债务视为已到期，且不要求种类、性质相同。
- 债权人以对债务人的优先权去抵销没有优先权的债务，原则上予以支持，除非用于抵销的债权大于债权人享有优先受偿权财产价值。
- 债务人股东以出资不足、抽逃出资、损害公司利益的债务与自己对债务人的债权相抵销，不予支持。

（三）权利人的破产取回权

权利人享有的非债务人财产，在管理人进场接管时，权利人应及时明确财产归属从而避免纳入债务人财产进行处置。对于不属于债务人所有的财产，权利人可以向管理人申请取回，典型的情形有债务人代为仓储、保管、加工承揽、租赁、融资租赁等。因权利人行使取回权，从表征上看是在剥离债务人财产，对债权人的受偿率直接产生影响，所以对于破产取回权的行使，破产法规定了取回权行使规则和限制条件。

破产取回权的行使重点应关注行使取回权的法律关系认定、事实查清、行使程序、取回后的权利安排及特殊情况等。关于破产取回权的行权规则，如下图。

本章梳理列示了我国现行破产法律、司法解释及相关部门法规定的债权人权利类型、各类型权利包含的权利内容及行权依据，重点分析了债权人的破产别除权、抵销权、取回权的行使和限制规则。除此之外，债权人在破产程序中还享有其他尚未列示的权利，需要债权人在破产程序中不断挖掘并付诸实践。后文将分篇就法律赋予债权人在破产程序中的各种权利进行详细分析，以期最大限度保护债权人在破产程序中的权利实现。

第一章
债权人参与破产程序的实操要点及权利保护

第一节 债权人申请启动破产程序的必要性及操作要点

破产程序中的管理人指定、债权人权利主张及实现、债务人合法权利保护、投资人的引进与经营等，均以破产程序启动为前提条件。破产程序的启动以人民法院裁定受理破产案件为标志，人民法院对破产案件实行"不告不理"原则（即便是执行转破产程序也需要债务人或债权人同意将债务人企业由执行程序移送破产审查为前提），《企业破产法》第七条规定了可以申请破产的主体，第一款规定符合条件的债务人可以自行申请破产清算、重整、和解，第二款规定债权人可以对申请符合条件的债务人进行破产清算、重整，第三款规定负有清算责任的人在企业已解散但未清算或未清算完毕前，若存在资产不足以清偿债务情况的，也应当向人民法院申请破产清算。

作为债权人，为何要积极、主动申请启动破产程序是本节试图讨论的重点问题。同时，就债权人如何行使破产申请权，本节也将分别从破产申请受理法院、债权人申请提交材料的内容及证明标准、法院不予受理的权利救济等几个方面予以简要介绍。

一、债权人启动破产程序对债权保护的重要性和必要性

对于已经符合《企业破产法》第二条规定、具备破产受理条件但尚未进入破产程序的债务人，债权人对其享有的债权，如果债务人不主动履行，债

权人需要通过民事诉讼程序取得生效裁判文书，若债务人不按照生效裁判文书确定的内容履行相应义务的，债权人需要向法院申请强制执行，而裁决结果能否得到有效执行以及债权人通过执行程序能够获得的债权受偿比例，则取决于财产线索的提供、债务人的实际履行能力、执行法院的执行力度等因素。执行问题长久以来都是司法实践中的老大难问题，大量案件是以"终结本次执行，待有新的财产线索再申请恢复执行"告终。虽然近些年在执行程序中设置并逐步完善参与分配制度，制度设计初衷与破产制度殊途同归，但因为参与分配制度没有破产制度中设定的一些特殊规则，导致参与分配制度往往因财产处置困难、财产上权利重叠、反复查封保全等原因，无法实现制度设置初衷。因此，债权人通过执行程序寻求对债务人的债权实现存在诸多痛点和难点，亟须破除。

相较而言，破产制度为保障实现程序正义、实质公平清偿，设置了一系列特殊的配套制度。笔者认为，由债权人作为申请人适时启动破产程序，对债权人的债权实现具有十分重要的意义，对债权人自身权益的保护也是非常必要的。

结合笔者办理民事执行案件的相关实务经验，对于债权人债权实现过程中的部分痛点问题、难点问题通过破产制度可以给出相应对策措施，具体如下图。

二、破产申请受理法院

债权人申请启动破产程序，应当向对债务人破产案件具有管辖权的法院提出。破产案件的管辖区别于《民事诉讼法》关于一般民商事案件的管辖规定，破产案件的管辖规则可以从地域管辖、级别管辖、专属管辖、指定管辖四个方面考量，确定具体受理法院。

（一）地域管辖

破产案件由债务人住所地人民法院管辖。如果住所地与主要办事机构所在地不一致，以主要办事机构所在地为住所地；如主要办事机构所在地不能确定，以债务人登记注册地为住所地，以此确定地域管辖。需要说明的是，破产

债权人启动破产程序对债权保护的重要性和必要性

痛点一：债务人暂无可供执行的财产

1. 债权人无法提供债务人的财产线索，导致债权无法得到执行，债权落空。
2. 债权人提供的财产线索模糊，无法查实、追踪到债务人的财产，导致债权无法实现。

破产法的对策：
债务人进入破产程序后，法院指定管理人接管债务人的所有财产，行使管理人职权和调查手段，清产核资，主动查清债务人财产状况、对外债权债务情况，追回在外财产等，能最大限度避免债务人财产的流失和不当处分，增加可供债权人分配的资产。

痛点二：债务人财产上存在权利负担、司法措施，阻碍执行的进行

1. 债务人财产上设有租赁关系、抵押、质押等权利负担，阻碍执行。
2. 债务人财产上存在查封保全（诉讼保全、执行保全），甚至存在多道查封保全。
3. 债务人财产分散在多地，存在多个执行法院，信息不对称，导致执行效率较低。

破产法的对策：
1. 破产法规定债务人进入破产程序后，所有债务人财产上的保全措施解除、执行措施中止，统一由法院指定的管理人管理；
2. 对于分散在不同地域的财产，管理人统一接管，采取集中存放、就地保管等方式纳入实际管理中，属于债务人财产；
3. 债务人财产上设置的租赁关系，根据破产法规定由管理人决定该租赁合同是继续履行还是解除，产生的债权可申报；
4. 债务人财产上设定的抵押、质押等权利负担，在破产清算和解程序中可随时要求行使，在破产重整程序中需暂停行使，符合条件下恢复行使，并规定了行使的规则和限制。

痛点三：债务人恶意逃废债，不公平对待债权人，偏颇清偿

1. 债务人偏袒性清偿
（1）债务人对个别债权人选择性清偿，对关系紧密的债权人进行清偿，不清偿关系疏远的债权人，主观随意性大。
（2）债务人对债权期限尚未到期的债权进行提前清偿，而不清偿已经到期的债权。
（3）债务人对没有优先权的债权进行清偿，而不清偿有优先受偿权的债权。
（4）债务人选择性地放弃对外应收账款债权，放弃对外投资的收益甚至是本金，债务人资产流失严重。
（5）债务人主动对外承担债务，承认虚假债务，夸大债务的规模，甚至进行"手拉手"诉讼。

2. 债务人有计划地转移、隐匿财产，利用亲属关系、关联公司关系等转移资产，做空债务人企业。
3. 伪造财务报表、资产负债表、利润表等经营数据。

破产法的对策：
1. 对于债务人的偏袒性清偿行为，管理人接管财产后可以有效避免，所有对债务人财产的处分要经管理人、法院准许，对重大财产的处分要经过债权人会议批准；
2. 对于进入破产程序前一年内的偏袒性清偿、进入破产程序前六个月内且具备破产原因的个别清偿，即使清偿行为已经完成，管理人仍有权要求撤销以上清偿行为，追回财产，供债权人重新分配；
3. 进入破产程序后，债务人的法定代表人、实际控制人、主管人员、直接责任人等均有破产法上的配合义务，违反义务需要承担民事责任、行政责任和刑事责任；
4. 管理人在清产核资过程中可以委托评估、鉴定、审计等，通过专业中介机构厘清债务人公司实际情况，还原事实。

痛点四：民事诉讼、执行程序自身的缺陷

1. 诉讼程序包括一审、二审、再审，且审限长，导致部分债权人无法及时取得生效法律文书，无法及时参与分配。
2. 执行程序时限长，大量案件以终本（终结本次执行）结案，后续发现新的财产线索再恢复执行。
3. 民事执行参与分配制度不健全，债权人无法及时公平获得清偿。
4. 执行过程中债权人不断加入，特别是优先权人后续加入，对已进入执行程序的债权人特别是普通债权人的受偿造成很大影响。

破产法的对策：
1. 债务人进入破产程序，债权人无需进行诉讼、执行程序，直接向管理人申报债权，由管理人审查债权人是否成立，经法院裁定确认无异议债权；
2. 申报债权无需交费用（补充申报例外），免去交诉讼费的负担；
3. 申报债权时，未到期的债权视为已经到期，避免债务人情况恶化导致债权实质丧失清偿可能；
4. 破产法规定了较为明确的办理时限，法院、管理人、债权人、债务人等均需按照办理时限推进案件进程，避免无期限拖延清偿。

痛点五：其他痛点问题

1. 刑民交叉对诉讼执行的干扰：债务人因违法犯罪被公权力机关予以打击处理，甚至给予高额罚款，民事诉讼程序一般要中止，等待刑事案件的处理结果。
2. 诉讼执行过程中可能存在的地方保护主义、金融债权、国有资产保值增值的特殊保护等。
3. 债务人存在历史遗留问题，需要"翻旧账"，可能触碰到既得利益等。
4. 债务人财产状况不断恶化，债务人就是不愿意破产，苦苦支撑，损失不断扩大，无法止损。

破产法的对策：
1. 破产法是经全国人大常委会审议通过的法律，破产案件是由法院主导、管理人具体执行的法定程序，并规定了违法责任承担，能有效震慑违法行为，司法实践中也有破产程序参与者违反破产法规定被处分的情况出现；
2. 执行转破产制度的出台，能把老大难的执行案件推入破产程序，合并执行，化解执行难；
3. 公权力机关对债务人违法犯罪行为的罚款，在破产法上一般认定为劣后债权，清偿顺位排在普通债权之后，对于债务人清偿大有裨益；
4. 破产重整制度为债务人提供了重整重生的机会，投资人的引进可以提高债权人债权清偿比例，优化资源配置，债权人在重整计划草案的制定、表决过程中可以充分行使权利，把握主动权。

实践中可能会出现多个债务人主体及其关联公司合并破产且部分主体不在同一管辖区范围内的复杂情况，在此情况下，根据《破产审判会议纪要》第三十五条的规定，原则上由关联企业中的核心控制企业住所地人民法院管辖，在核心控制企业不明确的情况下，由关联企业主要财产所在地人民法院管辖，若多个法院之间对管辖权发生争议的，应当报请共同的上级人民法院指定管辖。

（二）级别管辖

一般级别管辖规则是按照债务人登记注册机关的层级确定：如果债务人登记在区县级市场监督管理局，则由基层人民法院管辖该债务人的破产案件；如果债务人登记在地市级及以上的市场监督管理局，则该债务人的破产案件应由中级人民法院管辖。特殊级别管辖则往往通过指定管辖和专属管辖方式确定。

（三）专属管辖

破产程序中的专属管辖区别于民事诉讼程序中的专属管辖，破产专属管辖主要指执行转破产案件。根据最高人民法院《执行转破产指导意见》的规定，执行转破产案件实行"以中级人民法院管辖为原则、基层人民法院管辖为例外"的专属管辖制度，中级人民法院也可以报请高级人民法院交基层人民法院审理。2018年底至2019年初，最高人民法院先后设立了深圳破产法庭、北京破产法庭、上海破产法庭，并出台文件规定了破产专门法庭审理破产案件的类型，此后在2019年底，最高人民法院又批准设立了天津破产法庭、广州破产法庭、温州破产法庭，并出台相应文件规定了审理破产案件的范围。此外，部分地区设立的铁路运输法院，管辖辖区内部分类型破产案件。

（四）指定管辖

中级人民法院有权审理下级人民法院管辖的破产案件；下级人民法院认为其管辖的破产案件需要由上级人民法院审理的可以报请上级法院。中级人民法院可以报请高级人民法院批准，将确有必要本应由本院管辖的破产案件移交基层人民法院审理。涉及船舶等特殊动产处置的破产案件，为发挥专业优势，管辖法院可以报请上级法院指定海事法院管辖。不同法院涉及跨地域的关联企业合并破产案件，应当报请共同的上级人民法院指定管辖。

三、债权人申请破产应提交的材料清单及证明标准

（一）债权人作为破产申请人的证明标准与举证责任

证明标准的核心是证明被申请人符合《企业破产法》第二条规定的破产条件，具体细化标准为最高人民法院《破产法司法解释（一）》的规定。

但债权人作为破产申请人，基于其对债务人的了解程度、申请材料的获取难度等因素，债权人的举证责任应区别于债务人自行申请破产。关于债务人的财产状况、债权债务清册、财务会计报告、职工安置方案、保险缴纳情况等，法律规定的是债务人自行申请破产时的材料要求以及债权人申请破产已受理后债务人移交材料要求，并未将其强加于债权人，这大大减轻了债权人的举证责任、降低了债权人的举证难度。

（二）申请材料清单

虽然关于债务人详细资料的提供并非债权人在申请破产时需承担的法定义务，但为促成人民法院受理破产申请，债权人应尽量全面提供债务人符合破产受理条件的证据材料。实务中，债权人通常需要提供包括如下表所列举的材料：

序号	大　类	材料名称	是否必备
1	破产申请基础材料	破产申请书	是
2	证明双方主体资格的材料	申请人与被申请人主体资质信息（工商内档）	是
3	证明债权已到期的材料	生效裁判文书、公证债权文书、执行文书；债权已到期未履行的合同、结算单、对账单、借条等文书	是
4	证明债务人资不抵债或明显缺乏清偿能力的材料	债务人债权债务清册	否
		财务会计报告	否
		涉诉涉执情况	否
		职工花名册、拖欠工资、社保情况	否
5	法院要求提供的其他材料	—	—

四、法院不予受理的权利救济

（一）人民法院不接收债权人破产申请或不予回复时的救济渠道

债权人向人民法院申请债务人破产，管辖法院不接收其申请或接受申请后未在法定期限内回复，债权人可以向管辖法院的上级法院径行提出破产申请，上级法院收到申请后应当责令下级法院及时作出裁定，如仍不作出裁定的，上级法院可以径行作出裁定，同时指令下级法院审理本案。

（二）人民法院裁定不予受理或裁定驳回破产申请时的救济渠道

管辖法院经审查裁定不予受理或受理后裁定驳回申请，债权人对该裁定不服的，可以自裁定送达之日起 10 日内向上一级法院提起上诉，由上一级法院二审裁定是否受理申请、启动破产程序。

本节主要立足债权人申请启动破产程序对于债权实现的必要性和重要性内容进行分析，并提示在破产程序中债权人申请债务人破产所应关注的重点问题及操作要点。后文将立足债权人在破产程序中的权利保护，提示和探讨债权人在破产程序中的债权申报、审核、异议和确认问题，以确定破产债权人身份、债权数额及债权的优先顺位，以期最大限度保护债权人在破产程序中的合法权益。

第二节　债权申报与确认中关注的问题及实操要点（上）

债权人在破产程序中申报债权是债权人依照《企业破产法》行使权利的前提。债权人以对债务人享有的债权向管理人申报，经由管理人审核确定并经债权人会议核查，提交人民法院裁定予以确认，以该债权额参与破产清算财产分配、破产重整计划草案表决与分配、破产和解协议草案表决与分配。虽然《企业破产法》及其司法解释规定了债权申报与确认的流程，但是从笔者所担任破产管理人、代理破产债权人及债务人深度参与办理的破产案件中总结的经验发现，债权人并未关注到债权申报与确认中的重点问题、未充分了解并行使法律赋予债权人的权利、未关注到实操中的要点，导致破产债权的受偿金额与优先性未得到充分保障，从而影响债权清偿率和清偿方式。本节聚焦债权申报与确认阶段，从债权人视角来看债权从申报、审核、异议到确认过程中应当做到和应当避免的问题。

一、债权申报中的关注问题

根据《企业破产法》的规定，向管理人进行债权申报，是确认债权人身份、债权金额、行使债权人权利的第一步。将破产债权确认与人民法院判决确认债权对比，债权申报就相当于法院立案，区别在于申报对象、所依据的程序有所不同。笔者认为，在债权申报阶段债权人需要重点关注的问题包括以下几个方面：

（一）一般类型债权在申报时的关注事项

1. 债权申报时限

《企业破产法》规定了债权申报时限的幅度范围，即最长不得超过 3 个月，最短不得少于 30 日，起算点为人民法院发布受理破产申请公告之日。申报时限的具体天数，根据破产案件的债权人人数、债务规模、案件复杂程度等综合确定，管理人可以提出建议，由人民法院发布公告确定。人民法院应当在裁定受理之日起 25 日内通知已知债权人并发布"债权申报公告"，公告载明债权申报须知、申报时限、申报地点、联系人及联系方式、第一次债权人会议时间和地点等关键信息。

债权人需要关注的是如果接收到人民法院或管理人寄送的债权申报通知书，务必在债权申报期满前完成债权申报，尽量避免补充申报；如未收到单独寄送的债权申报通知书，要随时关注公告发布情况，实践中公告发布的渠道一般包括"全国企业破产重整案件信息网"和省级纸质媒体。考虑到并非所有管理人都严格按照规定将破产债务人信息和公告发布于重整案件信息网，债权人也无暇去浏览纸媒公告，因此笔者建议债权人对享有债权的债务人保持定期或不定期的联系和关注，一方面可以避免债务人破产而自己不知情导致错过参与债权分配的时机，另一方面可以起到中止、中断诉讼时效的法律效果，避免所持债权因超过诉讼时效而丧失胜诉权。如因极其特殊情况导致确实无法在债权申报期内完成债权申报，也应当及时与管理人取得联系，提前说明情况并约定完成债权申报的具体时间节点。

2. 债权申报表填写注意事项

（1）债权金额及其组成计算

债权申报表中除要填写债权申报总额外，还需要将总额组成详细拆分为本金、利息、违约金、损失、诉讼保全费、律师费等细目，特别是利息、违约金等的计算除遵循破产受理之日停止计息、违约金不得超过法律规定过高比例等外，相应计算方式也需要明确列明，无法在表中列明的也可单独附页列明。

（2）债权优先性及依据

债权是否属于优先债权以及债权所享有的优先权顺位都直接影响到债权清偿比例、清偿时间和清偿方式，所以在填写债权申报表时务必将债权的优先性事项予以登记。破产程序中可享受优先受偿利益的债权类型包括但不限于职工债权（无需主动申报）、担保债权、税款债权、工程款债权、购房户债权、船舶优先权、航空器优先权、受教育者优先权、储户存款本息优先权，等等。在主张优先权的同时，需要附上能够证明债权成立、所持债权具有优先权属性的相关材料。

（3）对应担保物明细

担保债权是破产债权中的常见类型，法律明确规定担保债权享有优先受偿权。但担保债权优先性依赖于担保物及其变现价值，超过担保物价值的债权部分归为普通债权，因此，担保权人在提出债权申报并主张对债务人的财产进行优先受偿时，要明确提供担保债权所对应的担保物明细，包括但不限于担保物名称、型号、数量、位置，该等明细信息应具有指向唯一性，否则可能因担保物不特定、下落不明等原因导致担保债权优先受偿利益落空。

（4）保证债权债务关系

《企业破产法》规定不仅到期债权可以申报，对债务人的责任财产享有将来求偿权及或有债权也可提前参与申报，管理人应予接收。申报人和债务人处于保证债权债务关系链条中，如破产企业系主债务人，申报人系债务保证人，则申报人在申报时应说明保证关系，避免债权出现错误认定；如破产企业系债务保证人，申报人系主债权人，申报人在向破产企业申报债权的同时还向主债务人求偿，应说明保证关系，避免债权重复实现，否则管理人在发现该情况后有权对超额债权进行追讨。

3. 证明债权成立的证据提交与核对

除填写债权申报表外，债权人还需要提交能够证明债权成立的相关材料。证明标准与诉讼证明标准一致，应按照管理人要求的份数准备材料，同时提供原件供管理人审核时核对，若无法提供原件的应及时向管理人作说明，由管理人依法认定。

关于持生效裁判文书申报债权的，是否还要提供全套原始诉讼材料的问题，笔者认为，应尊重生效裁判文书的效力，如申报人以生效裁判文书申报债权的，管理人应予以接收，但申报人必须提供证明该文书确已生效、尚未执行完毕的相关材料并如实告知执行结果情况。如管理人发现申报人存在弄虚作假、裁判文书存在虚假诉讼等情况的，有权要求申报人提供原始诉讼材料，必要时根据《破产法司法解释（三）》第七条之规定向人民法院申请再审。

4. 债权委托申报

债权申报可以委托他人代理实施，也可以授权他人后期代理参加债权人会议、行使表决权、参与分配等，但应注意授权应具体明确，不能作概括全权授权。

委托申报需要注意的是受托人是否与债权人、债务人存在直接利害关系，是否存在利益冲突。此外，关于邮寄申报问题，不同管理人有不同看法，债权申报原则上应采取当面申报的方式，如当面申报确有困难，可以提前联系管理人沟通邮寄申报，邮寄申报的，应按照管理人要求补正材料或提供原件核实。

5. 债权补充申报

虽然《企业破产法》赋予了债权人补充申报的权利，但应"以期限内申报为原则，补充申报为例外"。

（1）关于补充申报的期限问题

补充申报并非没有期限，申报人应在破产财产最后分配前补充申报，已分配的不再补充分配，未分配的可以按照同类债权清偿比例加入分配；破产重整程序中对补充申报的特殊规定体现在《企业破产法》第九十二条第二款，未申报债权的债权人在重整计划执行期间不得行使权利，在重整计划执行完毕后可以按照同类债权行使权利。因此，补充申报会对债权人利益产生实质性影响，应尽量避免。

（2）关于补充申报费用承担问题

因补充申报而导致审查、确认产生的费用，由补充申报人承担。承担费用的标准和比例无明确规定，实践中笔者遇到的管理人常见做法有予以免收、按照诉讼费收费标准的一定比例收取费用等收取方式。如补充申报债权金额较大，补充申报人将承担一笔不菲的额外费用，对于在破产程序中不能全额受偿的普通债权人来说，成本大增。

6. 禁止虚假申报

破产司法实践中，不时会出现债权人以弄虚作假、"手拉手诉讼"等方式，虚构债权债务关系，向管理人申报债权，以期获得清偿。根据笔者参与的管理人案件中发现的涉嫌虚假申报情况，债权人虚假申报往往是基于其合法债权在破产程序中要打折受偿，为弥补无法受偿部分的利益而虚增确认债权数额的心理。

对于涉嫌虚假申报的债权，即使相应债权人已经取得生效裁判文书，根据《破产法司法解释（三）》第七条之规定，管理人可以向作出该生效裁判文书的法院或其上一级法院申请撤销该生效文书，或向破产受理法院申请不予执行生效仲裁文书，重新作出债权认定。

《企业破产法》对虚假申报债权行为是严令禁止的，虚假申报的债权一经查实，不仅债权无法得到确认，可能还要承担刑事责任。最高人民法院、最高人民检察院在《关于办理虚假诉讼刑事案件适用法律若干问题的解释》（法释〔2018〕17号）第一条第一款第五项所规定的"在破产案件审理过程中申报捏造的债权的"应当认定为《刑法》第三百零七条之一第一款规定的"以捏造的事实提起民事诉讼"的行为，属于妨害司法秩序、严重侵害他人合法权益的违法情形，构成《刑法》第三百零七条之一所规定的"虚假诉讼罪"，应当承担相应刑事责任。鉴此，债权人或债权人的代理人在代理申报债权阶段，应当秉承实事求是的态度，依法申报债权。

需要说明的是，申报债权金额被管理人核减或部分核减，如果并非基于捏造事实、采取非法手段虚构债务等情形的，则不是虚假申报的债权，应当严格区分，避免打击面过大。

（二）特殊类型债权申报的关注事项

1. 附条件、附期限债权的申报

附条件、附期限的债权在债权申报期内尽管所附条件、期限未成就，债权人也可以申报债权，管理人应予登记并列入债权申报表。

2. 诉讼、仲裁未决债权的申报

债权申报期内尚处于诉讼、仲裁阶段的债权，债权人亦有权向管理人申报债权，待裁决结果生效后告知管理人予以确认，当然债权人也可以选择撤回诉讼、仲裁申请并以管理人审查认定的结果确定债权。

3. 权利人主张非金钱债务履行

债权人如向债务人主张履行的是非金钱债务，如要求取回标的物、交付房屋等，债权人无需申报债权金额，但应单独起草申请文书交至管理人。此外，申报人还应注意在完成债权申报后及时向管理人索取申报回执凭证，证明已申报过债权。

4. 职工债权的主张

职工债权由管理人主动调查取证、主动查实并在债权人会议前予以公示，

供职工债权人核查,而无需职工本人向管理人单独申报。在管理人查明过程中,职工应积极配合调查,根据需要提供与自身薪资发放、社保缴纳等内容相关的证明材料。

需要说明的是,破产实践中常会遇到债务人职工为公司垫付费用、差旅费用未报销等情况,此类债权是属于管理人主动核查的债权还是属于职工应当申报的债权类型,存在一定争议。实际上,此类债权通说认为并非属于职工债权范畴而具有普通债权性质,因而需由职工自行向管理人申报相应债权。

5. 税收债权的申报

税务机关作为税收债权的申报人,负有及时提交申报材料的义务。关于税收债权申报问题,由于破产法律规定与税收管理行政法规及规章之间的冲突适用,一直存在理论和实际之间的对抗和磨合。作为税收债权申报人,需要关注申报的税款本金、滞纳金、罚款等债权性质、金额的区分,分别对应不同受偿优先层级;关注滞纳金申报的截止时间;关注作为债权进行申报部分和进入破产程序后产生的税费的正常申报与缴纳;关注税收罚款的申报和劣后债权性质等。

6. 工程款债权的申报

工程款债权往往有债权金额大、认定难度大、优先权争议大、矛盾冲突集中等特点,作为工程款债权人在申报债权时应重点关注以下几个方面:

(1)工程款债权申报人

申报工程款债权的申报人一般情形下为工程项目的承包人。但项目建设过程中,常常因建设项目分部分项施工,出现分包、转包甚至违法转分包的情况,实际施工人并未与发包人签订建设工程施工合同,甚至与发包人互不相识。可供解决的途径之一是由实际施工项目所在的总包人统一向发包人申报债权,获得清偿后内部结算或提前结算债权转让。如实际施工人与总包人无法就项目施工和代为申报债权达成一致意见,实际施工人亦可以自己收集实际施工的证据材料,自行向管理人申报债权,但要注意避免重复申报。

（2）工程款债权申报金额及证据提交

申报工程款债权的金额以发包人与承包人签订的建设工程施工合同约定的计价方式、实际施工量、违约责任条款等为依据，如双方经过竣工决算、工程造价审计等程序已经确认欠付工程款债权金额，则直接提交上述文件作为证据；如项目未竣工、虽竣工但未经过决算、未进行工程造价审计等程序，无法确定欠付工程款甚至无法确定已付工程款金额的，申报人应尽可能多地提供与施工相关的证据材料、过程性文件，供管理人审查、工程造价单位审核之用，有的放矢。

（3）工程款债权申报金额组成及优先权范围

工程款债权通常包括建设工程价款、因违约造成的违约金、利息损失、停工误工损失等费用。根据《民法典》第八百零七条、《建设工程价款优先受偿权问题批复》《新建工合同司法解释（一）》第三十六条和第四十条、《建设工程施工发包与承包价格管理暂行规定》第五条之规定，建设工程价款包含承包人为建设工程应当支付的工作人员报酬、材料款等实际支出的费用，以及企业管理成本、经营利润等，不包括承包人因发包人违约所造成的损失。相对应的，建设工程价款即工人工资、材料款、企业管理成本、经营利润等本身享有优先受偿权，因工程产生的利息、违约金、损失赔偿等不享有优先受偿权，归为普通债权。因此，申报人在申报工程款债权时，应在申报表中分别载明建设工程价款、损失等的金额，区别对待。

（4）工程款债权申报时间与优先权

《建设工程价款优先受偿权问题批复》规定"建设工程承包人行使优先权的期限为六个月，自建设工程竣工之日或者建设工程合同约定的竣工之日起计算"。在已经竣工验收的建设项目中申报债权，应以建设工程竣工之日为计算六个月优先权行使期限的起算点；尚未竣工的建设项目，以施工合同约定的竣工之日为计算六个月优先权行使期限的起算点。该规定在司法实践中产生了诸多适用困惑，工程款债权人经常会面临工程款优先权超期行使的窘境。尤其在破产实践中，房地产企业破产前往往项目已经停工多年，早已超过合同约定的竣工日期，如果单纯适用该批复内容，工程款债权人显然已经丧失了行使优先权的权利。最高人民法院于 2011 年出台的《全国民事审判工作会议纪要》第二十六条规定"由于发包人的原因，合同解除或终止履行时已经超出合同约定的竣工日期的，承包人行使优先受偿权的期限自合同解除或终止履行之日起计算"。该纪要以合同解除或终止的时间作为六个月的起算时间点，一定程度上缓解了这一适用困惑。直到 2019 年，最高人民法院颁布《建设工程司法解释（二）》，通过该司法解释第二十二条的内容对该问题进行了调整，行使优先权的期限仍然是六个月的除斥期间，起算时间点调整为"发包人应当给付建设工程价款之日"。2021 年施行的《新建工合同司法解释（一）》第四十一条则规定优先受偿权的行使期限最长不得超过十八个月，同样是"自发包人应当给付建设工程价款之日起算"。关于应当给付工程款之日的理解，应作扩大解释即发包人和承包人完成工程款结算，确认应付未付工程款金额之日。如双方迟迟未对工程款进行结算或结算金额无法达成一致，则不开始计算优先权行使期限。

7. 购房户权利的申报

在房地产开发企业破产案件中，存在大量购房户债权人，因本节论述的是债权申报与确认，关于消费型购房户身份的认定和优先权的保障问题会在本书后文述及。

购房户债权人与破产房地产开发企业之间存在未履行完毕的房屋买卖合同，购房户对购买的房屋享有物权期待权，因此作为权利人，购房户在破产阶段可以选择继续履行房屋买卖合同并要求破产房地产开发企业履行交付房屋并办理产权登记的义务，也可以选择解除房屋买卖合同而要求破产房地产开发企业退还已收取的购房款并支付合同约定的违约金及经济损失。原则上，购房户债权人应在上述选项中二选一，不可同时主张。

8. 以物抵债权利人的申报

以物抵债权利人在破产程序中的申报，要回归到以物抵债协议的效力和履行上来。如以物抵债协议有效且已经履行完毕，则一般不存在主张权利的问题，除非该抵债物被债务人占有，权利人行使取回权要求取回用以抵债的标的物；如以物抵债协议有效但未履行完毕，权利人可以主张要求继续履行，根据《企业破产法》关于待履行合同的相关规定由管理人作出继续履行或解除协议的决定；如以物抵债协议被认定为无效，则权利人回归到原始债权债务关系，正常进行债权申报。

关于以物抵债特别是以房抵债问题在破产程序中的处理规则，理论和实务界均争议很大，莫衷一是，本节不再赘述，将在本书后文中详述之。

第三节　债权申报与确认中关注的问题及实操要点（下）

债权人在破产程序中申报债权是债权人依照《企业破产法》行使权利的前提。债权人以对破产债务人企业享有的债权向管理人申报，经由管理人审核确定，并经债权人会议核查后，提交人民法院裁定予以确认，以该债权额参与破产清算财产分配、破产重整计划草案表决与分配、破产和解协议草案表决与分配。虽然《企业破产法》及其司法解释规定了债权申报与审核的流程，但是从笔者所担任破产管理人、代理破产债权人及债务人深度参与办理的破产案件中总结的经验发现，债权人并未关注到债权申报与确认中的重点问题，并未充分了解并行使法律赋予债权人的权利，未关注到实操中的要点，导致破产债权的金额与优先性未得到充分保障，从而影响债权清偿率和清偿方式。本节拟立足债权申报与确认阶段，从债权人视角来看从债权申报、审核、异议到确认过程中应当做到的和应当避免的问题。

一、债权审核认定中的重点关注问题

将破产债权确认与人民法院判决确认债权对比，债权审核就相当于法院开庭审理，区别在于审理主体、所依据的程序有所不同。审核的主要依据为债权人在债权申报阶段所提供的证据材料、债务人财务资料、债务人合同文

书、债务人相关人员谈话、管理人调查获取的材料等。作为申报人，在管理人审核认定债权过程中不应消极等待，需要做到以下几点：

（一）积极回应管理人询问

管理人审核债权人申报材料相当于书面审理案件，有情况需要核实时，债权人应积极回应，补充提供足以证明自身债权成立的证据，同时也可以提供其他债权成立与否的线索，便于管理人快速高效完成债权审核，提高效率。

（二）配合管理人核查原件

管理人在接收债权人申报债权材料时，通常只收取债权人证据材料复印件，但债权人应配合将相应复印件的原件提交给管理人核查，对于无法提供原件的材料，债权人应说明原件出处，并在管理人作证据材料真实性核查时积极配合。

（三）配合管理人调查取证

管理人在债权审核过程中要采取多种手段调查取证，债权人往往与债务人有经济往来，熟悉债务人相关情况，应积极配合提供信息，为管理人明确调查取证方向提供指引。

（四）密切关注债权审核进展

因债权申报期限届满至召开第一次债权人会议期间一般最长只有15日，因此债权审核工作时间被严重压缩，管理人限于工作繁杂可能无法及时高效完成每笔债权审核，因此债权人需要密切关注自身债权审核进展情况，督促管理人在第一次债权人会议前完成债权审核，确有难度的也要督促管理人向法院申请确认临时债权以取得对债权人会议事项的表决权。

二、债权异议与确认中的重点关注问题

债权申报期限届满之日起 15 日内召开第一次债权人会议，会议上管理人需将债权申报和审核结果提交会议核查确认，审核的结果可以包括全额认定、部分认定、全部否定、待确认等类型，对优先权的审核结果可以包括认定在优先权对应标的物变现范围内全部优先、部分优先、无优先权、优先权待定。针对管理人的审核结果，债权人应重点关注以下几点：

（一）债权异议

1. 对自身债权的核查与异议

债权人针对债权表中记载的自身债权认定金额、优先性等内容如有异议，可以向管理人提出异议，请求复核债权，提出异议的期限法律并未有强制性规定，实践中管理人一般会要求债权人在会议结束后 15 日内书面向管理人提出复核申请，由管理人给予针对性回复。债权人如对管理人异议回复内容不服，可以自收到异议回复之日起 15 日内向破产管辖法院提起诉讼。当然，债权人也可以直接跳过异议复核程序而直接向人民法院提起债权确认诉讼。

需要注意的是，职工债权是无需主动申报的债权类型，由管理人依职权调查并公示，接受职工核查。职工债权的核查是起诉的前置程序，职工如有异议应先向管理人提出异议，对异议不服的，自收到异议回复通知之日起 15 日内向人民法院提起诉讼。

2. 对其他债权的核查与异议

债权人不仅可以对自身债权审核情况进行核查、提出异议，也可以对债权表中任意一笔债权提出异议，各债权人之间存在利害关系，这也是法律赋予债权人知情权的重要价值所在。如果债权人对债权表中记载的某笔债权存有异议，可以在上述期限范围内向管理人提出。关于债权人能否查阅其他债权人的申报资料，我们认为答案是显著且明确的，概因《企业破产法》第五十七条第二款、《破产法司法解释（三）》第十条等均赋予了债权人查阅相关资料的权利。

债权人可以合法充分行使债权异议核查的权利，客观上起到了监督管理人的作用，有助于剔除虚假债权和依法不能成立的债权事项，但务必注意杜绝滥用债权人异议权，避免干扰管理人的正常工作开展。

此外，需要补充说明的是，债务人对债权表中记载的债权申报和债权审查结果也有权利提出异议，管理人需要对异议事项进行回复，对异议回复内容不服的，债务人也可以提出债权异议之诉。因此对于债权人来说，应真实申报债权，避免因债权在管理人确认后又因其他债权人、债务人的异议和诉讼程序而被核减或否定。

（二）提起债权确认之诉的债权认定

对于提起债权确认之诉的债权人，如对自身债权认定结果有异议而提起债权确认诉讼的，应将债务人列为被告，如对其他债权有异议而提起民事诉讼的，应将被异议债权人列为被告。正在确认之诉过程中的债权暂不能提交法院裁定确认债权金额及优先性，待异议之诉的裁决文书发生法律效力后，债权方才确定。诉讼期间，提起诉讼的债权人有权要求并督促管理人将自身债权对应的分配额予以提存，以保障自身债权得到确认后的清偿资金来源。

（三）无异议债权及时申请管理人提交法院裁定确认

债权人可以督促管理人对经过债权人会议核查、异议期已经届满未提出异议或异议调整后的债权及时提交法院裁定确认，经法院裁定确认的债权结果为生效结果，如无特殊情况，该债权认定的金额和优先性作为将来参与债权分配、重整计划草案、和解协议草案表决的依据。债权人应对自身无异议债权及时申请提交法院裁定予以确认，以保障债权实现。

（四）申请法院确定临时债权额以获得表决权

债权人会议前未获管理人确认或全部确认的债权，在表决事项计算债权人人数和债权比例时，不计入数据。因此，对债权人会议前暂不能确认是否成立的债权，债权人想在债权人会议中行使表决权，应向管理人申请并督促其向法院申请确定临时债权额，参照申报金额或管理人初审金额，以获得对会议事项的表决权利。

（五）对债权优先权认定结果的异议与确认

债权金额的确认是债权人在破产程序中行使债权人权利的前提和基础，债权的优先顺位认定则直接关系到债权清偿的比例甚至可能决定债权能否得到清偿。《企业破产法》第一百一十三条规定了破产程序中债权清偿顺位的一般规则，此外，《民法典》《建设工程价款优先受偿权问题批复》《民办教育促进法》《海商法》等分别赋予了担保物权人、施工单位、消费者购房户、受教育者、船员等债权人所享有的特殊权利类型以优先受偿的权利，还有尚未列尽的其他单行法等规范性文件所赋予的优先权类型。债权人应结合自身债权的类型和性质，依法认定债权优先性。

在对债权优先权认定的问题上，笔者认为有两点需要重点关注：

1. 担保物权对应的担保物应做到具体、准确

担保物权人在向管理人申报债权时，应指出对应抵押物、质押物等用于担保债权实现的具体对象，该对象应该是具体、明确的，不能是指向不明或无法区分的种类物，且应根据抵押、质押等法律规定办理登记、审批手续，管理人和法院据此依法认定债权人的担保物权是否成立以及是否予以确认。担保物权人对担保权对应的担保物负有举证义务，如无法明确指认担保物的范围和目标，需要承担担保物权无法实现的结果。

关于担保物权人在破产程序中的一项重要权利即别除权的行使，将在本书后文中进行专门探讨，在此不再赘述。

2. 优先权有严格的权利边界，要界清优先权范围

享有优先受偿利益的债权人所申报、确认的债权并非一定能够得到全额优先受偿，法律不仅规定了享有优先权的权利类型，同时还规定了明晰的权利界限，如抵押权人的优先受偿范围一般限于抵押物变现价值，工程款债权

优先受偿范围一般限于工人工资、材料款、经营成本、利润等而排除利息、违约金和损失，船舶优先权受偿范围则限于该特定船舶变现价值等。未能纳入优先债权的部分，可以作为普通债权受偿。

本节主要探讨了债权人在破产程序中债权申报、审查、异议及确认中应重点关注的问题和实操要点，是债权人后续参与破产程序、更好行使债权人权利的前提和基础。后文我们将继续从权利人视角入手，探讨进入破产程序后的待履行合同如何处理以及各类合同相对方如何更好地做好应对。

第四节　未履行完毕合同在破产程序中的处理及应对要点

《企业破产法》第十八条用两个条款规定了破产程序中未履行完毕合同的继续履行与解除问题。第一款"人民法院受理破产申请后，管理人对破产申请受理前成立而债务人和对方当事人均未履行完毕的合同有权决定解除或继续履行，并通知对方当事人。管理人自破产申请受理之日起二个月内未通知对方当事人，或者自收到对方当事人催告之日起三十日内未答复的，视为解除合同"，规定未履行完毕合同在破产程序中的解除规则；第二款"管理人决定继续履行合同的，对方当事人应当履行；但是，对方当事人有权要求管理人提供担保。管理人不提供担保的，视为解除合同"，规定未履行完毕合同在破产程序中的继续履行情形及其转化规则。作为合同一方当事人，在合同相对人一方或多方进入破产程序后，未履行完毕合同如何处理，作出何种应对措施才能最大限度维护合同利益及缩小损失范围，对作为合同债权人一方的利益保护显得至关重要。

需要说明的是，本节探讨的问题是进入破产程序后待履行合同的处理问题，且一般指的是商事交易合同，不包括劳动合同等与人身权相关的合同。从风险防范和非诉角度来看，对于合作方在正式进入破产程序前已经出现经营困境、资不抵债或明显缺乏清偿能力等情形的，可以考虑提前变更或解除合同，充分行使合同履行抗辩权。

本节将站在合同相对方视角，在合作方进入破产程序后，面对合同解除或继续履行的决定节点，作出何种选择最有利于己方，以及在管理人单方作出决定时的应对措施。

一、"未履行完毕合同"的范围界定

债务人进入破产程序，伴随而来的是管理人依法接管债务人企业，对外作为债务人的法定代理人，对于尚在履行期限内的合同的处理是首先需要考虑的问题。本节所探讨的"未履行完毕合同"有前提性条件，并非所有正在履行过程中的合同均适用《企业破产法》规定的处理规则，此类合同需同时满足以下两个条件：

（一）该合同为破产申请受理前已经成立的合同

在债务人企业进入破产程序前，合同相对人已经与债务人签订了合同，根据《民法典》合同编规定该合同已经依法成立。如是在破产申请受理前尚未成立或在破产申请受理后再签订的合同，则不属于《企业破产法》所需要调整的未履行完毕合同，应视为债务人自主经营模式下债务人经营行为或管理人接管经营模式下决定的债务人经营行为，由此产生的债权应为债务人财产，产生的债务应为共益债务。

（二）合同性质为双务合同，破产企业和合同相对方均未履行完毕

未履行完毕合同应为各方互负义务的合同，合同各方对该合同均未履行完毕所有义务，仍有义务尚待履行。如破产企业已经履行完毕所有合同义务，破产企业对合同相对方仅享有合同利益，该合同利益的本质是债务人财产，由管理人负责清收即可，用于清偿债务。如合同相对方已经履行完毕所有合同义务，破产企业未履行完毕的合同义务实质上是合同相对方的债权，此时的合同相对方可以要求破产企业继续履行合同义务，但因该企业已经进入破

产程序，如果继续履行合同义务并支付价款就可能构成对个别债权人的个别清偿，违反破产公平清偿原则，即使进行了清偿也将面临被撤销的局面。但此时也有例外情况，如果个别清偿符合《破产法司法解释（二）》第十四条、第十五条、第十六条规定的情形的，个别清偿有效，管理人不得因此主张解除未履行完毕的合同，也不得因履行而主张撤销。

二、合同解除权的选择与行使规则

（一）合同解除权的行使主体

破产程序中未履行完毕的合同是继续履行还是解除，除遵循《民法典》关于合同效力和合同履行一般规定外，《企业破产法》还规定了特殊规则，即赋予了管理人单方决定权，包含单方决定继续履行和单方决定解除，以实现破产程序的顺利推进和债权清偿最大化。

管理人的单方解除权体现为消极解除和积极解除。消极解除包括管理人在法院裁定受理破产案件之日起二个月内未通知合同相对人是否继续履行合同，或者收到合同相对人催告履行或解除之日起 30 日内未作出回复的，合同解除，按照合同解除的法律效果各自主张权利、承担义务。积极解除是管理人在上述期限内主动通知合同相对人解除合同，不再履行。

管理人单方决定继续履行合同，合同相对人不得拒绝，应当继续履行，否则将按照法律规定及合同约定承担不履行合同的违约责任。但因为破产企业存在履行合同的现实困难，为保障合同相对人在破产程序中的合同利益，除规定产生的债务定性为共益债务外，合同相对人还有权要求管理人提供履行合同的担保，不提供担保的视为解除合同。

此外，笔者认为合同相对人也享有合同解除权，如出现《民法典》第五百六十三条规定的法定解除情形时可以主张解除合同，但限制之处体现在行使合同约定解除权时，赋予了管理人单方决定权，合同相对人选择解除而管理人选择继续履行的，以管理人的决定为准。

（二）选择继续履行或解除的判断标准

管理人对未履行完毕合同的处理，笔者认为判断标准应当包括：破产程序顺利推进、债务人财产价值最大化、债权人债权清偿比例最大化、全体债权人公平清偿。管理人在作出决定时，应当依照上述标准进行判断。

（三）行使时间

管理人应当在法定期限内行使继续履行或解除合同的选择权。笔者认为该行权时间应作严格解释，即《企业破产法》第十八条第一款规定的破产裁定受理之日起二个月内或合同相对人催告之日起 30 日内，管理人必须对未履行完毕合同的后续处理作出决定，如不作出选择，则视为默认解除，合同当事人按照合同解除的法律效果行使权利、承担义务。管理人在期限内未发现尚未履行完毕的合同，或因其他原因导致未在法定期间内作出决定，不得作为怠于履行权利的理由，不影响合同自动解除的法律效力。

另外一个值得关注的时间节点是管理人如果在法定期限内选择继续履行合同，合同相对人应当履行，但有权要求管理人提供履约担保，提供履约担保是继续履行合同的必要条件。对于管理人提供履约担保的期限如何限定，法律并未作出规定，且管理人作出继续履行的决定时间不确定。笔者认为既然管理人选择继续履行合同，意味着继续履行有利于债务人财产价值的提高，管理人应当在最短时间内提供履约担保，该期限可以限定为管理人通知合同相对人继续履行之日起一个月内或其他相对合理的期限。

（四）履约担保的提供

合同相对人要求管理人提供履约担保，管理人应当提供。履约担保的形式法律并未作出规定，笔者认为管理人应当遵循以下几个原则：一是作出解除或继续履行的决定要制作"继续履行合同的报告"，经过债权人会议或债权人委员会批准，如在债权人会议前期限届满或未成立债权人委员会的，应当报法院批准；二是提供的履约担保价值应当与继续履行合同对应标的额相当，不足额提供担保的，合同相对人可以要求管理人继续提供担保，不提供的视为解除合同；三是提供的履约担保可以使用债务人的财产，该事项应在作出决定时一并报请债权人会议或债权人委员会或法院批准。

（五）行使效果

尚未履行完毕的合同继续履行或解除，会产生不同的法律效果。如合同继续履行，该合同属于破产程序中正常履行的合同，管理人作为债务人的法定代理人实际承担履行合同义务的主体，由此产生的债权认定为共益债务，由债务人的财产随时清偿且优先清偿；如管理人解除合同，导致合同相对人损失的，合同相对人有权按照合同约定向债务人主张损害赔偿并作为债权向管理人申报，如合同相对人解除合同导致债务人损失的，管理人有权向合同相对人索赔，索赔所得作为破产财产用于债权清偿。

三、合同相对人对管理人作出决定的应对要点

合同相对人作为破产程序中未履行完毕合同的一方当事人，在管理人作出继续履行或解除合同决定的事前事中事后都要及时应对，以维护自身合法权益，具体来说应对要点包括：

（一）测算合同利益，选择主张继续履行或解除合同

在法院裁定受理破产之日起二个月内且管理人未通知继续履行或解除合同前，合同相对人可以作出选择并催告管理人。合同相对人应充分利用该期间，根据合同约定条款和合同所涉业务效益情况进行市场测算，作出对自己最为有利的选择。虽然法律未规定必须采用书面形式，但笔者建议在确定合同履行或解除、履行过程、解除中均采用书面形式，全程留痕。

（二）继续履行情形下，要求管理人及时提供足额担保

如合同相对人催告管理人继续履行合同，管理人同意继续履行，或管理

人单方决定继续履行合同，合同相对人有权要求管理人提供担保，不提供担保的视为解除合同。合同相对人有权在管理人未提供担保或未足额提供担保前，拒绝继续履行合同。关于提供担保的时间，合同相对人可以通知管理人及时提供，避免因管理人拖延提供担保导致合同利益受损；关于提供担保的措施和金额，合同相对人可以向管理人提出要求，并就所提供的担保作出是否接受的意见，如产生争议可向法院提出意见，促成合同在有充分保障的情况下继续履行。

（三）解除情形下及时足额向管理人申报债权

如管理人未在法定期限内作出决定或期限内单方作出了解除合同的决定，因合同解除给合同相对人造成损失或产生违约责任等，合同相对人可以向管理人申报债权。需要注意的是，申报债权的时间应尽量在法院发布公告指定的债权申报期间内，把握好时间节点，避免因超期补充申报而承担额外费用。另外，债权申报应做到足额申报，即根据合同条款约定或法律规定因债务人解除合同产生的违约金、损失等直接损失和可以主张的间接损失等一并申报债权，并提供债权成立的证据材料。

（四）所有权保留类合同在签订前的风险防范

因破产程序中未履行完毕合同的处理有其特殊规则，提示我们在签订部分特殊类型合同时应关注到合同相对方可能出现的破产情形，比较典型的是所有权保留类合同。债务人作为卖方，合同相对人作为买方，签订所有权保留合同的情形下，约定买方在付清全款前所有权仍归卖方或虽全款付清但附条件转移所有权，此时如卖方进入破产程序，管理人可能选择解除所有权保留合同，因全款未全部付清或所有权转移条件未成就，标的物所有权仍归卖方所有，合同相对人作为买方的权益则会贬损。因此，建议在合同中约定交易磋商机制，即当所有权保留方进入破产程序后，双方应当在约定期限内积极有效协商处置方案，以期及时确定双方的权利义务内容、稳定预期。

本节就合同相对方对合作方进入破产程序后未履行完毕合同的处理方式与应对要点问题进行了探讨，以期在处理时有的放矢，合理合法作出选择与应对。后文将关注的是破产程序中债权人往往容易忽视的一项重要权利，即《企业破产法》及其司法解释等规范性文件赋予债权人的知情权，通过行使知情权，不仅可以提高破产程序参与度，更可以督促管理人工作、把握破产进度等，将权利落到实处。

第五节　债权人在破产程序中的知情权行使及保护要点

《企业破产法》的立法宗旨开宗明义，保证公平清偿，保护债权人和债务人的合法权益。债权人对债务人依法享有的债权在破产清算、重整、和解程序中根据债务人财产与负债情况、债权调整方案进行受偿，无论从法律规定还是司法实践操作来看，都侧重于对债权人实体性权利的保障，而对程序性权利有所忽视，"重实体、轻程序"倾向明显。反观债权人自身，对自己在破产程序中的程序性权利亦重视程度不足，未意识到通过知情权的行使可以起到提高债权清偿率、保障公平受偿的功能，致无法深度参与破产案件的审理过程，债权人参与破产程序多流于形式。

纵观我国企业破产立法、司法现状，对债权人在破产程序中可以行使知情权未作专章规定，但条文中处处隐含着债权人可以通过行使知情权、深度参与和跟进破产案件审理进程的表述。特别是从 2018 年起，中央和最高司法机关开始重点关注世界银行营商环境评估，《破产法司法解释（三）》第十条专门规定了债权人在破产程序中的知情权保护，以实现在世界银行评估报告中的得分提升。从目前我国破产法律规范体系来看，对于债权人知情权问题，可以分为债权人一般知情权和特别知情权，对应《企业破产法》中债权人的程序参与权利和《破产法司法解释（三）》第十条列示的债权人知情事项。

本节将关注的问题聚焦在债权人如何充分利用法律和司法解释赋予自身

的破产知情权，实现深度参与破产程序的审理，以达到最大限度实现自身债权在破产程序中的受偿利益。

一、债权人在破产程序中的知情权行使现状

从笔者担任破产管理人、代理债权人参与破产案件的服务经验来看，目前债权人在破产程序中的知情权行使现状特征明显，大部分或者说绝大部分债权人对破产程序的参与度不高，只关注债权申报审核、债权清偿这"一头一尾"，对案件审理过程不闻不问，较为被动；即使有深度参与破产程序的想法，但心有余而力不足，加之与债务人、管理人之间客观存在的信息不对称现象，而债权人又不清楚自身知情权的内容，因而造成普遍在程序中不去行使知情权的现状。

（一）债权人普遍对破产程序的参与度不高

因破产案件债权人所在地和经营地普遍具有跨地域的特点，而债务人住所地法院管辖破产案件一般会指定本区域在册律师事务所、会计师事务所或清算事务所为破产案件管理人，债权人特别是异地债权人，鉴于参与破产程序的不便和成本等因素，普遍不会全程跟进，一般仅在债权申报、参加债权人会议（且一般是第一次债权人会议，后续债权人会议参与度不高）、参与债权清偿时出现，对于过程性事项缺乏参与，难免会遗漏对一些关键性问题处理发表意见的机会，从而影响到债权的实现。

（二）债权人普遍不清楚自身知情权的范围，不行使知情权

因债权人与债务人，特别是与管理人之间的信息不对称，导致债权人对除自身债权实体性权利清偿之外的其他信息知之甚少。加之债权人如与管理人之间存在沟通障碍，破产程序对债权人而言更加不透明。此时的债权人更倾向于选择淡化参与程序，不再在程序中发声。究其根本，很大程度上在于债权人对自身在破产程序中享有的知情权认识不清。

囿于债权人行使知情权的法律依据不明确、行使知情权的成本较高、行使知情权的权利未得到充分保障、行使知情权的意识普遍不强等，导致目前破产司法实践中债权人普遍不去行使《企业破产法》赋予的知情权，对于管理人监督、程序公开透明、债权公平清偿等目标的实现，造成不利影响。

二、知情权行使的必要性和重要性

（一）有利于债权人跟进破产程序，督促管理人依法履职

债权人参与破产程序，很重要的一个功能是从债权人视角对管理人在履职过程中是否按照《企业破产法》第二十五条规定依法履行职务、是否勤勉尽责起到监督作用。从履职表征来看，管理人接受管辖法院的指定接管债务人企业，管理债务人的财产，通过法定程序经由清算、重整或和解程序实现债务人企业出清或再生；从权利处分的实质来看，管理人实际上是在为全体债权人管理债务人财产，通过法定程序清产核资，将债务人财产进行变现或以实物方式对债权分门别类进行清偿。因此，债权人在破产程序中行使知情权，督促管理人勤勉尽责，实际上是在为自身权利的公平实现扮演监督者的角色，发现问题可以及时提出，或向管辖法院提出异议，避免因管理人、债务人等主体的不当行为影响自身合法权利的实现。

（二）有利于债权人深度参与破产案件，全盘把控债权实现进度

债权实现的比例即债权清偿率是债权人最为关注的问题，除此之外，债权的实现时间也应是债权人重点关注的问题，久拖不决、清偿期限遥遥无期的债权对债权人来说，会不断增加债权人的财务成本，其间还会发生不可预知的变数，对债权人来说是"不可承受之重"。

债权人行使知情权，深度参与破产案件审理，能及时掌握债务人财产处置的进度、投资人引进进度以及资产处置后的财产分配进度等，对于具有季节性和易损耗的债务人财产，及时建议管理人尽快单独变现；对于变现难、无法变现的债务人财产，及时建议管理人采取以物抵债等实物受偿方式处置，

以促进债务人财产价值最大化，实现债权人债权公平高效清偿。

（三）避免超过权利行使期限而无法主张权利

《企业破产法》以及债权人会议中对债权人部分权利的行使，规定了明确的行使期限，如破产前成立破产后仍在履行期的双务合同应当在破产受理之日起二个月内确定是否继续履行，债权人可以在期限内致函管理人表达是否履行的意见；又如个别清偿、提前清偿等偏袒性清偿的撤销，管理人有权撤销，债权人如发现可以提请管理人行使撤销权，但撤销权的行使受一年期限的限制；再如债权人会议后对债权表记载的债权审查结果如有异议，一般要在债权人会议后 15 日内向管理人提出书面异议，对异议回复结果不服的要在收到回复之日起 15 日内向管辖法院提起债权确认之诉等。

债权人通过行使知情权，了解破产案件中重点关注问题的进程，适时提出意见、主张权利，可以避免超过权利行使期限而导致权利丧失。

（四）重整程序中跟进投资人招募情况，参与重整计划草案的谈判和制定

重整程序的推进和重整计划草案制定的核心是投资人与债权人就业已认定的债权的清偿比例、清偿方式、清偿时间等核心利益的"博弈"与"让渡"问题。债权人通过行使知情权，及时掌握重整投资人的引进情况，如有合适投资人，可以根据自身债权性质所归属的债权组别，参与重整计划草案的谈判和制定过程，特别是关于债权调整事项，用好债权人的表决权；如没有合适投资人，招募期限届满又确定不再延期的，要督促管理人及时转入破产清算程序，及时变现，避免长期无效招商造成的债务人财产贬损，及时止损。

三、债权人在破产程序中的一般知情权

（一）了解破产程序进展情况

管理人接收债权人的债权申报，债权人即取得破产程序中的债权人身份，除债权人申报的债权被管辖法院依法裁定予以全部否认的情况外，债权人具

有受《企业破产法》调整的债权人身份，依法享有《企业破产法》赋予的债权人权利。

债权人可以通过书面、电话等方式向管辖法院、管理人问询破产程序的最新进展，法院和管理人应及时向债权人披露破产案件的进程，除非债权人问询的问题涉及商业秘密、国家机密等有正当理由不便披露的信息。了解破产程序最新进展的权利应贯穿破产程序的始终，此为债权人在破产程序中最基础的知情权。

（二）债权审查确认情况，包括自身债权和其他债权人债权审查确认情况

管理人对债权申报期间和补充申报期间接收申报的债权情况、审查情况，应在第一次债权人会议及补充申报后的最近一次债权人会议上以债权表的形式提交债权人会议核查，经核查无异议的债权，经管辖法院裁定确认为无异议债权；经核查有异议的债权，债权人在债权人会议核查结束后15日内向管辖法院提起债权确认之诉。《破产法司法解释（三）》第八条对债权人的异议权进行了规定。

此外，债权人还可以针对其他债权人的债权认定情况，提出异议或债权确认之诉。实践中，债权人对其他债权人的债权申报材料、认定依据、认定理由等无法自行获得，《破产法司法解释（三）》第六条第三款对此予以了规定，债权人可以要求查阅与异议债权相关的申报材料，管理人应当予以提供。

但需要说明的是，司法解释赋予债权人对其他债权所依据的申报证据材料的查阅知情权，并非无限度和无条件的，虽然司法解释没有写明提供的具体场景，但从保障破产程序正常推进的价值立场出发，笔者认为债权人要求查阅其他债权人的债权原始申报材料时，应当就对该笔债权存有的异议作出合理解释或有相应证据支持，杜绝出现恶意查询、干扰破产程序正常推进的情况。

（三）债务人对外债权清收和长期投资处置情况

债务人债权债务清册中反映的对外应收债权、工商登记信息中反映的债务人对外股权投资等均为管理人在管理债务人财产时应代表债务人主张的权利类型，清收回来的债权和处置后的投资收益等均应纳入债务人财产，用于债务清偿，此为《破产法司法解释（二）》第一条所规定。

债权人在破产程序中对已知对外债权、长期股权投资等可以变现的资产清收情况，有权知晓，对于管理人是否采取了清收措施、清收的进展、清收到的财产处理等均有权要求管理人进行披露，对于管理人未勤勉尽责进行清收的行为可以提出异议，向管辖法院报告，对于确因管理人过错导致的对外债权无法清收的，造成损失的可以要求管理人进行赔偿。

（四）获取历次债权人会议资料

管理人在债权人会议中依法披露的信息构成的会议资料，参与债权人会议的所有债权人均有权获取，第一次债权人会议后的历次债权人会议资料，有权参加会议的所有债权人均有权获取。

补充申报的债权人，对于补充申报前已经召开的债权人会议的会议资料是否有权补充获取的问题，法律并未明确规定，笔者认为从信息公开透明角度来说，仍有权获取，特别是过往债权人会议上作出的决议，对补充申报债权人具有法律约束力，补充申报债权人理应知晓。

（五）债务人财产处置情况

管理人对债务人财产的处置，有对债务人一般财产的处分和债务人重大财产处分之分。对于债务人重大财产的处分，根据《破产法司法解释（三）》第十五条第一款之规定，处置《企业破产法》第六十九条规定的债务人财产，需要报债权人会议表决通过后方可处置，否则管理人无权处置，因此，对于债务人重大财产的处分，债权人当然地享有知情权，而且还享有表决权。对于债务人一般财产的处分，如季节性物品、易损易耗物品等财产，因处置后的资金是用于清偿债务，作为债权人，理应有权知晓财产处置的情况以及变现资金的管理情况，管理人应当如实说明。

（六）重整投资人引进与重整计划草案制定情况

重整程序中，债权人有权向管理人了解投资人招募情况，一方面在于投资人引进成功与否直接关系到债权人利益的调整与实现，另一方面在于债权人亦可以投资人身份或介绍投资人作为重整方，参与到破产重整程序中。

重整计划草案的核心内容即为对债权清偿比例、方式、期限的调整，债权人是利益调整的当事人一方，对方案是否通过享有表决权，因此，债权人对重整计划草案的制定情况有权知晓，对于涉及自身债权的调整方案还享有表决权。

关于以上所列示的债权人可以行使的知情权类型能够通过何种方式行使的问题，笔者认为作为《企业破产法》赋予债权人的权利，不应对法定权利行使苛加不合理的限制，破产程序中的债权申报审核、对外债权清收、资产处置、投资人引进等任一环节都会对债权人的债权清偿产生影响，债权人是当然的利害关系人，一般知情权的行使可以参照特别知情权的权利行使程序进行。

四、债权人在破产程序中的特别知情权

《破产法司法解释（三）》第十条规定："单个债权人有权查阅债务人财产状况报告、债权人会议决议、债权人委员会决议、管理人监督报告等参与破产程序所必需的债务人财务和经营信息资料。管理人无正当理由不予提供的，债权人可以请求人民法院作出决定；人民法院应当在五日内作出决定。上述信息资料涉及商业秘密的，债权人应当依法承担保密义务或者签署保密协议；涉及国家秘密的应当依照相关法律规定处理。"专条明确规定了债权人的知情权，与《企业破产法》中隐含的债权人知情权内容有所交叉。能够在司法解释中专门就债权人知情权进行明确规定，确系我国破产法对债权人权利保护的一大进步。

对于债权人破产程序中的特别知情权，笔者认为应重点知晓权利的行使方式和权利边界。

（一）行权主体：不限制债权人类型和债权金额大小

该条规定赋予债权人知情权是面向所有债权人，不区分债权人的类型，也不区分债权金额的大小，任何对债务人享有合法债权且进行了债权申报的债权人均是权利主体。此外，对于申报的债权是否经管理人审核确认、经债权人会议核查、经法院裁定确认，笔者认为在法院裁定否认债权申报人所有向债务人主张的权利之前，债权人均有权依据该规定行使知情权。

（二）行权对象：限于参与破产程序所必需的债务人财产和经营信息资料

该条规定采取"列举＋兜底"的方式限定了债权人行使知情权的对象，明确罗列的常见对象有债务人财产状况报告、债权人会议决议、债权人委员会决议、管理人监督报告，兜底的范围限于参与破产程序所必需的债务人财产和经营信息资料。对于"参与破产程序所必需"的理解，我们认为可以作广义解释，不宜对范围作限缩性的解释，因为债权人在破产程序中是当然的利害关系人，债务人财产价值的增减、债权金额的调整等，都会直接影响债权人利益的实现。

（三）行权方式：债权人仅可查阅，不得复制、摘抄

对于债权人行使知情权的方式，该条规定为"查阅"，没有包括复制、摘抄等形式，笔者认为应作字面解释，即债权人仅有权针对上述材料进行查阅，不能对材料进行复制、摘抄、拍照等操作。可以参照《公司法》第三十三条规定的股东知情权理解和适用。

（四）行权时间：应贯穿破产程序的始终

债权人行使知情权的期限问题，该条规定并未予以明确，笔者认为在申请人具备债权人身份的全程均可以依照此条规定行使知情权，并不因法院裁定批准重整计划、法院裁定批准财产处置方案和债权分配方案等而消灭，只有且仅有在债权人身份消灭时才无权要求行使知情权。

在平安银行股份有限公司太原分行申请破产清算一案[1]中，申请人要求查阅债务人的财务账册、核查债权，法院经审查认为债务人重整已经债权人会议表决通过并经法院裁定确认，申请人作为债权人参加了债权人会议并作出表决，重整计划对申请人具有法律约束力，因此裁定驳回了申请人的起诉，未保证申请人仍然作为债权人身份享有的知情权，笔者认为本案法院所作出的裁定未依法保障债权人的知情权，值得商榷。

（五）救济途径：管理人作出说明，法院作出决定

管理人接到债权人要行使知情权的申请，应作出是否提供材料和信息的决定，如决定不予提供，需要向债权人说明不予提供的原因；债权人对管理人的说明不服，可以向管辖法院申请，管辖法院在接到申请后，应在 5 日内作出决定，确定是否予以提供。对于债权人知情权的救济途径规定得较为清晰，可操作性较强。

本节就债权人在破产程序中的知情权行使的重要性和依法行使的路径及救济进行了分析和探讨，以期有助于提高债权人对《企业破产法》赋予债权人知情权的行权意识，通过充分行使知情权，实现对管理人的监督、程序的公开透明、债权公平受偿的目标。后文将探讨债权人在破产程序中的抵销权问题，与债务人互负债权债务的债权人可否行使抵销权以及如何行使抵销权、抵销权行使的限制和特殊情形，对于债权人的权益影响重大。

第六节　债权人破产抵销权的行使规则及实操要点

破产抵销与民法中的法定抵销、合意抵销同属于抵销权，但破产抵销权在权利行使规则、行使限制等方面有其特殊规定，对在破产程序中与债务人互负债权债务的债权人的权利行使和债权实现具有重大影响，如债权人对债

---

[1]　新疆维吾尔自治区阿克苏地区中级人民法院（2020）新 29 民初 11 号。

务人的负债必须发生在破产受理前、管理人一般不得主动主张抵销、管理人不同意债权人抵销主张应在收到抵销通知之日起三个月内向法院起诉，等等。《企业破产法》第四十条、《破产法司法解释（二）》第四十一条至第四十六条等破产规范性文件都对破产抵销权的行使规则和限制条件进行了规定。

破产司法实践问题纷繁复杂，破产抵销权在具体破产案件中行使会遇到各种疑难复杂的情形，争议较大。反观破产抵销权对与债务人互负债权债务的债权人来说，意义重大，可以通过行使破产抵销权，用对债权人享有的在清偿时会调减的债权全额抵销自身对债务人的负债，于债权人而言，无疑是对自身权益的最大化保护，这也是《企业破产法》设立破产抵销权制度的立法目的和规范意旨。

本节聚焦债权人在破产程序中如何依法行使破产抵销权以实现抵销。从最高人民法院审理的一起破产抵销权纠纷再审案件展开，探析债权人破产抵销权的行使规则、行使限制情形及在实操过程中的关注要点。

一、从一则破产抵销权纠纷再审案例展开 [①]

1. 基本案情

2003 年 9 月 26 日，飞阁公司与嘉信公司签订《转让协议》，约定飞阁公司将天然橡胶标准仓单 8983 张转让给嘉信公司，转让价款 808470000 元，嘉信公司一次性补偿飞阁公司仓单预期收益 205935275 元，合计金额 1014405275 元。后在 2003 年 10 月 23 日至 11 月 6 日期间，瀚特公司分 16 次共转款 1014405275 元至嘉信公司，嘉信公司均于同日将全部款项转至飞阁公司，飞阁公司将仓单转移至嘉信公司。上述交易经调查确认为虚假交易，资金流水系循环倒账形成，交易中的瀚特公司、飞阁公司均为闽发证券的实际全资控股公司。后嘉信公司将所有仓单处置，得到价款 575947704.97 元。此外，嘉信公司与闽发证券之间存在真实的资金往来，闽发证券积欠嘉信公

---

① 最高人民法院（2016）最高法民再 404 号。四川嘉信贸易有限责任公司与闽发证券有限责任公司、上海瀚特企业发展有限公司、上海飞阁实业有限公司合同纠纷案。

司 425500000 元及利息。

闽发证券风险爆发后，国家成立了工作组，进行托管行政清理；2008 年 7 月 8 日，福州中院裁定受理闽发证券破产案，转入破产清算程序。

2009 年 1 月 8 日，闽发证券管理人为清收对外债权，起诉嘉信公司，要求嘉信公司向闽发证券支付仓单转让款 1014405275 元，与双方往来款 315500000 元对抵后的欠款 698905275 元及利息。一审法院福州中院判决后，双方均上诉，二审撤销原判、发回重审，重审一审中闽发证券变更诉请，要求嘉信公司返还仓单，如无法返还，按市场价赔偿损失。重审一审经审理，判决双方之间的合同因违法而归于无效，嘉信公司支付闽发证券仓单处置款 575947704.97 元及利息。

嘉信公司不服一审判决，上诉至福建省高级人民法院，要求在返还仓单处置款中就双方的资金往来款差额部分 425500000 元进行抵销。二审法院经审理认为：本案没有证据证明嘉信公司向闽发证券管理人申报过债权，亦没有证据证明嘉信公司向闽发证券管理人发出主张抵销的通知，且双方对资金往来债权数额尚存争议，与本案不属同一法律关系，不属本案法院审理，因此维持了一审判决，不予支持嘉信公司要求抵销的主张。

嘉信公司不服二审判决，向最高人民法院申请再审。法院再审认为嘉信公司已经向闽发证券发出抵销的通知，且一审中系闽发证券在诉请中主动提出要求进行抵销，双方在一审中进行了对账，无异议部分予以确认。

闽发证券答辩称：双方之间的资金往来债权债务与本案无关，应另案处理；闽发证券从未同意嘉信公司抵销的主张；嘉信公司对闽发证券的负债是在法院确定合同无效后才发生的，时间在法院受理闽发证券破产之后，根据《企业破产法》规定不得抵销；且闽发证券至今未收到嘉信公司的债权申报，也未收到破产抵销主张。

2. 争议焦点

本案再审的争议焦点为：嘉信公司以其对闽发证券所享有的 425500000 元债权，主张与其应付闽发证券款项进行抵销是否应当予以支持？

3. 裁判要旨

再审法院结合本案实际情况，对争议焦点问题，分述如下：

（1）关于嘉信公司是否申报了债权及提出过抵销的主张？

再审法院认为闽发证券的破产清算工作经历了行政清理和破产清算两个阶段，应视为一个有机整体加以看待，各阶段中双方的意思表示均可以视为对债权债务关系的处理行为，行政清理期间专案组向双方调查核实了双方之间的债权债务，且在本案一审中双方对资金往来进行了对账，在此基础上提起债权清收诉讼，且其诉讼请求和理由也体现了闽发证券对嘉信公司主张的抵销数额存在异议。因此可以认定嘉信公司向闽发证券主张了债权，主张了抵销。

（2）嘉信公司主张抵销的债权是否属于不得抵销的债权？

根据《企业破产法》第四十条之规定，破产程序中允许抵销的债务应是在破产受理前已经负有的债务，且不得是第二款规定的三种不得抵销的情形。本案中，嘉信公司主张抵销的债务发生在 2001 年至 2005 年期间，而闽发证券破产案件受理时间为 2008 年 7 月 8 日，符合《企业破产法》规定的可以抵销的债权情形。

（3）不同种类的债权能否主张破产抵销？

本案中，闽发证券向嘉信公司主张的债权是基于转让协议无效后的返还赔偿法律关系产生的，闽发证券向嘉信公司的负债是基于双方资金往来法律关系产生的，非同一法律关系产生的债权债务。但根据《破产法司法解释（二）》第四十三条之规定，破产抵销的债权债务无需为相同种类和同一法律关系。因此，本案中嘉信公司与闽发证券之间的债权债务尽管并非基于同一法律关系产生，但不影响破产抵销。

（4）本案是否构成管理人主动提出抵销？

《破产法司法解释（二）》第四十一条第二款规定管理人不得主动主张抵销债权债务，立法宗旨是认为抵销权为债权人的一项权利，可以任由其行使或放弃，但由管理人主动主张抵销，将使个别债权人受益，使破产财产减少，客观上对多数破产债权人不利，与管理人应当为权利债权人共同利益活动的职责不符。本案中，闽发证券提起诉讼是在证券风险爆发后，专案组介入与嘉信公司对账，闽发证券管理人在查清情况后提起诉讼以清收对外债权，增加债务人财产，不宜认定为构成管理人主动行使破产抵销权。

（5）本案中不进行抵销是否会导致明显不公的后果？

破产抵销权制度的规范意旨，一是为了简化当事人之间的相互给付关系，防止无意义诉讼，二是为了防止出现在债务人企业被宣告破产后，债权人对破产企业的债务要全额履行，而所享有的债权却只能按比例受偿的不公平现象。本案中，原审法院要求嘉信公司另行主张权利的审理思路不仅违背破产抵销权制度的规范意旨，甚而可能出现嘉信公司在全额偿还案涉仓单款项的同时，其对闽发证券的债权分文不能得到清偿的不公正结果。

综上，最高人民法院再审判决：支持嘉信公司行使破产抵销权的主张，嘉信公司向闽发证券支付抵销后的应付款项 150447704.97 元及利息。

4. 案例评析

本案为最高人民法院提审的关于破产抵销权认定和适用问题的再审案件，案情复杂，时间跨度长（2001 年至 2017 年），审理层级多（先后历经一审、二审发回重审、重审一审、二审、再审）。

本案在事实查明和法律适用上，集中体现了《企业破产法》及《破产法司法解释（二）》对破产抵销权的行使规则及其限制的规定，如抵销权人对债务人的负债要产生于破产受理前，且不得是法律规定禁止抵销的债务类型；进行抵销的债权债务，不要求种类相同、基于同一法律关系；管理人一般不得主动主张抵销权等。

更为重要的是，最高人民法院在本案判决说理中阐述了破产抵销权制度设立的规范意旨，从立法目的角度来阐释裁判思路，准确适用法律，依法纠正原审法院对法律的适用错误，发挥了国家最高审判机关引导法律正确适用的重要价值导向作用。

二、破产抵销权行使的积极要件

（一）债权债务确定，未到期视为到期，标的物无需种类品质相同

用于抵销的债权债务应当在主张抵销时已经得到确认，是经过法律规定程序或双方意定达成一致意见的结果。关于债权债务的确定，要一分为二看待，法律并未强制性要求用于抵销的债权债务必须是经过生效裁判文书确认的债权。就用于抵销的债权人对债务人的债权而言，一般要求债权人已经在破产程序中进行了债权申报，取得债权人身份，且该申报债权经过管理人审查、提交债权人会议核查、提交法院裁定确认，是已经确定的破产债权。但实践中由于管理人工作进度问题，对已审查、核查的无异议债权未能及时提交法院下达裁定书予以确认的情况较为普遍，对于未经法院裁定确认的债权能否用于抵销的问题，在"忠成数码科技有限公司破产管理人与中国建设银行股份有限公司温州分行破产抵销权纠纷"[①]一案中，法院认为"债权虽未经法院裁定确认，程序上存有瑕疵，但该笔债权已经破产管理人审查确认，其真实性、合法性和准确性能得到保障，且债权数额远大于所欲抵销的债务数额，该程序瑕疵尚不足以构成破产抵销权实质性障碍"，可以用于抵销。因此，用于抵销的债权未经法院裁定确认并不必然不能抵销，经管理人审查确认且债权金额足以覆盖所抵销债务达到可以确保抵销安全的情况下，也可以依法抵销。就抵销的债权人对债务人的债务而言，因系债权人主动主张抵销，债权人对负债及其金额进行确认，于债务人并无不利影响，可以正常进行抵销。如债务人认为债权人自认的负债金额少于实际负债的金额，未抵销的债务部分，债务人管理人可以继续向债权人进行清收。

此外，用于抵销的债权债务，在抵销时视为已经到期，管理人不得以互负的债权债务未到期为由，拒绝债权人主张抵销。用于抵销的债权债务，也无需债权和债务的种类、品质一致，只要相互抵销的债权债务价值相当，能够公平抵销即可。

---

① 浙江省高级人民法院（2014）浙商终字第 27 号。

（二）债权人对债务人的负债产生于破产申请受理前

债权人用于抵销的对债务人的债务，必须是产生于破产申请在法院裁定受理前，这是因为在法院裁定受理破产后，管理人接管债务人企业，此时的所有债务人财产包括债务人对外应收债权在内，均需公平地用于所有债权人的清偿。如允许抵销破产申请受理后的债务，则相当于对个别债权人进行个别偏袒性清偿，显然违背破产法公平清偿的立法宗旨。

（三）抵销一般由债权人主动提出

抵销是由债权人主动提出，管理人一般不得主动提出要求进行抵销。原因在于管理人提出抵销，一般情况下是在用债务人对债权人的需要调减的负债与可以对债权人实现全额清收的债权进行抵销，明显对债务人财产是一种减损，违反管理人法定职责。

但也存在例外情况，如果管理人主动提出抵销，产生的效果是使债务人财产受益，则该等抵销受法律保护。如管理人主张抵销的债务是债权人对债务人享有抵押担保权对应的债务，经测算本身该笔债务的清偿率即可达到100%且经过抵销后可以解除对特定财产的抵押从而有利于处置，该等管理人主动主张的抵销应属有效；再如债权人也进入破产程序，经测算债务人企业的债权清偿率高于债权人企业破产同类债权清偿率，此时债务人管理人主动提出抵销客观上有利于留存债务人财产，抵销应属有效。

三、破产抵销权行使的消极要件

（一）债权人在破产申请受理后取得的他人对债务人的债权不得用于抵销

在破产司法实践中，出现债权人对债务人的债权小于其对债务人的负债金额，不足抵销，该债权人通过债权转让方式低价受让其他债权人对债务人的债权，用于自身债务的抵销，牟取不当利益。为杜绝该情况，《企业破产法》对债权人在破产程序中受让他人债权用于抵销的行为予以规制，受让他人的债权可以正常按照同类性质债权进行受偿，但不得用于抵销。

（二）债权人对债务人恶意负债，不得抵销，有除外情形

债权人已知债务人有不能清偿到期债务或者破产申请的事实，仍然与债务人发生债权债务往来，恶意对债务人负担债务，可以认定其已经预备好在进入破产程序后，通过行使抵销权以实现负债全额与不能全额受偿的债权抵销，牟取不当利益，对该种情形，《企业破产法》明确规定不得抵销。但是，如果债权人是因为法律规定或者有破产申请一年前所发生的原因而负担债务的，不属于禁止抵销的情形。

（三）债权人对债务人恶意取得债权，不得抵销，有除外情形

债权人已知债务人有不能清偿到期债务或者破产申请的事实，仍然与债务人发生债权债务往来，恶意对债务人取得债权。从常理上很难去理解债权人会在已知债务人可能破产时却继续与债务人交易，取得不能全额受偿的债权，但实践中确实存在这种极端情况，在债权人已经对债务人有负债的情况下，通过不平等交易恶意取得对债务人的债权，预备好在进入破产程序后，通过行使抵销权实现对业已负担的债务的抵销，牟取不当利益，对该种情形，《企业破产法》明确规定不得抵销。但是，如果债权人因为法律规定或者有破产申请一年前所发生的原因而取得债权的，不属于禁止抵销的情形。

四、破产抵销权的特殊情形

（一）已完成的对债务人的抵销行为，在特定情形下可以被宣布抵销无效

在债务人进入破产程序前，根据民法上抵销权规则已经完成的抵销行为，并非绝对安全，仍然在满足特定条件时可以被管理人通过诉讼方式宣布无效，恢复到抵销前的债权债务状态。

在债务人破产申请受理前六个月内，债务人已经具备《企业破产法》规定的破产原因，债权人恶意负债或恶意取得的债权，与债权人对债务人的债权或债务进行抵销，该等抵销即使已经完成，管理人发现有此种情形的，在破产申请受理之日起三个月内有权向法院提起诉讼，要求法院判决确认该等

抵销无效，恢复到抵销前的债权债务状态，债务依法履行，债权依法受偿，法院经审查符合上述情形的，应依法判决支持管理人的诉请。

（二）债权人用对债务人优先债权与债务人对己非优先债权进行抵销，管理人不得拒绝，但抵销数额限于债权人享有优先受偿权的财产价值

《企业破产法》限制债权人在某些情形下不得主张抵销的原因就在于避免债权人因抵销实现了债务的比例免除，反过来导致债务人财产损失，影响全体债权人公平受偿。如债权人用自己对债务人享有优先受偿权的债权，去和债务人对自己不享有优先受偿权的债权进行抵销，一般不会造成上述违反公平受偿情况出现，该等抵销主张，应不为法律所禁止，管理人不得拒绝抵销。但是，如果债权人主张抵销的债权金额大于优先受偿对应的财产价值，则会造成不公平情况，此为《企业破产法》所限制。

（三）债务人股东因未缴出资、抽逃出资、滥用股东权利和关联关系对债务人产生的负债，不得抵销

债务人的股东对债务人享有的合法债权，与其在破产受理前已经对债务人负有的债务，可以依法主张抵销，并不因债务人股东身份而禁止抵销。但《企业破产法》对债务人股东这类特别债权人可以抵销的负债进行了反向排除的规定，即债务人股东对债务人负有的债务，如果是因为未缴出资、抽逃出资、滥用股东权利或者利用关联关系恶意损害公司利益而产生的，不得进行抵销，该等债务应由债务人股东作为正常债务履行清偿义务。该意见在最高人民法院 1995 年发布的《关于破产债权能否与未到位的注册资金抵销问题的复函》（法函〔1995〕32 号）中早有体现。

五、破产抵销权的行使程序

（一）债权人主动向管理人提出

破产抵销的启动主体是与债务人互负债权债务的债权人，由债权人主动

向管理人主张抵销，抵销应以书面方式提出，明确主张相互抵销的金额或标的物，为证明自身主张的抵销符合《企业破产法》规定，债权人应向管理人提供可以抵销的证据。申请抵销的债权人应留存好向管理人主张抵销的送达凭证，抵销通知到达管理人之日是抵销权行使过程中的重要时间节点。

（二）管理人对抵销申请进行实质审查

管理人在收到债权人抵销申请材料后，对抵销申请是否符合《企业破产法》规定的破产抵销的行使规则，是否有法定不得抵销的情形进行审查，笔者认为该审查应为实质审查，包括但不限于对用于抵销的债权债务是否依法成立进行审查，根据审查结果，结合破产法律规定，确定是否提出异议。因抵销权法律性质属形成权，所以实际上无需管理人对债权人行使破产抵销权作出同意的意思表示，抵销的效力自债权人抵销通知到达管理人之日起生效，若管理人对该抵销确有异议的，应当及时向法院提起诉讼。

（三）管理人对抵销无异议的操作

管理人如对债权人主张的抵销无异议，抵销自管理人收到抵销通知之日起生效，用以抵销的债权人对债务人的债权部分应从确认债权中进行核减，在债权表中进行相应调整，用以抵销的债权人对债务人的债务部分，管理人无权再向债权人追讨，该等情况管理人应在债权人会议中予以披露。

（四）管理人对抵销有异议的操作

管理人如对债权人主张的抵销有异议，应在收到抵销通知之日起三个月内向法院提起诉讼，要求法院确认抵销无效。超过三个月再起诉，如无正当理由的，法院不予受理。经法院审理，如判决支持管理人诉请，确认抵销无效的，该抵销自始无效，债权人需全额向债务人履行债务，按同类债权清偿比例进行受偿；如判决驳回管理人诉请，认定抵销有效，该抵销自抵销通知到达管理人之日起生效。

本节就破产程序中的破产抵销权的行使规则、行使限制和实操中应注意的问题进行了探析，此类问题在破产司法实践中较为常见，争议也很大，如何正确行使破产抵销权，于债权人、债务人而言都非常重要。后文我们将探讨债权人在破产程序中的别除权问题、别除权在我国现行破产法律框架下的行使规则、别除权人如何在破产程序中适时依法行使别除权，对债权实现而言至关重要。

第七节　债权人破产别除权的行使规则及实操要点

我国破产立法中虽未直接采"破产别除权"的概念，但从别除权所具备的权利表征和构成要件来看，无疑不在我国破产立法和司法实践中广泛存在。通说认为破产别除权从广义上定义为在破产程序中权利人依法可以行使的各种类型的优先权，即破产程序中优先于普通债权优先获得清偿的权利类型，包括但不限于进入破产程序前已经依法设定担保措施的债权、建设工程价款优先受偿权、其他法律规范赋予"超级优先权"的权利类型甚至是职工债权、税收债权等。而在司法实践中最为常见的也是《企业破产法》及其司法解释、破产审判会议纪要等规范性文件重点规制的破产别除权，破产别除权类型是对债务人特定财产享有担保物权所对应的债权类型，包括在破产程序前已经以债务人财产依法设定抵押、质押、留置措施的有担保债权。因此，本节重点探讨的是在破产案件中广泛存在的担保别除权的行使规则以及在实践中的实操要点，重点聚焦有财产担保的债权在不同破产程序中的行权规则，重点探讨在破产重整程序中的权利行使和实现规则，以及破产担保别除权与其他类型优先权之间的比较适用问题。

一、破产别除权在不同破产程序中的行使规则

有财产担保的债权根据债务人所处的破产程序不同，有不同的行使规则和要求，主要体现在破产清算与和解程序中别除权行使、破产重整程序中的

别除权行使和存在程序转换衔接情况下的别除权行使。

（一）破产清算与和解程序中的别除权行使

《企业破产法》仅规定了在破产重整程序中，对债务人的特定财产享有的担保权暂停行使，有条件地恢复行使。私法领域"法无明文禁止即可为"，在破产清算、破产和解程序中，则可以随时要求实现担保权。

该观点在《破产审判会议纪要》中得到了最高人民法院的重申，纪要第二十五条规定"在破产清算和破产和解程序中，对债务人特定财产享有担保权的债权人可以随时向管理人主张就该特定财产变价处置行使优先受偿权，管理人应及时变价处置，不得以须经债权人会议决议等为由拒绝。但因单独处置担保财产会降低其他破产财产的价值而应整体处置的除外"。因此，从破产规范性文件规定和人民法院审理破产案件的统一口径来看，破产清算、破产和解中的担保权人要求及时实现担保权的主张应能够得到支持。

但以笔者从事破产业务的经验来看，该条规定并未在实践中得到统一贯彻，存在选择适用的解释空间。主要体现在"不得以须经债权人会议决议等为由拒绝"和"但因单独处置担保财产会降低其他破产财产的价值而应整体处置的除外"的"但书"规定。

条文明确罗列不得以须经债权人会议决议为由拒绝权利人要求及时实现担保权的主张，即实现担保权无需经过债权人会议表决同意，但"等"兜底性的表述增加了适用的模糊性，实践中管理人往往会以该案件目前暂时处于破产清算阶段，后期有可能转入破产重整阶段，所以不同意在目前程序中拍卖、变卖担保财产。笔者认为这是不妥的，这是对法律规定的任意解释和错误适用。"但书"规定中的单独处置担保财产导致其他破产财产价值降低，是管理人不同意债权人要求及时实现担保权主张的又一理由，缺乏判断标准。

反观法律对管理人以上述理由拒绝债权人要求及时实现担保权的情况，债权人往往缺乏救济路径，受制于管理人作出的决定，而不得不在破产财产整体处置后与其他类型的债权统一参与分配，给担保权人造成损失。

笔者认为此种情况下，应将阻却担保权及时实现的事由成立的证明责任归于管理人并基于管理人勤勉尽责的法定要求承担因此给债权人造成的损失。

（二）破产重整程序中的别除权行使

1. 权利暂停行使

基于重整程序是一个在债务人具备重整价值和重整可行性的基础上的重整投资人与债权人、债务人出资人权利博弈与让渡的综合性解决方案，在重整程序中保证债务人财产价值最大化是重整投资人决策是否参与重整的关键因素。

在破产司法实践中，很多债务人企业特别是房地产企业、机器制造业等重资产企业，企业的大部分高价值的资产都被设定了抵押、质押等担保手续，用于融资再生产。如果进入破产重整程序后，不加区别地均可以随时由担保权人实现担保权，拍卖、变卖担保物，则可能导致重整程序很快夭折，最终不可挽回地归于清算注销。所以，破产法律对重整程序中担保权的实现予以暂停行使并有条件地恢复行使是合理的，因此《企业破产法》第七十五条对此作出了规定。问题的关键在于有条件地恢复行使的判断标准要具体明确，杜绝管理人或自行管理的债务人借此损害担保权人的合法权利。

2. 恢复行使的程序启动：被动恢复与主动申请恢复

担保权暂停行使后可以在满足条件的情况下恢复行使，主要是通过两种方式启动：第一种是担保权人被动得到恢复，即由管理人或自行管理的债务人对该担保物是否为本案重整所必需进行判断，如为所必需，则决定不恢复担保权的行使，如非所必需，则恢复担保权的行使，拍卖、变卖担保物后用于对应债权的清偿。《九民会议纪要》第一百一十二条第一款虽规定该规则，但规定对于管理人或自行管理的债务人判断是否为重整所必需的时间为"及时"、处置财产的时间为"及时"，且存在没有阐述判断标准等不明确表述，在司法实践中有很大的解释空间，不利于统一操作。

第二种是担保权人主动向人民法院申请恢复行使担保权，依据是《企业破产法》第七十五条规定的"担保物有损坏或者价值明显减少的可能，足以危害担保权人权利的"情形，人民法院收到申请后30日内要审查作出裁定，裁定是否同意恢复行使。人民法院经审查，认为不存在上述情形，应裁定不予批准恢复行使；认为存在上述情形，但管理人或者自行管理的债务人有证据证明担保物是重整所必需，并且提供与减少价值相应担保或者补偿的，应裁定不予批准恢复行使。

对比两种恢复行使的方式，可以看出不管是被动恢复还是主动申请恢复，管理人或自行管理的债务人对该担保物是否为重整所必需的判断十分重要，直接关系着担保权能否恢复行使。相较而言，作为担保权人，应主动行使权利，一旦进入破产重整程序，即向人民法院提交要求恢复行使担保权的申请。

3. 不予恢复行使的权利保障和救济路径

如经债权人申请，人民法院裁定驳回了债权人的恢复申请，在权利保障方面，要看法院裁定驳回的理由：如人民法院认为申请根本不符合《企业破产法》第七十五条之规定，债权人无权要求管理人或自行管理的债务人提供保证或补偿性行为；如人民法院认为申请符合《企业破产法》第七十五条之规定，但管理人或自行管理的债务人提出该担保物为重整所必需，拒绝了债权人的申请，则债权人可以要求管理人或自行管理的债务人提供与减少价值相应的担保或者补偿，如不提供，债权人可以要求法院准予恢复行使担保权。

在救济路径方面，债权人在收到人民法院驳回裁定之日起10日内，可以向作出该裁定的人民法院申请复议，复议结果为最终结果，并未规定有上诉程序。

4. 准予恢复行使的财产处置

人民法院如裁定批准恢复行使担保权，管理人或自行管理的债务人无权再上诉或申请复议，该裁定为生效裁定。管理人或自行管理的债务人应当自收到裁定书之日起15日内启动对该担保物的拍卖、变卖，款项支付完变现费用后，用于清偿担保权人的债权，如有结余，纳入破产财产用于统一分配。

（三）程序转换衔接中的别除权行使

虽然《企业破产法》规定了在满足一定情形下，破产清算、重整、和解程序可以按照一定规则进行程序转换和衔接，但这不应当是管理人在破产清算、和解程序中拒绝担保权人行使担保权的理由。我们认为人民法院、管理人或自行管理的债务人对担保权能否及时行使的判断，应置于当前所处的程序类型，不应考虑未来可能的程序转换问题，在人民法院转换程序的裁定书尚未下达时，不得以此为由拒绝担保权人的权利行使。

二、破产别除权在变现受偿时的几个重要问题

（一）优先受偿的范围界定

有财产担保的债权一方面其优先受偿的范围以对应特定财产的变现价值为限，另一方面享有优先受偿权的债权范围需要通过产生债权债务关系的合同予以确定。

在破产清算程序中，管理人应对担保权人的主债权进行认定，根据合同约定判定可以享有优先受偿权的范围，是否包括利息、违约金、实现债权的费用等，以区别对待优先债权与普通债权；在破产重整与和解程序中，管理人除以主合同约定为判断依据，还需要结合在重整、和解程序中债权人所作出的或表决同意的债权调整方案。

（二）与破产费用、共益债务的优先受偿顺位比较

按《企业破产法》第四十三条规定"破产费用和共益债务由债务人财产随时清偿"，第一百零九条规定"对破产人的特定财产享有担保权的权利人，对该特定财产享有优先受偿的权利"，根据学界通说，别除权与破产费用、共益债务虽然在破产程序中均享有优先权，但对应的债务人清偿财产范围不同，前者就特定担保财产优先受偿，后者原则上应当优先从无担保财产变现款中获得支付。

应当明确的是，根据《民法典》第三百八十九条的规定，"担保物权的担

保范围包括主债权及其利息、违约金、损害赔偿金、保管担保财产和实现担保物权的费用。当事人另有约定的，按照其约定"，同时，依照《最高人民法院关于审理企业破产案件确定管理人报酬的规定》第十三条的规定"管理人对担保物的维护、变现、交付等管理工作付出合理劳动的，有权向担保权人收取适当的报酬"，如破产费用、共益债务中存在"保管担保财产和实现物权的费用"，应当从该担保物的变价款中支付。

然而，在司法实践中，有时会出现债务人全部，或几乎全部财产均被设置担保权的情形，此处担保物的变现款能否用于对除"保管担保财产和实现担保物权的费用"外的破产费用、共益债务的清偿，存在争议。深究破产费用和共益债务产生的根源，笔者同意王欣新教授的观点，即"在债务人全部或大部分有效财产都设定担保措施的情况下，应视为破产程序是为担保权人的利益而进行，其程序成本如破产费用、管理人报酬、共益债务等是为担保权人而产生，因此应从担保物变现款中优先支付，在破产各个程序中均应如此，这并未加重担保权人的负担"。[①]

（三）与"超级优先权"的优先受偿顺位比较

虽然根据《企业破产法》第一百一十三条的规定，担保权人对担保物变现价款享有排他的优先受偿权，但破产别除权的权利基础还可以是"超级优先权"，在此情形下应当明确担保物权与"超级优先权"之间的权利顺位问题。"超级优先权"的类型多是基于保障生存权、保障特殊行业中的特定权利而设置，包括但不限于最高人民法院在《建设工程价款优先受偿权问题批复》中明确的消费者购房户权利及建设工程价款优先权、《海商法》规定的船舶优先权、《民用航空法》规定的航空器优先权、《民办教育促进法》规定的受教育者和教职工的债权、《商业银行法》规定的储户存款本息债权等。

---

① 参见王欣新：《破产费用、共益债务与物权担保债权间的清偿关系》，载《人民法院报》2015年9月2日。

本节就破产程序中的破产抵销权的行使规则、行使程序和与几类特殊权利受偿比较问题进行了探析。破产别除权的行使一直是破产司法实践领域争议非常大、影响面非常广的难题，如何顺利行使或恢复行使破产别除权，对各方均非常重要。后文我们将探讨破产取回权问题，涉及一般取回权和特殊取回权的规定、取回的程序以及在种种复杂情况下取回权可否行使、如何行使的问题。

第八节　权利人破产取回权的行使规则及实操要点

企业进入破产程序中，管理人接管企业，对债务人财产进行清产核资，但并非所有在债务人控制下或使用中的财产均属于债务人财产，债务人占有的不属于债务人的财产，财产的权利人可以通过向管理人申请的方式取回，即权利人可以行使破产取回权在破产程序中取回应属于自己的财产，而无需通过破产程序参与统一分配。

申请破产取回，实质上是权利人向管理人主张返还取回对象的物权请求权，因其处于破产程序中，被定义为破产取回权，本质上即是物权请求权在破产法上的适用。权利人是否申请取回、管理人经审查是否同意权利人取回以及提起取回权诉讼的裁判结果，关系到取回对象是否要从债务人财产中剥离、权利人能否提前行使物权人的权利而避免申报债权参加统一受偿，对取回权权利人的权利实现、其他债权人的债权受偿率影响重大。

本节从一则广东省高级人民法院审结的有关破产取回权纠纷案例展开，在存在可以特定化的股票、资金可以取回，取回对象灭失、变现的情况下，取回权可通过代偿性取回行使。引申探讨破产取回权在我国现行破产法律规范中的类型、破产取回权行使程序和典型的出卖人取回权情形、代偿性取回权情形等破产取回权的特殊适用情形。

一、从一则取回权纠纷案例展开 [①]

1. 基本案情

2001 年 8 月 6 日，天津泰达热电公司（以下简称泰达热电）与南方证券股份有限公司（以下简称南方证券）签订资产委托管理协议，泰达热电将 1500 万元资金存入南方证券天津建设路营业部的专门账户内，进行封闭操作。2004 年 1 月 2 日，南方证券被中国证监会和深圳市政府行政接管。2004 年 7 月，监管部门将南方证券持有的大量"哈飞股份""哈药股份"（以下简称双哈股票）划入统一账户冻结。2006 年 8 月 16 日，深圳中院裁定宣告南方证券破产清算。泰达热电以为专门账户内的股票资金已经灭失，遂向管理人申报了债权，作为普通债权参与表决、分配。南方证券清算组后将冻结的双哈股票变现，部分进行了分配，部分进行了提存。2010 年 12 月 28 日，泰达热电与深圳市汇泉通投资管理有限公司（以下简称汇泉通公司）签订债权转让协议并通知南方证券，将泰达热电在破产程序中的全部权利转让给汇泉通公司。汇泉通公司遂向南方证券清算组申请取回对应股票，南方证券认为泰达热电已经选择主张债权并实际获得受偿，不能再行主张取回权，不同意取回。遂成讼。

一审法院深圳市中级人民法院经审理认为：泰达热电以普通债权人的身份向清算组申报了债权，对清算组的认定未提出异议，且参与了两次分配，获得了部分受偿，系其对自身权利的处分，应视为对以取回股票方式行使权利的放弃。汇泉通公司系从泰达热电处受让的债权，其权利范围不能超过继受来的权利范围，泰达热电不享有的权利，汇泉通公司当然不享有。一审判决驳回汇泉通公司诉讼请求。汇泉通公司不服一审判决，上诉至广东省高级人民法院，认为泰达热电的财产与南方证券未混同，泰达热电当初选择申报

[①] 广东省高级人民法院（2013）粤高法民二破终字第 2 号。深圳市汇泉通投资管理有限公司与南方证券股份有限公司取回权纠纷案。

债权而非申请取回是对双哈股票被统一划转的情况不知情，不得已情况下做的弥补动作，现取回标的已被处置变现，权利人有权要求对变现款进行代偿性取回。

2. 争议焦点

本案二审的争议焦点为：

（1）泰达热电的财产与南方证券财产有无混同？

（2）在泰达热电已申报债权且参与分配的情况下，是否可以再主张取回权？

（3）取回标的已经处置变现，权利人可否就变现款进行代偿性取回？

3. 裁判要旨

二审法院结合本案查明的事实，对争议焦点问题说理如下：

（1）泰达热电的财产与南方证券财产有无混同？

泰达热电的委托理财款打入南方证券专门开设的资金账户，且进行封闭操作，进行股票买卖，没有南方证券的其他资金流入该专门账户，泰达热电专门账户内的资金和股票可以与南方证券的其他财产区分开来，具有特定性，不构成与南方证券财产的混同。

（2）在泰达热电已申报债权且参与分配的情况下，是否可以再主张取回权？

虽然泰达热电已经申报债权并以债权人的身份参与了表决与分配，但当时是基于以为取回标的物已经灭失，只能通过债权受偿进行部分弥补，现有证据不能证明当初泰达热电是明知可以取回而放弃主张取回权；况且，取回权是权利人依法享有的物权权利，应谨慎对待，在权利人明确表示放弃以前，不宜以其尚未主张为由而推定其放弃行使取回权，从而剥夺其取回权。

（3）取回标的已经处置变现，权利人可否就变现款进行代偿性取回？

汇泉通公司申请取回的财产本身并非南方证券的破产财产，取回并不损害南方证券及其债权人的利益。提存款系清算组处分取回标的物所得，是取回标的物的代位物，汇泉通公司有权申请取回，且具有取回的现实条件。

因此，二审法院广东省高级人民法院判决撤销原判，改判支持了上诉人的取回权。

4. 案例评析

本案对破产取回权中的几个重要问题进行了回应，结合案件事实进行了综合认定。

首先是货币股票等无形资产能否取回的问题。特殊财产类型如货币、股票等有价证券，形式上属于不特定物、无法从物理上进行区分的财产，是否能成为取回对象，历来争议很大。本案中法院认为案涉货币股票开设在专门账户且封闭运作，并未与其他财产混同，具有特定化的特征，可以区分开来，具备取回的条件。

其次是权利人申报了债权甚至是参与了债权分配，是否当然丧失了行使取回权的权利。本案中法院认为上诉人选择申报债权并参与分配是弥补措施，并不因此就丧失了取回权，对于取回权的丧失应当需要权利人明示。本案有其特殊情况，笔者认为一般情形下，要把握两点：一是如果有证据证明权利人知晓可以行使取回权而拒不行使或以实际行为表明其不愿行使，视为其在物权和债权之间作出了选择，不应再保护其取回权；二是权利人获得债权清偿后又行使取回权获得支持的，权利人获益不应超过其利益总和，如超过应在准予取回时予以扣除。

最后是取回物被处分或灭失后，权利人有权就处分后的款项、灭失后的补偿等代位物，进行代偿性取回，管理人应当予以准许。

本案对以上三个问题的说理和裁判规则具有重要参考价值。

二、破产取回权的分类

（一）一般取回权

对取回对象享有权利的权利人依据《企业破产法》第三十八条之规定，

向管理人申请取回债务人基于借用、租用、受托保管、仓储等原因所占有的财产，管理人查明该取回对象非债务人财产，申请人确系权利人的，应准予权利人取回，此为破产法上的一般取回权。

（二）特殊取回权

除一般取回权外，《企业破产法》第三十九条、《破产法司法解释（二）》中规定了一些特殊情形下的取回情形，需要遵循特殊取回规则，根据不同情形确定取回权是否得到支持，以及取回后的权利义务安排。现行破产法律规范中的特殊取回权主要包括在途货物出卖人取回权、所有权保留买卖合同中的出卖人取回权和代偿性取回权。

1. 在途货物出卖人取回权

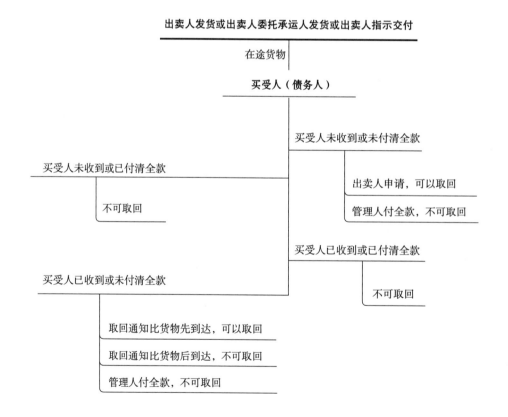

2. 所有权保留买卖合同中的出卖人取回权

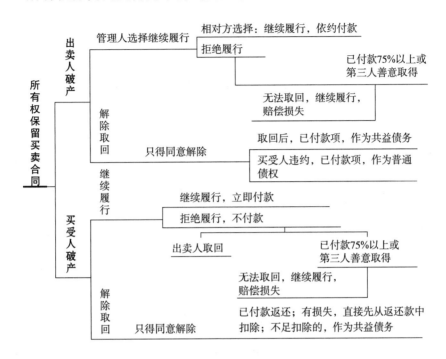

3. 代偿性取回权

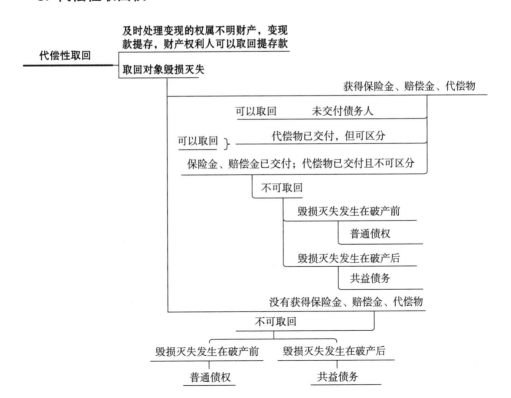

三、取回的程序

（一）权利人申请

1. 申请主体

申请取回的主体是对取回对象享有所有权或其他合法权利的主体，申请人应向管理人提供相应的证据证明主体适格。

2. 申请时限

根据债务人所处的破产程序不同，如果债务人进行破产清算，权利人应在破产财产变价方案提交债权人会议表决前提出取回申请；如果债务人进行破产重整，权利人应在重整计划草案提交债权人会议表决前提出取回申请；如果债务人进行破产和解，权利人应在和解协议提交债权人会议表决前提出取回申请。

如申请人超过申请时限再提出取回申请，申请人不当然丧失取回标的物的权利，符合取回条件的，仍然可以取回。但鉴于申请人超过申请时限，给破产程序的进行增加的额外费用，包括但不限于管理人额外工作的时间成本、召开临时债权人会议、召开债权人委员会会议产生的费用等，由申请人承担。

3. 申请方式

由权利人以书面形式向管理人提出申请，并提供支持取回的证据材料，供管理人审查。

（二）管理人审查

管理人对取回申请进行审查，审查核心是权利人主体适格性以及取回是否符合合同约定，来确定是否准予取回。对于债务人无权占有的标的物，在查明权利人身份后，可以准予权利人取回；对于债务人基于合同关系有权占有的标的物，合同系正在履行中的合同，由管理人根据《企业破产法》关于尚未履行完毕合同处理的规定，确定合同是继续履行还是解除，由此确定是否同意取回。

关于管理人对权利人提出要求取回的申请，在多长时间内作出审查决定，

《企业破产法》并未明确规定，笔者认为管理人在查清相关情况后应及时作出审查结果，不得以情况不清需要继续核查为由拒绝作出处理决定，否则权利人可把管理人不作出处理视为不准予取回的结果，进行救济。

（三）管理人不予取回的救济

如管理人经审查认为，权利人要求取回不符合法律规定或合同约定，拒绝取回，权利人在接到管理人通知后，可以以债务人为被告，向破产案件受理法院起诉，案由为破产取回权纠纷，请求法院对取回请求是否成立进行审查，作出生效裁判。

（四）管理人准予取回后的权利安排

管理人作出准予取回的决定，应通知权利人及时将标的物取回，因标的物取回产生法律规定和合同约定的债权债务关系，应作出相应的权利安排。

1. 根据合同约定，产生合同之债

因标的物的取回，根据合同约定，权利人应支付或退还债务人支付的款项或履行一定行为，或者债务人对权利人产生违约、损害赔偿债务，应在取回时予以处理。如果因取回造成债务人对权利人负债，该负债应认定为共益债务；如果因取回造成权利人对债务人负债，该负债应立即履行。

2. 根据法律规定，产生侵权之债

因标的物的取回，产生侵权之债，权利人在取回时应予以处理。如果因取回造成债务人对权利人负债，该负债应认定为共益债务；如果因取回造成权利人对债务人负债，应立即履行。

（五）特殊取回权的特殊规则

特殊取回权的行使程序除遵循上述取回权行使程序的一般规则之外，在途货物出卖人取回权、所有权保留买卖合同中的出卖人取回权、代偿性取回权的权利人还需要遵循本节特殊取回权中图示的特殊规则要求。

四、取回权行使中的特殊情形处理

（一）权利人在破产重整程序中申请取回

重整程序以引进重整投资人注资盘活债务人财产、通过协议方式清理债权债务为目标，区别于清算程序中资产变现偿债的目标，也区别于和解程序中债务人与债权人达成和解减债的目标。因此，在重整程序中，权利人申请取回，应严格按照权利人基于标的物与债务人达成的协议约定履行，在合同继续履行且管理人未主张解除合同的情况下，权利人取回标的物仍然要受到合同条款的约束。

但如果因管理人或者自行管理的债务人违反约定，可能导致取回物被转让、毁损、灭失或者价值明显减少的，权利人为避免因按合同继续履行导致自身损失，可以选择要求管理人或者自行管理的债务人提供与标的物价值相当的担保措施，以保证自身利益不受损失，如权利人径行要求管理人或自行管理的债务人准予取回标的物，或权利人要求管理人或自行管理的债务人提供相应担保但债务人或自行管理的债务人不予提供的，权利人要求取回标的物的诉求应得到支持。

（二）权利人持生效裁判文书主张取回权

权利人持法院或仲裁机构的生效裁判文书向管理人申请取回标的物，原则上管理人在确认该裁判文书确系生效裁判文书的情况下，都应准予取回。管理人不得以经审查认为该裁判文书裁判结果错误为由，自行否定裁判文书的效力，拒绝取回。如管理人认为裁判文书确系结果错误，应按照正常程序，申请再审或申请撤销仲裁裁决，其间亦不得以已经申请再审或起诉撤销为由拒绝取回。

（三）标的物转让给第三人问题

权利人的财产在债务人占有期间，未经权利人许可违法违约转让给第三人，造成权利人损失或第三人损失，如何向债务人求偿？

1. 第三人已善意取得标的物所有权，造成权利人损失

债务人将权利人的财产违法转让给第三人，第三人已经支付对价并且满足合同法关于善意取得的规定，第三人已经善意取得标的物的所有权，此时权利人无法取回标的物，造成权利人损失。权利人可以就该损失向债务人求偿，根据违法转让时间的不同，求偿债权的性质不同：如转让发生在破产受理前，求偿债权作为普通债权受偿；如转让发生在破产受理后，求偿债权作为共益债务处理。

2. 第三人未取得标的物所有权，造成第三人损失

债务人将权利人的财产违法转让给第三人，第三人已经支付对价但不符合合同法关于善意取得的规定，第三人未善意取得标的物的所有权，此时权利人有权取回标的物，但造成了第三人已经支付对价的损失。第三人可以向债务人求偿该损失，根据违法转让时间的不同，求偿债权的性质不同：如转让发生在破产受理前，求偿债权作为普通债权受偿；如转让发生在破产受理后，求偿债权作为共益债务处理。

本节就破产程序中的一般取回权及其行使规则、行使程序，在途货物出卖人取回权、所有权保留买卖合同出卖人取回权、代偿性取回权等特殊取回权及其行使规则、行使程序进行了探析，并就在取回过程中发生的特殊情况如何应对进行了探讨。权利人能否取回以及如何取回、取回后的权利义务安排等，不仅关系到取回权人的切身利益，也关系到全体债权人、债务人的利益，对各方权利保护非常重要。后文将探讨破产撤销权问题，对业已形成或作出的行为或决议，债权人认为存在依法可撤销情形的，如何行使撤销权，以及撤销能否成立的问题。

第九节　债权人破产撤销权的行使规则及实操要点

在破产程序中特定主体作出的侵害债权人利益的行为以及在进入破产程

序前特定期限内侵害债权人利益的行为，为保护债权人和债务人的合法利益，《企业破产法》及其司法解释赋予了管理人和债权人在不同情形下的撤销权，即破产撤销权。破产撤销权相较于民法上的撤销权，在行权规则上多有类似，破产撤销权实质上是民法上的撤销权在破产程序的延伸适用。

破产撤销权的行使主体多为管理人，但管理人在特定情形下怠于行使撤销权时，法律赋予了债权人直接起诉行使破产撤销权的权利，并要求相对人履行义务，由此获得的收益纳入债务人财产，用于所有债权的公平清偿，扎紧了权利保护的篱笆；债权人会议违法作出的债权人会议决议，债权人有权直接行使撤销权，要求债权人会议重新作出决议。由此可见，破产撤销权的正确行使，对于纠正那些业已形成的对债务人财产的不当处置行为，增加债务人财产，提高债权清偿率，显得十分重要。

本节从一则破产撤销权纠纷案例展开，在管理人知道存在或可能存在可撤销情形下怠于行使破产撤销权，债权人有权径行行使破产撤销权，向法院起诉要求撤销对债务人财产的不当处置行为，并要求相对方履行义务，获得收益归入债务人财产。

一、从一则破产撤销权纠纷案例展开 [①]

1. 基本案情

2012 年 11 月 8 日，阜城县人民法院裁定受理福原公司破产案，同时指定了管理人。管理人在办理案件过程中发现在 2012 年 9 月 16 日核销了对第三人王某某的应收账款，减少了公司相应的利润，该核销行为发生在法院受理破产申请前一年内。但管理人一直未行使撤销权，未主张撤销债务人在破产受理前放弃债权的行为。德隆公司作为福原公司破产案债权人，向阜城县人民法院起诉，要求撤销福原公司放弃对第三人应收账款的行为，第三人向

[①] 河北省衡水市中级人民法院（2017）冀 11 民终 2126 号。河北德隆房地产开发有限公司、阜城县福原食品有限公司破产撤销权纠纷一案。

福原公司清偿债权并归入破产财产。

一审法院阜城县人民法院经审理认为：管理人对符合撤销情形的行为，有权请求法院撤销，该破产撤销权原则上只能由管理人以诉讼方式向人民法院行使，债权人不得自行主张行使破产撤销权，但在管理人怠于行使撤销权时，债权人有权要求管理人行使撤销权。据此作出一审判决：要求福原公司管理人于判决生效后十日内向阜城县人民法院起诉，请求撤销放弃债权的行为，并向第三人王某某追偿上述债权并归入破产财产。德隆公司不服一审判决，向衡水市中级人民法院上诉，认为一审法院适用法律错误，德隆公司作为债权人有权在管理人怠于行使破产撤销权时径行行使撤销权，并要求第三人履行债务。

2. 裁判要旨

二审法院衡水市中级人民法院经审理认为：一审法院判令福原公司管理人通过诉讼程序撤销放弃债权行为以及追回债权并归入破产企业财产，并无明显不当；第三人是否应归还破产企业放弃的款项，该款项债权是否真实存在，应结合专项审计报告，各方举证质证后才能最终确定，超出了本案审理范围，不予支持。因此，二审判决驳回上诉，维持原判。

3. 案例评析

对债务人存在《企业破产法》第三十一条、第三十二条等规定的对债权人进行偏袒性清偿、对债务人财产进行不当处分的行为，管理人有权行使撤销权，撤销该行为，并要求相对人返还债务人财产或履行债务，如管理人怠于行使撤销权，债权人有权径行行使破产撤销权，要求撤销该行为，并要求相对人返还债务人财产或履行债务，所得利益归入债务人财产。

本案中，福原公司管理人对债务人在进入破产程序前的放弃债权行为，未行使破产撤销权，德隆公司作为债权人，有权径行行使破产撤销权，起诉要求撤销债务人的放弃债权行为，要求第三人履行债务并归入破产财产。因此，笔者认为该案的一审、二审判决结果存在适用法律错误情形。

（1）在管理人怠于行使破产撤销权时，债权人有权径行行使破产撤销权，而非必须通过管理人行使

《破产法司法解释（二）》第十三条规定："破产申请受理后，管理人未依据企业破产法第三十一条的规定请求撤销债务人无偿转让财产、以明显不合理价格交易、放弃债权行为的，债权人依据民法典第五百三十九条等规定提起诉讼，请求撤销债务人上述行为并将因此追回的财产归入债务人财产的，人民法院应予受理。"明确在管理人怠于行使破产撤销权时，债权人有权以自己的名义，直接提起破产撤销之诉，法院对债权人行使破产撤销权的诉请进行实体审理，此时，债权人是撤销权权利行使主体，无需再通过管理人主张。

因此，一审、二审法院判决责令管理人在限定期限内向法院起诉，要求撤销放弃债权行为并追回债权，显属适用法律错误。债权人是行使破产撤销权的适格主体，无需非得通过管理人来行使撤销权。

（2）一审、二审判决结果不具有可执行性

一审、二审判决结果是限定管理人在指定期限内提起诉讼，并列明管理人应当提出的诉讼请求，该判决结果不具有可执行性，如管理人在限定期限内未提起诉讼，法院也无法通过强制执行强制管理人向法院提起诉讼。

反观在债权人行使破产撤销权的情形下，管理人因各种原因怠于行使本应由管理人行使的撤销权，《企业破产法》赋予债权人径行行使破产撤销权的立法目的也是排除管理人主观意志对可撤销行为得不到撤销的影响。如果再回到必须由管理人发起撤销诉讼程序，明显与立法目的相悖。

（3）一审、二审判决未节约司法资源、增加诉累

一审、二审判决并未对《企业破产法》原本规定可以在一个诉讼程序中解决的问题一次性解决，在债权人起诉行使撤销权的诉讼后，还需要管理人再次起诉行使撤销权，增加了诉累，浪费了司法资源。

因此，对于符合可撤销条件且管理人怠于行使破产撤销权，由债权人提起的破产撤销之诉，法院应径行审理，查明事实，正确适用法律，支持债权人独立行使破产撤销权。

二、债权人破产撤销权的类型

狭义上的破产撤销权是指管理人在符合《企业破产法》规定可以行使撤销权情形下，申请法院对该行为进行撤销，广义上的破产撤销权不仅包括管理人可主动行使的撤销权，还包括债权人可以自行行使的撤销权以及管理人在特定情形下怠于行使撤销权而由债权人直接行使的撤销权。本节立足债权人视角，探讨债权人如何通过行使撤销权，最大限度维护自身的合法权利。

（一）债权人自身可以行使的撤销权

《企业破产法》第六十四条规定债权人会议达成的会议决议，如果债权人认为该决议违反法律规定，可以申请法院对该决议进行撤销，重新作出决议。对于"违反法律规定"的具体解释，《破产法司法解释（三）》第十二条进行了详细的列明，包括：债权人会议的召开违反法定程序；债权人会议的表决违反法定程序；债权人会议的决议内容违法；债权人会议的决议超出债权人会议的职权范围。如果达成的债权人会议决议，债权人认为该决议侵害了自己的合法利益且存在上述四种情形之一的，可以申请对该会议决议进行撤销。

（二）因管理人怠于行使撤销权而由债权人直接行使撤销权

本应由管理人在特定情形下行使的撤销权，管理人怠于行权，债权人有权代位行使撤销权。该等情形包括债务人在破产受理前一年内有无偿转让财产、以明显不合理的价格进行的交易、放弃对外债权。如债权人能够证明管理人知晓上述情形但怠于行使撤销权，债权人可以直接代位要求撤销债务人不当行为，恢复到行为发生之前的状态。

值得注意的是，并非管理人怠于行使撤销权的所有情形债权人均可以代位行使撤销权，如债务人个别清偿、提前清偿等偏袒性清偿行为，管理人可以申请撤销，在管理人怠于撤销时，债权人可以要求管理人行使，请求法院对管理人的行为进行监管，如管理人仍拒不行使撤销权，由此导致债务人财产不当减损而造成债权人损失，债权人有权要求管理人承担赔偿责任。

三、债权人行使破产撤销权的适用情形

（一）债权人认为债权人会议达成的决议违法，侵犯自身利益

1. 认为债权人会议的召开违反法定程序

《企业破产法》对债权人会议的召开程序进行了规定，第一次债权人会议应当由法院召集，在债权申报期限届满之日起15日内召开，第一次债权人会议通知在债权申报公告中即载明。此后的历次债权人会议，由法院或管理人或债权人委员会或占债权总额四分之一以上的债权人提议召开，召开债权人会议15日前要通知债权人。

如作出侵犯自身利益的债权人会议决议的债权人会议发起主体、通知期限等违反上述规定，债权人可以直接要求撤销所作出的会议决议，重新作出决议。

2. 认为债权人会议的表决违反法定程序

《企业破产法》规定债权人会议对提交会议表决的事项，必须达到法定比例。对于一般事项的表决，要求过半数通过即表决同意的人数占出席会议有表决权的债权人半数以上，且表决同意所代表的债权额占无财产担保债权总额的一半以上，方可视为该事项表决通过；对于特别事项如对债务人重大资产的处置、重整计划草案的表决等，有更高要求，即表决同意的人数占出席会议有表决权的债权人半数以上，且表决同意所代表的债权额占无财产担保债权总额的三分之二以上，可视为该事项表决通过。

如作出侵犯自身利益的债权人会议决议的，表决时未达到上述比例要求，债权人可以直接要求撤销所作出的会议决议，重新作出决议。

3. 认为债权人会议的决议内容违法

债权人会议作出的决议内容不得违反法律规定，违法的决议内容应当被撤销，如该决议侵害国家利益、集体利益或第三人合法利益，债权人可以直接要求撤销该决议，重新作出决议。

4. 认为债权人会议的决议超出债权人会议的职权范围

《企业破产法》第六十一条规定了债权人会议的职权范围，如作出的会议

决议超出了职权范围，不属于债权人会议可以表决决策的事项而作出的决议，应当被撤销，由权利主体依法行使。

（二）管理人怠于行使撤销权情形下直接行使撤销权

1. 破产受理前一年内有无偿转让财产

在法院裁定受理破产前一年内，债务人存在无偿转让财产的行为，意味着减少了债务人可供清偿债务的财产，直接侵害了债权人的利益。管理人负有追回被无偿转让的债务人财产的义务，用于在破产程序中公平清偿债务。如管理人怠于行使撤销权，债权人可以直接行使撤销权，要求撤销无偿转让行为，追回财产归入债务人财产用于清偿破产债权。

2. 破产受理前一年内以明显不合理的价格进行的交易

在法院裁定受理破产前一年内，债务人以明显不合理的价格进行的交易，包括以明显不合理的高价买入和明显不合理的低价卖出，都意味着债务人财产价值的降低，侵害了债权人的利益。管理人负有撤销该不公平交易的义务。关于"明显不合理的价格"，虽然《企业破产法》及其司法解释未作明确规定，可参考原《合同法司法解释（二）》第十九条的规定，即"交易价格达不到交易时交易地的指导价或市场交易价的 70%"一般可视为明显不合理的低价，"交易价格高于当地指导价或市场交易价的 130%"一般可视为明显不合理的高价。如管理人怠于行使撤销权，债权人可以直接行使撤销权，要求撤销以不合理价格进行的交易，追回财产归入债务人财产用于清偿破产债权。

3. 破产受理前一年内放弃对外债权

在法院裁定受理破产前一年内，债务人主动放弃对外债权，免除他人债务，直接导致了债务人可供清偿债务的财产减少，侵害了债权人利益，管理人应当撤销该行为，继续向债务人的债务人追讨债权，并入债务人财产用于公平清偿，当然，撤销后继续对外追讨债权适用诉讼时效的规定。如管理人怠于行使撤销权，债权人可以直接行使撤销权，要求撤销放弃债权的行为，追索对外债权，追回的财产归入债务人财产用于清偿破产债权。

四、债权人破产撤销权的行使程序

（一）债权人提起

如债权人要求撤销的是债权人会议决议，可以直接向受理破产案件的法院提起撤销之诉，债权人列为原告，债务人列为被告，诉请要求撤销该决议，重新作出决议。提起撤销之诉的时间应适用撤销权行使除斥期间的规定，起算点为当场决议作出之日或非当场决议通知之日。

如债权人是管理人怠于对债务人在破产受理前一年内无偿转让财产、不合理价格交易、放弃债权行为行使撤销权时代位行使的，向受理破产案件的法院提起撤销之诉，债权人列为原告，债务人列为被告，相对人列为第三人，诉请要求撤销该无偿转让行为、不合理交易行为、放弃债权行为，相对人向债务人履行义务，收到财产纳入破产财产用于公平清偿。提起撤销之诉的时间适用除斥期间，为自知道或应当知道撤销事由之日起一年，如债务人系由强制清算转为破产清算的，裁定受理强制清算申请之日为起算点。

（二）法院审理

受理法院对债权人提起的撤销之诉进行审理，针对债权人行使撤销权的不同类型进行区别审查。债权人请求撤销已作出的债权人会议决议，法院经审理认为该决议的作出存在《企业破产法》规定的会议召开程序违法、表决程序违法、决议内容违法、越权决议情形的，依法裁定撤销原决议，要求重新作出；如不存在上述情形，依法裁定驳回原告起诉。债务人在破产受理前一年内有无偿转让财产、明显不合理的价格进行交易、放弃对外债权行为，管理人又怠于行使撤销权，债权人可直接向法院起诉，申请撤销上述行为并追回财产归入债务人财产，法院经审理认为确有证据证明债务人在法定期限内存在上述不当行为，且有证据证明管理人确系怠于行使撤销权，应判决支持债权人的诉请，反之则驳回债权人诉请。

（三）撤销后的法律后果

法院生效裁判撤销已经作出的债权人会议决议后，债权人会议应就相应表决事项按照《企业破产法》的规定重新进行表决，重新作出决议。

法院生效裁判撤销债务人在破产受理前一年内的不当行为，应当恢复到行为作出前的状态。无偿转让的财产应予追回；放弃的对外债权应由管理人继续向债务人的债务人追索；不合理价格进行的交易被撤销，交易各方互负返还义务，因交易被撤销给交易方造成的损失，可以作为共益债务向债务人主张。

此外，如因管理人过错导致未行使或未及时行使撤销权使债务人财产不当减损，由此造成的损失，债权人有权要求管理人予以赔偿。

本节聚焦债权人可以行使的破产撤销权，通过债权人主动出击，对债权人会议、债务人等可供受偿的破产财产进行不当减损、侵犯债权人合法利益的行为，依法提起撤销之诉，通过法院审理，撤销不当行为，挽回损失。后文将探讨债权人在破产程序中的复议权，复议区别于复核、异议诉讼等程序，可在《企业破产法》规定的特定情形下行使，在《企业破产法》赋予债权人的众多权利类型中是一类在破产实践中未受重视的权利。

第十节　权利人在破产程序中的复议权行使规则及实操要点

破产程序中的复议权为一种非诉讼的救济权利类型，是受理破产案件的人民法院针对特定事项作出的裁定或决定，受到该裁定或决定不利影响的权利人在无法提出上诉的情况下，破产法律规范为债权人提供了申请复议的救济途径。因受众面较小，适用场景有限，权利行使规则不明晰，且实践中复议维持的概率较大，复议权行使效果不佳，所以破产复议权往往在权利人需要维权时被忽视、搁置，未行使或未得到充分行使。

本节将探析破产程序中权利人可以行使复议权的情形、复议权行使的程序以及权利行使后果，以期能为权利人在破产特定情形下的维权提供新的思路。

一、破产复议权的行使要件

（一）申请复议的适用情形

在破产程序的何种情形下，符合条件的权利人可以向法院申请复议维权，目前法律规范列示的情形大体包括以下五种：

1. 法院对经债权人会议表决未通过的债务人财产管理方案作出的裁定

根据《企业破产法》第六十五条第一款、第六十六条之规定，经债权人会议表决未通过的债务人财产管理方案，审理破产案件的法院有权根据案件审理的需要，结合案件的具体情况，依职权对该财产管理方案裁定予以批准或调整，付诸实施。权利人如对法院依职权作出的对财产管理方案的裁定不服，可以在法定期限内申请复议，提出复议请求和所依据的事实理由，要求法院对该裁定进行审查，作出复议决定。

2. 法院对经债权人会议表决未通过的债务人财产变价方案作出的裁定

根据《企业破产法》第六十五条第一款、第六十六条之规定，经债权人会议表决未通过的债务人财产变价方案，审理破产案件的法院有权根据案件审理的需要，结合案件的具体情况，依职权对该财产变价方案裁定予以批准或调整，付诸实施。权利人如对法院依职权作出的对财产变价方案的裁定不服，可以在法定期限内申请复议，提出复议请求和所依据的事实理由，要求法院对该裁定进行审查，作出复议决定。

3. 法院对经债权人二次表决仍未通过的债务人财产分配方案作出的裁定

根据《企业破产法》第六十五条第二款、第六十六条之规定，对债务人财产的分配方案，经债权人会议二次表决后仍然未通过的，审理破产案件的法院有权根据案件审理的需要，结合案件的具体情况，在不违反破产法公平清偿债务的原则下，依职权对债务人财产分配方案裁定予以批准或调整，付诸实施。权利人如对法院依职权作出的对财产变价方案的裁定不服，可以在法定期限内申请复议，提出复议请求和所依据的事实理由，要求法院对该裁定进行审查，作出复议决定。

4. 法院作出的关联企业实质合并破产的裁定

根据《破产审判会议纪要》第三十四条之规定，法院对关联企业作出的实质合并破产的裁定，如权利人认为该实质合并破产裁定侵害了自身利益，可以在法定期限内申请复议，提出复议请求和所依据的事实理由，要求法院对该裁定进行审查，作出复议决定。

5. 法院在重整程序中不批准恢复行使担保权的决定

根据《九民会议纪要》第一百一十二条之规定，担保物权人在破产重整程序中向法院提出恢复行使担保物权，法院经审查认为不符合恢复行使的条件或虽然符合条件但该担保物为重整所必需且管理人或自行管理的债务人提供了与担保物价值相当的担保或补偿的，法院可以决定不批准担保物权人恢复行使担保物权的申请。针对法院作出的不批准决定，权利人可以在法定期限内向法院申请复议，提出复议请求和所依据的事实理由，要求法院对不予批准的决定进行审查，作出复议决定。

（二）申请复议的主体

针对以上五种可以申请复议的情形，有权提起复议申请的主体不尽相同。

1. 如果是对债务人财产管理方案、债务人财产变价方案裁定不服的，债权人即可在法定期限内申请复议。此处的"债权人"应如何理解，是申报债权的权利人？经管理人初审认定债权成立或部分成立的债权人？还是经债权人会议核查、法院裁定确认债权的债权人？笔者认为，鉴于该条规定置于《企业破产法》的债权人会议章节中，有权参加债权人会议的债权人，即经管理人初审认定债权全部或部分成立的债权人，在其债权未经法院最终生效判决或裁定予以否认之前，有权针对法院对债务人财产管理方案、债务人财产变价方案作出的裁定申请复议。

2. 如果是对债务人财产分配方案裁定不服的，债权额占无财产担保债权总额二分之一以上的债权人可以在法定期限内申请复议。针对财产分配方案申请复议的主体适格性要求明显高于财产管理方案和变价方案申请的主体资格，概因财产分配方案直接关系到每一类型债权人的清偿比例、清偿时间和清偿方式，特别是对普通债权人影响深远。此处要求的债权比例为二分之一以上且比例所对应债权额均应为无财产担保的债权金额，乃因担保权人在放弃优先权前对财产分配方案本就无表决权，此外如系多个债权人联合申请复议，多个债权人组成的无财产担保债权数额亦需达到比例要求。此外还需要说明的是，比例所对应债权占比的数额应当是经过管理人审查初步确认的金额。

3. 如果是对法院作出的关联企业实质合并破产裁定不服的，利害关系人可以在法定期限内申请复议。利害关系人的界定范围较广，因关联企业实质合并破产势必会影响到合并企业债权人的债权清偿、债务人股东的权益调整，受此影响的债权人、债务人股东等均应被视为本条规定的利害关系人，有权申请复议。

4. 如果是对法院不批准恢复行使担保物权决定不服的，该担保物权权利人可以在法定期限内申请复议。由于此处所指的担保物权权利人主体身份比较明确具体，不再赘述。

（三）申请复议的期限

针对不同的申请复议情形，有权提出复议申请的申请人要在不同的规定期限内提出，超期提出即会面临受理机关以逾期提起为由而不予受理，丧失复议维权的机会。因此，对于申请人来说，要准确把握好申请复议的期限。

1. 如果是对债务人财产管理方案、债务人财产变价方案、债务人财产分配方案裁定不服的，权利人应当自法院宣布或收到通知之日起15日内提出复议申请。如果该裁定是债权人会议现场作出并宣告的，期限起算点为法院作出裁定之日；如果该裁定是采取通知方式作出的，期限起算点为权利人收到裁定之日；如果该裁定是通过公告方式作出的，期限起算点为公告期限届满之日。

2. 如果是对法院作出的关联企业实质合并破产裁定不服的，权利人应当自裁定书送达之日起 10 日内提出复议申请。因对关联企业实质合并破产裁定不服可以申请复议的主体为相关利害关系人，主体范围较为宽泛，法院作出合并破产裁定后一般也不会向特定人员送达，因此对于"送达之日"的理解，笔者认为应当参照《民事诉讼法》关于送达的规定，确定起算点。

3. 如果是对法院不批准恢复行使担保物权决定不服的，权利人应当自收到裁定书之日起 10 日内提出复议申请。此种情形下的起算期限较为明确，法院针对担保权人申请恢复行使担保物权作出的决定会送达担保权人，担保权人以收到法院作出的不批准裁定之日为起算点。

（四）申请复议受理和审查机关

权利人向哪个审查机关申请复议、复议审查机关的确定等问题，根据申请复议对应情形的不同所有区别，一般来说：

1. 如果是对债务人的财产管理方案、债务人财产变价方案、债务人财产分配方案以及关联企业实质合并破产的裁定不服的，权利人可以向作出该裁定的法院申请复议，即向本级法院申请；由本级法院另行组成合议庭对该复议申请进行审查，审查形式不限于开庭、听证会、书面形式，作出复议决定。

2. 如果是对法院不批准恢复行使担保物权决定不服的，权利人可以向作出该裁定的法院的上一级法院申请复议，即向上一级法院申请；由上一级法院组成合议庭对该复议申请进行审查，审查形式不限于开庭、听证会、书面形式，作出复议决定。

二、申请复议权的行使程序及行使效果

（一）权利人提出申请

申请复议事项属于不告不理，权利人针对可以申请复议的情形在法定期限内向法定受理机关提出复议申请，注明复议申请请求及所依据的事实理由，启动复议程序。

（二）法院受理审查

受理法院接收到权利人复议申请后，应进行审查。《企业破产法》及相关规范并未明确规定法院审理复议申请的具体规则，笔者认为会涉及复议审查人员的构成、审查形式、复议回复的形式、复议回复的时限等问题。关于复议审查人员的构成，由法院审查的情形中应重新指定作出该裁定审判人员之外的人员进行复议审查，且应组成合议庭合议；关于审查形式，复议审查并非法律规定必须开庭审理的案件，可以采取书面审理、召开听证会等方式进行；关于复议回复的形式，一般是以复议决定的方式作出，向复议申请人送达；关于复议回复的时限，未有明确的期限规定，受理法院应当在合理的期限内作出复议决定。

（三）复议支持的法律效果

经受理法院审查，如复议决定支持复议申请人的复议请求，作出原裁定的法院应当在复议机关指定的期限内重新作出裁定。如重新作出的裁定权利人仍不服，可否再次申请复议，笔者认为复议应当以一次为限，避免复议权的滥用。

（四）复议驳回的法律救济

经受理法院审查，如复议决定驳回申请人的复议申请，申请人可否继续申请复议或提起诉讼，笔者认为破产复议程序应属一裁终决，对法院作出的复议决定，不能继续复议或起诉。

（五）复议期间不停止原裁定执行

申请复议是非诉程序，权利人申请复议不应影响到破产案件整体程序的推进，因此《企业破产法》规定了在权利人申请复议期间，法院已经作出的裁定继续执行，不受复议申请程序的影响。

本节聚焦权利人在破产程序中申请复议的权利，分析在哪些情形下可以申请复议、如何申请复议、申请复议的程序等注意事项，通过申请复议，争取自身的程序性权利和实体性权利，避免因法院作出的裁定不当侵害自身利益。后文将探讨存在保证关系的债权债务在破产程序中的权利主张和债权实现的程序及实操要点，因保证链条中的债权人、债务人、保证人等均可能出现破产甚至多个主体破产的情形，引致纷繁复杂的保证关系在破产程序中的适用问题。

第十一节　破产程序中不同主体在保证链条中的债权实现规则及实操要点

随着《民法典》及配套司法解释于 2021 年 1 月 1 日开始生效实施、最高人民法院对新中国成立以来所有 591 件司法解释类规范性文件进行系统梳理发布实施（其中 364 件不作修改继续沿用、111 件修改后实施、116 件予以废止、新制定 7 件），破旧立新、与时俱进，很多法律适用的规则、原则发生了变化，其中关于保证担保规则的变化尤为显著。加之保证担保一般适用规则在破产法律适用中的特殊性，以及破产主体可能涉及债权人、债务人、保证人等多方，为破产程序在保证链条中的债权债务关系认定、债权人权利维护等问题上，带来了纷繁复杂的适用难题和新的挑战。

鉴于保证担保规则内涵十分丰富、适用情形十分繁杂、部分规则尚存较大争议，而本书的中心要旨是探析在破产程序中如何最大限度保护并实现破产债权的途径和实操要点，因此本节将视角聚焦在破产程序中的破产债权主张和实现问题，以进入破产程序主体在保证链条中的身份为分类标准，探析保证链条中不同类型主体进入破产程序后权利人债权的保障问题以及具有普适性的适用问题。

一、保证链条中的"主债务人"出现破产的情形

保证关系中负有债务的主债务人出现破产情形是破产实践中最常见的

情形，债权人可以主张向主债务人（管理人）申报债权，通过分配获得清偿，也可以主张向保证人要求承担保证责任（此处的保证人包括一般保证人和连带保证人，连带保证人无先诉抗辩权不言而喻，一般保证人的先诉抗辩权也因主债务人进入破产程序而导致先诉抗辩权的丧失，详见《民法典》第六百八十七条第二款第二项）。同时，保证人因未来可预期的对债权人进行清偿后对主债务人的追偿，保证人有权在符合法律规定的情况下以或有债权向主债务人的管理人申报，以实现权利保护与主债务人责任最终承担的闭环。

（一）从债权人视角来考察

债权人在实现债权的实操过程中，需要关注的要点问题有：一方面，法律不禁止债权人同时向管理人申报债权受偿和向保证人主张保证责任，因此，债权人在收到债务人管理人的债权申报通知或得知债权申报公告后可以进行债权申报，通过破产程序参与统一分配，另一方面，债权人可以要求保证人承担保证责任，通过起诉或仲裁方式，对于一般保证人，债权人应将债务人、一般保证人作为共同被告起诉，对于连带保证人，债权人可以选择仅起诉连带保证人。

此外，保证人可以援用债务人对债权人的抗辩事由，对债权人同样有效。另外，必须把握的一个原则是，债权人从债务人破产案件中获得的清偿和从保证人处获得的清偿总和，不得超过其债权总额，超出的部分应予返还。债权人如能在破产程序中全额得到清偿，保证人则无需承担保证责任。所以对于保证链条中的债权实现问题，要特别注意信息的互通和联动。

（二）从保证人视角来考察

保证人在破产程序中的责任承担、权利保护与一般民事诉讼程序中存在着较大区别。需要重点关注的问题有：对于保证人已经实际履行保证义务，进行代偿的部分，理所当然地有权向债务人即时追偿，即就此向债务人管理人申报债权，管理人应审查实际代偿的证据并依法进行确认，该部分债权适用普通债权的确认与清偿程序。尚未实际发生代偿的部分，如不允许保证人进行提前申报，而是等到实际代偿后再准予追偿，则往往会造成发生追偿时债务人破产程序已经终结而致追偿不能。基于此，对于尚未实际发生代偿的保证债务部分，保证人有权作为债权进行申报，管理人应予以登记并进行认定，破产实践中对于此类债权往往有两种不同的做法，一种是作为或有债权待确认，根据表决需要决定是否赋予其临时表决权，另一种做法是不予确认，待实际代偿后再向债务人追偿。需要注意的是，如果债权人就该同一笔债权已经全额向管理人申报了债权，保证人则不得再向管理人申报保证或有债权。

二、保证链条中的"债权人"出现破产的情形

当保证关系中的债权人进入破产程序，债权人对主债务人的求偿权、对保证人的保证债权由债权人的管理人根据《企业破产法》的规定履行对外债权清偿法定职责。

管理人向债务人、保证人主张债权的规则适用一般债权请求权规定，保证人根据保证类型的不同，一般保证人可以主张先诉抗辩权，债务人和保证人也可以援引诉讼时效的规定取得抗辩权。如债务人、保证人拒绝履行债务，管理人应履行法定职责，勤勉尽责，通过诉讼或仲裁方式对外清收债权，除非经债权人会议表决同意不再求偿。

需要注意的是，本部分讨论的情形本身处理思路比较清晰，适用法律比较明朗，但破产实践中往往会出现债权人进入破产程序后，相应的债务人或保证人在债权获得清偿前也陷入破产境地甚至也进入破产程序，导致更为复杂的求偿问题。

三、保证链条中的"保证人"出现破产的情形

保证关系中的保证人一旦出现破产，保证关系中的债权人如何应对才能

充分利用业已建立、尚且存在的保证增信措施实现全身而退，保证关系中的债务人又该如何应对。

（一）债权人的债权申报

如果主债务人的债务履行期限已经届满，保证责任已经发生，债权人向保证人管理人申报债权没有任何问题，但如果主债务尚未到期，债权人可否径行先向保证人管理人申报债权，实现受偿？《破产法司法解释（三）》第四条第一、二款对此作出了明确规定，即使主债务尚未到期，债权人对保证人的保证债权在保证人破产时视为已经到期，这也与《企业破产法》第四十六条的规定不谋而合。

（二）保证人破产下的抗辩与清偿

债权人向保证人申报保证债权的，管理人在债权审查时，可以援引债务人对债权人的抗辩事由，据此作出债权认定；关于先诉抗辩权问题，如果保证人在保证关系中明确为一般保证或被推定为一般保证，保证人管理人能否向债权人主张先诉抗辩权而对保证债权不予确认或暂缓确认，法律对该问题的回答是否定的，一般保证的保证人不得在破产程序中行使先诉抗辩权。

但需要注意的是，一般保证人破产程序中对债权人应分配的清偿部分，暂时不对债权人作实际分配，而是将该部分予以提存，债权人对一般保证人清偿的金额应当与主债务人对债权人的清偿金额联动，待一般保证人应承担的保证责任确定后再按照破产清偿比例从提存资金中予以分配。

（三）保证人清偿后的追偿

保证人被确定应当承担保证责任，因为保证责任对应债务的最终承担主体是主债务人，因此管理人可以就保证人实际承担的清偿金额向主债务人行使追偿权，或者按照法律对存在多个保证人情形下可以进行内部相互追偿的规定，对其他保证人进行追偿。

四、保证债权债务关系在破产程序中适用的几个疑难问题

（一）主债务人破产情形下，债权人对主债务人的债权停止计息，对保证人的保证债权是否也停止计息

《企业破产法》第四十六条第二款关于停止计息的规定是否适用于对保证人的保证债权问题，是破产司法实践中争议巨大的问题，最高人民法院及地方高级人民法院出台的规范性指导文件、司法判例等均出现了相互矛盾的裁判倾向，观点一分为二，且均有理由支撑。如浙江省高级人民法院出台的《关于主债务人破产后保证人是否停止计息问题的解答》规定"按照《企业破产法》第四十六条规定，针对债务人的破产申请被人民法院裁定受理时，破产程序中针对债务人申报的附利息的债权自破产申请受理时停止计息。但该停止计息的效力不及于保证人"，否定了保证人停止计息，即保证责任继续计息。但在"中国光大银行股份有限公司嘉兴分行、上海华辰能源有限公司保证合同纠纷案"[1] 中，法院则明确"破产案件受理后对主债权停止计息，债权人受损的仅是利息损失。如果对保证债务不停止计息，将影响保证人的追偿权，对保证人较为不公"，又肯定了对保证人应当停止计息。以上矛盾，不一而足。

随着《担保制度司法解释》于 2021 年 1 月 1 日起正式生效实施，对该问题的讨论尘埃落定。该司法解释第二十二条规定"人民法院受理债务人破产案件后，债权人请求担保人承担担保责任，担保人主张担保债务自人民法院受理破产申请之日起停止计息的，人民法院对担保人的主张应予支持"。明确了债权人对保证人的保证债权在债务人进入破产程序时起停止计息。这也与《民法典》合同编制定和担保制度司法解释清理中着重强调担保从属性的基本原则不谋而合。

（二）保证关系中多个主体均进入破产程序问题

保证关系如有多个主体（既包括多个同一身份的主体也包括多个不同身

---

[1]　最高人民法院（2019）最高法民申 6453 号。

份的主体）均进入破产程序，涉及债权债务关系的清理和主张就会比较复杂，需要具体问题具体分析。从法律规定的角度来看，《破产法司法解释（三）》第五条明确列举了在保证关系中的债务人和保证人均被裁定进入破产程序的情形，即债权人有权向债务人、保证人分别申报债权；债权人向债务人、保证人均申报全部债权的，从一方破产程序中获得清偿后，其对另一方的债权额不作调整，但债权人的受偿额不得超出其债权总额。保证人履行保证责任后不再享有求偿权。

（三）多个保证人之间相互追偿问题

保证人之间的内部相互追偿问题，是担保制度中历来争议巨大的问题。纵观《企业破产法》及其司法解释的规定，因该问题在一般程序中适用时争议巨大，破产规范中也未明确涉及。而《担保制度司法解释》第十三条对该问题进行了一定程度的明确，保证人之间可否相互追偿考虑的核心因素是各保证人之间有无共同保证的意思联络、保证份额，以此确定能否追偿及追偿的比例。笔者认为破产程序中的多个保证人之间相互追偿问题亦应符合该条已明确的法律规则。

本节聚焦于在保证关系中的权利人在破产程序中如何维护自身利益，根据进入破产程序主体的身份不同，就保证关系中的主债务人破产、债权人破产、保证人破产等区分不同情形下权利人维权应适用的法律规则及实操要点问题进行探析，具体问题具体分析，充分理解和运用破产法律关于担保制度的规定和担保制度在一般民事程序中的适用规则，以实现合法权利。此外，我们还试图对破产程序中保证关系的争议巨大的问题进行探析，结合《民法典》及其配套司法解释中对该问题的新规定和新趋势，以期明晰法律适用规则。后文将探讨破产程序中常出现的债权人委员会，债权人如何合法合理地利用好法律规定的债权人委员会制度及其职权，以形成合力，最终实现债权。

第十二节　债权人如何运用债权人委员会助力债权实现

《企业破产法》第七章第二节专节对债权人委员会相关规则进行了规定，共3条（第六十七条至第六十九条），对债权人委员会的设立、组成、成员产生、职权、活动规则及决议效力等进行了原则性规定，并在司法解释及地方法院的指导性文件中对债权人委员会（以下简称债委会）进行了细化。关于债委会在破产程序中的定位和定性，虽法律层面未予明确定义，但在江苏省高级人民法院出台的《破产案件审理指南》（2017年修订版）第八条中进行了界定："债权人会议是实现债权人破产程序参与权的临时性机构，权利范围和权利行使方式均由法律直接规定，主要包括决议职能和监督职能。债权人委员会是企业破产过程中的临时性组织。"明确了债委会是债权人会议职权的延续，是债权人会议的临时性组织，是为了助力破产程序的推进和债权实现。

本节模拟具体破产案件中债委会的设立需要，从债委会的设立开始，到债委会的成员组成、债委会活动的一般规则和特殊规则、债权人加入或不加入债委会以帮助债权实现。

一、债委会的设立、成员选举与确认

（一）债委会的设立

设立债委会并非每个破产案件必经程序，具体案件中是否设立债委会，首先要考察其设立的必要性。一般而言，考察一个破产案件是否需要设立债委会，可以从破产案件债权人数量多少（包括已知债权人数量、债权申报期内已申报债权人数量、已知但未按期申报的潜在债权人数量等）、债权类型是否丰富、召开债权人会议难易程度等角度综合判断。

设立债委会一般由管理人根据破产案件的推进需要提出，在召开表决债委会成立及成员选任的债权人会议前推荐人员，最终决定权取决于债权人会议。

（二）成员的推荐与选举

债委会的成员从债权人中推荐和确定。《企业破产法》规定债委会的人数以 9 人为限，那么债委会的成员人数是否必须是单数？《企业破产法》并未明确规定。从破产实践来看，债委会一般都是由单数债权人组成，具体人数根据破产案件实际需要确定，常见的一般为 5 人或 7 人。笔者认为，在《企业破产法》未强制要求债委会人数必须是单数的前提下，债委会的人数为双数也亦非不可，核心考量应当是制定合法合理的债委会表决规则，保障需要债委会表决事项的顺利通过，以推动破产案件的顺利进行。

会前被推荐的债委会候选名单制定十分重要，进入候选名单一般通过以下渠道：一是债权人自荐，债权人主动向管理人和法院申请加入债委会，履行债委会成员义务，提供自身适合担任债委会成员的条件和理由，笔者认为从维护自身权利、维护全体债权人权利的角度来看，鼓励有意向的债权人积极自荐，进入债委会；二是管理人拟定，从管理人利益考量角度来看，管理人一般会从不同类型的债权人中分别选取一至二人，作为候选人，债权金额和债权代表性是每组债权人推选的重要考量因素，但非绝对化；三是法律规定的必备人员，即《企业破产法》第六十七条规定债委会中应当有一名债务人的职工代表或者工会代表。

（三）成员的产生与确认

管理人在债权人会议召开、表决前，拟定一份债委会候选名单，同时拟定好债委会表决规则、授权事项（如有超过《企业破产法》第六十八条规定的法定授权事项范畴外的特别授权，但不得作概括授权），一并提交债权人会议表决。

经债权人会议选定并表决通过的债委会名单、表决规则、授权事项等文件，由管理人报人民法院，经人民法院作出决定认可后生效。生效后，债委会成员按照表决规则、权限履职。

二、债委会的职权及表决规则

（一）债委会的职权

债委会的职权类型主要包括两大类：法定职权和债权人会议授权职权。

1. 债委会法定职权：法定职权系来源于《企业破产法》的直接规定，是债委会与生俱来的职权，主要包括：监督债务人财产的管理和处分、监督破产财产分配、提议召开债权人会议，核心是突出"监督"，起到在债权人会议休会期间的日常及重大工作监督和程序推动作用，监督权的细化事项可以包括：涉及土地、房屋等不动产权益的转让；探矿权、采矿权、知识产权等财产权的转让；全部库存或者营业的转让；借款；设定财产担保；债权和有价证券的转让；履行债务人和对方当事人均未履行完毕的合同；放弃权利；担保物的取回；对债权人利益有重大影响的其他财产处分行为。

2. 债权人会议授权职权：除法定职权外，通过债权人会议表决将会议可以行使的职权部分授权给债委会，但不可全部授权，否则债权人会议的职能可能面临被架空的风险。《破产法司法解释（三）》第十三条对债权人会议可授权的事项进行了限缩规定，即：申请人民法院更换管理人，审查管理人的费用和报酬；监督管理人；决定继续或者停止债务人的营业，这三项职权可以委托。是否委托、委托全部或部分，由债权人会议表决确定。

（二）债委会会议的召开及表决规则

债委会经债权人会议表决通过、人民法院决定认可后，通过召开会议方式，对职权范围内的事项进行讨论、决策。关于债委会会议的召开，法律对召开程序并未有明确规定。根据笔者办理破产案件的总结经验看，债委会会议一般由管理人提议、在债委会委员认为必要的情况下召开，时间并不固定。债委会召开前，应提前通知债委会各成员，成员系法人的，出席人员应持授权委托书参会。债委会成员法律地位一律平等、一人一票，不因债权类型、债权金额差别对待。债委会会议的议题在会前确定，会议一般由管理人派员参加主持、记录会议。

债委会的表决规则应按照经债权人会议表决通过的规则进行，《破产法司法解释（三）》第十四条进行了进一步明确，即债委会表决的事项应经全部成员（非实际参会人员）过半数通过，并形成表决记录，参会人员应在会议记录上签字确认，对表决事项有不同意见的，应当如实记录在案，用以备查。

三、债权人借力债委会，助力债权实现

鉴于债委会的法定职权和可受委托职权，加入债委会、成为债委会成员，对于债权人维护自身权利、推进债权尽快兑现大有裨益。但需要说明的是，债权人加入债委会，一方面是权利，另一方面也是责任，需要付出时间、精力参会，作出决策的决定应以全体债权人权利保护为出发点。

债权人在向管理人申报债权后，即可联系管理人问询本案成立债委会的意向，如管理人报告法院后认为本案有成立债委会的必要，债权人即可积极毛遂自荐，自愿担任债委会成员，说明自身适合担任债委会成员的理由及证据，以作为债委会成员候选名单提交债权人会议表决。争取加入债委会后，在履职过程中，要充分行使《企业破产法》规定和债权人会议授权的职权，特别是对管理人、债务人等主体的监督权限，利用债委会成员身份深化知情权的行使，督促破产程序在法律框架范围内加速推进，防止管理人、债务人等主体因主观原因导致程序拖延迟滞，从而最大化助力自身债权的实现。

四、关于债委会的其他问题

（一）债委会与债权人会议主席的关系

债委会和债权人会议主席系《企业破产法》规定的两类破产程序特别是会议参与的主体，两者既有联系又区别明显。

债权人会议主席系由管理人根据债权类型、债权金额等因素选定推荐人选，报人民法院决定，经人民法院指定后成为本案债权人会议主席，行使职权。债权人会议主席的主要职权包括主持债权人会议流程、召集第一次债权人会议后的历次债权人会议、核查调整管理人报酬等，是破产程序推进节点

把控的连接点。债委会主要是在债权人会议休会期间，作为临时性机构，行使法定职权和债权人会议授权职权，是债权人会议职权的延伸。

（二）债委会成员的履职费用与补贴

债委会成员参与债委会会议进行履职，必然要牺牲时间、精力，由此发生的误工、交通成本等如何承担，法律并未有规定。原则上该费用应当由债委会成员自行承担，但笔者认为从提升债权人参与破产程序的积极性、落实监督职能等考虑，可以适当考虑给予债委会成员履职必要的成本补贴，将该部分费用支出纳入破产费用处理。

（三）对债委会监督权的监督

如前所述，债委会所有职权中最核心的就是监督权，但债委会并非无边际无限制地行使职权，为平衡各方利益、规范职权行使，《企业破产法》规定了债委会行使职权应当接受债权人会议的监督，以适当的方式向债权人会议及时汇报工作，并接受人民法院的指导，即债权人会议、人民法院有权对债委会的监督权和其他职权进行监督。

本节聚焦债权人通过加入债委会，充分行使债委会成员的法定职权和债权人会议授权的职权，以监督管理人、债务人等主体在破产程序中的规范行为，推进破产程序顺利进行，最终实现债权最大限度、最快速度兑现。

第十三节　债权人参与破产重整债转股实践

所谓债转股，是指企业的债权人将其对企业所享有的债权转变为持有企业股权的一种债务清偿行为，因其具有快速修复改良困境企业资产负债情况的功能，经常会被用于挽救困境企业，在近年来的诸多破产重整案件中频频出现。据不完全统计，2020 年共有 13 家 A 股上市公司重整计划被人民法院裁定批准通过，而这 13 家上市公司都采用了债转股的方式清偿债权。究竟何为债转股、债权人参与债转股又能否实现受偿目标、参与债转股又需要注意哪些问题，本节尝试作简要探讨。

一、债转股制度概述

（一）债转股的历史沿革

从我国债转股的实践历程看，大致可分为两个发展阶段，第一个阶段是以政府为主导的政策性债转股阶段，第二个阶段为企业自主开展的市场化债转股阶段。

20 世纪 90 年代后期，时值亚洲金融危机后调整期，我国宏观经济同样面临较大下行压力，大多数国有企业亏损不断、资产负债率高，普遍面临较为严重的债务危机，且因当时企业融资方式多以债权融资为主，银行作为国有企业贷款资金的出借人，其不良资产比例也因此快速上升。为了盘活商业银行不良资产、实现国有企业改革脱困目标，国家经贸委、人民银行于 1999 年 7 月印发了《关于实施债权转股权若干问题的意见》（国经贸产业〔1999〕727 号），在政府的主导下相继成立四大资产管理公司（AMC），以债转股的形式专门处置国有银行的不良资产，将贷款变为股权，以收取每年分红的形式实现收益和退出。通过此轮的债转股实践，国有企业扭亏为盈、国有银行降低不良贷款率效果显著。然而，本轮债转股更多的是利用银行自身资源帮助债转股企业再融资，在推动国有企业治理结构改革方面的作用有限，而且其时因我国资本市场发展尚不完善，AMC 在股权退出方面面临缺乏流动性和合理定价能力等问题，导致股权增值变现比较困难，银行也缺乏动力帮助债转股企业提升长期发展能力。

近年来，随着我国经济发展进入"新常态"，实体企业普遍面临债务杠杆率过高、债务规模增速过快、经营困难加剧等问题，加之宏观经济增速减缓、产能过剩，经济发展动力受限。为防范和化解金融风险，促进经济平稳健康转型，国家大力推动实施供给侧结构性改革，降低企业杠杆，提出利用债转股助推经济结构调整、产业升级转型。为此，国务院于 2016 年 10 月出台《关于积极稳妥降低企业杠杆率的意见》（国发〔2016〕54 号），将"市场化银行债权转股权"作为降低实体企业杠杆率的七大措施之一并以附件方式公布了《关于市场化银行债权转股权的指导意见》。2018 年至 2019 年间，政府有关部门相继出台了一系列激励政策及措施，推进市场化债转股进程，指导债转股向资金来源市场化、债权类型市场化的方向发展。可喜的是，本次债转股方案具有显著市场化特征。一方面，债转股参与主体更宽泛，不仅涵盖资产管理公司，而且吸收保险公司、国有资本投资运营公司等，同时鼓励社会资本参与；另一方面，适用债转股的对象企业完全由市场主体自主选择，转股定价上充分发挥市场作用，通过参考第三方评估机构或具体的二级市场价格等因素确定最终定价。新一轮债转股的启动，不仅有利于企业缓解财务压力降低财务费用，优化资产负债结构、提高股权融资比重，而且有助于商业银行降低账面不良贷款率，缓解核销压力。

（二）重整程序中的债转股法律属性

对于重整程序中债转股行为的法律属性问题的准确界定切实影响到债权人的权利保证内容。若其属于公司法上的投资行为或民法上的代物清偿行为，则在债转股实施后，债权人对破产企业所享有的原债权即归于消灭，无论转股价格如何确定，担保人均无需再承担责任，债权人无法就未获受偿的债权本息部分要求保证人承担保证责任；若其仅为一种债权清偿的程序性制度，则并不必然导致债权消灭的法律效果，而仅是构成对债务的部分清偿，此种情况下保证人仍应承担债权人未获清偿部分所对应的清偿责任，此等情况下债权人的实际清偿率才显得有意义。

有关债转股的法律属性，目前理论界尚未形成统一认识。有学者认为，破产重整程序中债转股既是破产法上的债务清偿行为，也是公司法上的以债权方式出资的投资行为，公司法重点调整的是常态下债转股的投资行为，而破产法的重点则是调整非常态下债转股的清偿行为，当二者出现不一致时，法律适用的重点应该是破产法；有学者则认为，破产重整程序中债转股是一种代物清偿或专为清偿行为，即债务人以股抵债，不具有投资的属性；也有学者认为，破产重整程序中债转股不能根据公司法或代物清偿的理论进行解释，其为破产法规定的、以分配出资人权益的方式清偿债权的特殊程序制度，因此仅发生程序法上债权消灭的效力，附随于债权的担保利益并不会因此而消灭。

笔者认为，破产重整程序中债转股是债务人公司在破产重整这一非常态下的债务清偿行为，该清偿行为要求原有股东将原本归属于其或应当归属于其的股权转让给债权人。根据特别法优于一般法的原则，破产重整程序中债转股应优先适用《企业破产法》等破产相关法律规定，在股权变更、股东数量等特别法没有规定的问题上仍然适用公司法的规定。该清偿行为具有重整程序中的若干特点，不仅要求对出资人权益进行调整，一般还要求对转股债权进行调整。破产程序清偿是一种公平清偿程序，一般债权受偿方案以货币方式进行，不仅简单方便，也能体现公平原则，因此，即使受偿方案可以通过实物或其他财产性权利进行，但仍要体现公平原则，不得造成同一债权的清偿率相差过大。表面上看，债权人在破产重整程序中以货币或其他方式受偿后（如有），剩余的债权全部转为了股权，但这不代表债转股债权获得全额清偿，债转股债权仍是经过调整的，调整的幅度等于或接近于用货币清偿债权的比例。

（三）破产重整程序中债转股的法律后果

由于债权和股权在法律上属于性质完全不同的两种权利，所适用的法律规范不同，受到法律保护的方式不同，所面临的法律风险亦有不同。债权人参与破产重整债转股实践，对债权人的权利影响主要体现在如下方面：

第一，权利实现顺位的变化。在未参与债转股实践前，债务人以其所有的责任财产承担债务清偿义务，无论债务人是否有盈利，债权人均有权及有现实可能性能够实现债权本金和利息的收回；而通过债转股方式成为债务人公司股东后，仅可在债务人公司有利润时方得通过利润分配方式获得款项清偿，在公司进入破产或清算阶段后，作为股东的债权人也仅可在债务人公司清偿全部债务仍有剩余财产可供分配情况下按照所持股权比例获得少量分配。因此，债权人参与债转股后，债权人的权利实现顺序由在先受偿的债权变更为劣后清偿的股权，因而客观上影响到债权人的权利实现可能性。

第二，债权款项获取方式的变化。在参与债转股实践前，债权人按约定的期限和利率收取利息收益、按约定期限收取债权本金；而在债转股完成后，作为股东的债权人则需承担经营风险，通过公司分红、股权转让、清算分配等方式实现款项回收，此等情况下，不仅收益率、回收期限不确定，而且本金款项能否完整取得也面临不确定性，此外债权人要期待获得本金及收益还需遵照公司法的规定履行必要的决策程序。

第三，管理权利和义务的变化。就普通的债权债务关系而言，债权人一般不参与债务人企业的决策和生产经营活动，对债务人企业没有参与管理的权利和义务，不掌握债务人企业的实际经营信息；而在参与债转股实践的情况下，债权人取得债务人企业的股东身份，有权按照公司法和公司章程的规定，行使各项管理权利，但也需同时承担公司章程约定及法律规定的各项义务，包括清算义务等。

正是因为债转股的法律属性以及参与债转股实践会导致其权利义务发生前述的重大变化，客观上影响到其债权的有效清偿，所以实践中债权人参与债转股决策应当尽量谨慎判断。

二、债权人参与债转股实践的案例评析

（一）债权人需谨慎选择是否参与债转股实践

债务人一旦进入破产程序，通常意味着其所有者权益多为负数。作为债权人，尤其是清偿顺位靠后的普通债权人是否选择债转股的重整方案，往往处于纠结与徘徊之中。选择债转股方案，可以使债务人的负债迅速减少、经营状况得到较大改善，在恢复生产经营过程中吸引投资方参与拯救公司，从

而取得公司未来发展的股权红利或者股权处置变现收益，以使得自身的债权能够获得完全清偿乃至盈利，但却面临将清偿顺位在先的债权转变为劣后受偿的股权后因重整失败或者未来经营状况恶化导致股权价值严重缩水情况下债务无法获得有效清偿的风险；若拒绝选择债转股方案的，债权人可以现实性地获得所清偿的部分债权，无需承担债务人重整及经营风险，但此等情况下债权人获得清偿的债权比例较低而且因此可能丧失高比例受偿债权的机会。

（二）债权人参与债转股实践的成功案例评析

适用债转股获得重整成功的典型案例是上市公司盐湖股份，全称为青海盐湖工业股份有限公司，主营业务为氯化钾的开发、生产和销售，自 2009 年开始布局金属镁项目并通过银行贷款等有息负债方式扩大产能后，营收增长未达预期，公司财务状况不断恶化，于 2018 年被深交所实行"退市风险警示"处理。2019 年 9 月，青海省西宁市中级人民法院（以下简称西宁中院）裁定受理对盐湖股份的破产重整申请，2020 年 1 月，西宁中院裁定批准《青海盐湖工业股份有限公司重整计划》（以下简称《重整计划》）。根据《重整计划》的内容，对于普通债权，50 万元以下的部分以现金方式一次性清偿；超过 50 万元的部分根据债权类型予以区分处理，其中非银行类普通债权仅可在留债或债转股方式中择一清偿，银行类普通债权视非银行类普通债权的选择情况而部分留债并实施债转股。2020 年 4 月 20 日，西宁中院裁定《重整计划》执行完毕。2021 年 8 月 10 日，盐湖股份恢复上市，复盘当日股价报收 35.9 元，较暂停上市时股价涨幅达 306.11%，总交易金额高达 299.2 亿元，其中开盘后不到两分钟即成交超 60 亿元，当日换手率达到 14.46%，总市值达 1950 亿元。

随着盐湖股份的复盘，五家金融机构债权人通过债转股方式成为前十大股东之一，共享盐湖股份重整后的股权增值收益。盐湖股份核心业务处于拥有巨大发展潜力及上升期的行业或产业是其能够快速走出低谷、债权人短期内实现可观收益的根本原因。盐湖股份作为国内最大的氯化钾生产商，拥有显著的市场竞争力，业务毛利率较高、业务营收占营业总收入的比例不断增加，此外其另一项碳酸锂产品也遇上国内新能源产业的爆发式增长所产生的巨大需求，更加促进了公司业务效益。

（三）债权人参与债转股实践的启示

准确地选择可以实施债转股的破产企业，才能使债转股在破产重整进程中顺利地实施，也才能够使债权人有可能获得预期效率的债权受偿效果。笔者认为，能够实施债转股的企业应当是因高负债的成长型公司或因行业周期性萧条导致一时资金困难但逆转有望的公司，或是涉及国家安全利益的战略性公司，抑或涉及民生企业等发展前景良好仅在短期内陷入困境的优质企业。显然，实施债转股的企业应当满足在行业中占据重要地位或主导地位，有广阔的发展前景，企业的产品为市场所需，具有品牌价值，符合国家规定的产业发展趋势，企业技术先进，企业用于生产的设备在行业中具有领先地位等其中一项或多项条件。对那些恶意逃废债务、不诚信企业、没有生存发展空间的僵尸企业、产能过剩的夕阳企业，要坚定不移地进行破产清算。

《关于市场化银行债权转股权的指导意见》似乎为债权人参与债转股实践提供了指引，该意见明确指出，债务人企业需要符合国家政策导向规定：1.市场化债转股对象企业应当具备以下条件：（1）发展前景较好，具有可行的企业改革计划和脱困安排；（2）主要生产装备、产品、能力符合国家产业发展方向，技术先进，产品有市场，环保和安全生产达标；（3）信用状况较好，无故意违约、转移资产等不良信用记录。2.鼓励面向发展前景良好但遇到暂时困难的优质企业开展市场化债转股，包括：（1）因行业周期性波动导致困难但仍有望逆转的企业；（2）因高负债而财务负担过重的成长型企业，特别是战略性新兴产业领域的成长型企业；（3）高负债但居于产能过剩行业前列的关键性企业以及关系国家安全的战略性企业。3.禁止将下列情形的企业作为市场化债转股对象：（1）扭亏无望、已失去生存发展前景的"僵尸企业"；（2）有恶意逃废债行为的企业；（3）债权债务关系复杂且不明晰的企业；（4）有可能助长过剩产能扩张和增加库存的企业。

三、债权人参与债转股实践的若干争议问题

因我国现行破产法中并没有关于破产重整债转股的直接法律规定及实施细则，债权人参与债转股实践往往也面临诸多争议难点问题，包括准入条件、表决机制及债权追偿等问题，对于此类问题的探析和厘定，有助于加深债权人对债转股实践的理解，也有利于进一步强化对债权人权利保障的关注。

（一）"债转股"所适用的债权类型

无论是兴起于 20 世纪 90 年代的"政策性债转股"还是本轮开启的"市场化债转股"改革，其核心适用对象都是银行等金融机构所持有的债权。但在破产重整程序中，除金融机构所持有债权外，还有其他诸多不同性质的债权类型参与其中，究竟哪些债权可以作为债转股的适用对象，是债权人首先需要予以关注的问题。而要解决破产重整程序中债转股的适用对象问题，需要厘清破产重整程序中债权类型的区分标准。现行《企业破产法》主要是按照债权的法律性质区分不同的债权类型并据此制定不同的债权调整及清偿方案。但商事实践远比法律规定复杂，实务中还衍生出根据债权主体不同进行债权类型划分的标准。

从债权的法律性质上分析，主要包括有财产担保债权、职工债权、税收债权和普通债权四大类。从理论角度看，我国现行法律并未对债转股的适用对象范围予以明确限制，原则上各类型的债权都有参与债转股的可能性，但从实践角度出发，除普通债权外，其他债权类型原则上都不适宜参与实施债转股。就有财产担保债权而言，债权人对破产重整企业的特定财产享有优先受偿的地位，通过正常参与破产重整清偿程序就能够实现足额清偿的目标，而其同意参与债转股方案就意味着其需要放弃对破产重整企业特定财产所享有的担保权利，转而寻求不确定的股权清偿方案，对于理性的债权人而言，无疑是难以接受的。就职工债权和税收债权而言，该类债权人因其身份的特殊性，对于投资风险的判断和接受程度往往偏低，而且此类性质的债权依照法律规定通常能够在破产重整程序中获得全额清偿，故而企业职工、税务机

关往往也无动力参与债转股实践。

从债权人的主体类型看，破产重整程序中通常包含银行类金融债权、非银行类金融债权、经营性债权、民间借贷债权等债权类型。在市场化债转股改革过程中，债权范围呈现不断扩大的趋势，其中 2016 年 9 月出台的《国务院关于积极稳妥降低企业杠杆率的意见》（国发〔2016〕54 号）中规定银行债权可以作为债转股的实施对象，2018 年 1 月出台的《关于市场化银行债权转股权实施中有关具体政策问题的通知》（发改财金〔2018〕152 号）则拓宽了对象范围，即允许将除银行债权外的其他类型债权纳入转股债权范围，强调以银行对企业发放贷款形成的债权为主，适当考虑财务公司贷款债权、委托贷款债权、融资租赁债权、经营性债权等其他债权类型。根据现有政策规定，民间借贷类债权原则上不纳入债转股的适用范围，笔者认为主要理由在于本轮债转股改革仍具有缓解企业杠杆率高企、增强经济中长期发展韧性的宏观调控导向，具有一定的政策性考量而非完全的市场自发性行为。目前进行的供给侧结构性改革，再次将债转股作为去产能、去杠杆的重要政策抓手与金融工具。

此外，即便银行等金融类债权是参与债转股实践的主要对象，但受限于监管政策的要求，银行不得直接将债权转为股权并持有，其需要通过将债权转让给资产管理公司等实施机构并由实施机构将受让的银行债权转为对象企业的股权的方式予以实现。

（二）债权人参与债转股的表决机制

根据《企业破产法》的规定，破产重整计划适用"多数决"的表决规则在实践中没有争议，存在较大争议的是破产重整中的债转股方案表决应否适用"多数决规则"，也即能否以债权人会议的多数决方式强制对少数不同意的债权人实施债转股。对于这一问题，理论界存在较大争议。

支持的观点认为，债转股具有债务清偿和债权出资的双重法律性质，其不仅应遵循破产法中有关债务清偿的规则，还应遵循公司法、证券法中有关股东出资的规定。在企业已陷入清偿危机的情况下，债转股将债权转为权利顺位劣后的股权，可能增加债权人的风险，所以应当经过每一个转股债权人的单独同意而不受债权人会议少数服从多数表决机制的约束。反对的观点则认为，因为破产程序具有概括执行、集体执行以及多数决规则的特点，所有债权都将纳入这一终极程序之中，如果硬要求债转股这种代物清偿方式必须得到每一位债权人同意，则将与破产程序的上述性质相违背，可能导致债务人和债权人利益的"双输"境地。

笔者认为，破产重整程序中的债转股并非完全的意思自治行为，应当遵循"多数决"规则。首先，保障全体债权人公平受偿并强调债权清偿的效率是破产程序的核心价值，如果债转股实施方案需要取得每个债权人的同意，则单个债权人基于自身利益的考虑难免会作出不符合整体利益的选择，由此将严重拖累破产重整程序的有效进行、降低破产债权清偿效率；其次，如果重整成功，通过债转股获得企业股权的债权人因此获利，相较于通过重整程序直接获得清偿的方式，清偿率可能更高，并有未来持续获利的可能性。企业能否实施债转股，债权人通过债转股方式获得企业的股权到底是风险还是机遇，这都是商业判断问题，需要债权人通过对破产企业的现有经营状况、财务数据及市场情况等复杂因素进行综合判断并由当事人自行进行商业判断和表决。

（三）债权人参与债转股后主张保证责任问题

债权人在参与债转股实践后对于剩余未能有效清偿的债权部分能否向保证人进行追偿的问题，切实影响到债权人对参与债转股实践的法律风险的有效评估。在司法实践中，存在两种截然不同的裁判观点：一种观点认为债权人的债权不因债转股而得到全额清偿，应当按照重整计划规定的清偿率直接扣减主债权并就剩余债权部分要求保证人承担担保责任。如山东天信集团有限公司等十五家公司重整案中，重整计划载明普通债权人的债权人在20万元（含20万元）以下的部分在重整计划执行期内以现金方式全额清偿，超过20

万元的部分债权人可以选择按 6.5% 的清偿率清偿或者选择按照 1 比 0.065 的比例实施债转股清偿，而法院依照《企业破产法》第九十二条第三款的规定，最终认定对于债权人无法从天信集团公司获得清偿的债权数额为债权金额扣减现金清偿的 20 万元再扣减按照 6.5% 清偿率计算确定的清偿额后的余额，保证人应当就该无法获得清偿的债权本息承担连带清偿责任。而东北特钢集团与东北特钢集团大连特殊钢有限责任公司、东北特钢集团大连高合金棒线材有限责任公司合并重整案中，一审及二审法院均认为依照重整计划的规定，债权人除获得现金清偿款 50 万元及二次受偿款外，剩余债权按照每 6.5158 元债权转为 1 元注册资本的比例获得重整后东北特钢集团股份，因此保证债权已获得全部清偿，主债权亦应归于消灭。

　　笔者认为不能视为全部清偿，应当保证债权人要求保证人承担保证责任的权利。理由如下：首先，从法律规定角度看，《企业破产法》第九十二条第三款规定，债权人对债务人的保证人和其他连带债务人所享有的权利，不受重整计划的影响，因此当债权人选择债转股清偿后，应当按照重整计划中写明的清偿率，或根据实际股权交割额以及第三方评估机构资产评估意见计算债权实际清偿额。剩余部分仍有权向相关责任主体进行追偿，这样也更符合法律应有之义。其次，从公平清偿原则角度，破产重整程序下的债转股，仅是破产程序分配债务人财产的一种方式，债权人因接受出资人权益的分配而致其债权相应消灭，仅发生程序法上债权消灭的效力，如债权人可以向其他主体行使追偿权的，仍有权就剩余债权向其主张权利，这样符合公平清偿原则。最后，从挽救企业角度来讲，破产重整中选择债转股方案对债权人进行清偿均是因债务人清偿不能才采取的方案，若此时视为全部清偿，意味着当转股完成时，原债权消灭，同时，向其他责任主体追偿的权利亦随之消灭，这明显会极大损害有担保的债权人的权益，因此视为全部清偿是十分不合理的，会极大地削弱债权人选择债转股方案的积极性，会导致债权人会议不能通过债转股类型的重整方案，进而影响对困境企业的有效拯救。

第二章 破产程序中不同债权的权利保护规则

第一节 破产程序中担保权与职工债权的优先顺位

破产债权在破产程序中是否属于优先债权及债权优先顺位，直接影响到债权清偿的比例甚至能否得到清偿。《企业破产法》第一百一十三条规定了破产债权清偿顺序，但从该条文规定的债权类型来看，远未涵盖破产程序中可能出现的所有债权类型，《民法典》《海商法》等法律法规及配套司法解释对此作出了补充和例外规定，构成了《企业破产法》的"但书"规定。破产程序的核心价值和根本原则是保证所有债权依法得到公平清偿，因此立法者为特定的目的（诸如为保护国家利益或社会弱势群体或维护民法的公平原则等），出于立法政策考虑而通过法律直接规定给予特定债权人以优先于其他债权人甚至担保物权人而受偿的权利。这种优先受偿权是基于法律的直接规定，而非当事人的约定，即优先权法定。

有鉴于此，对于各种类型债权依法按顺位受偿，关系到管理人能否正确适用法律，债权人能否得到公平清偿。因为破产重整计划、破产和解协议中对债权清偿方案以当事人意思自治为基础，充斥着利益平衡和让渡，无需严格遵从法律规定的债权清偿顺位，因此本节重点探讨在破产清算程序中各种类型债权的优先清偿顺位问题。

一、担保权与职工债权在破产程序中的优先依据

担保权在破产程序中的优先依据体现在《企业破产法》第一百零九条之

规定，"对破产人的特定财产享有担保权的权利人，对该特定财产享有优先受偿的权利"，也即破产别除权。虽然我国在立法时未采破产别除权的概念，但该条规定所体现的权能即为破产别除权，同时，《企业破产法》在第一百一十条规定了担保权实现的限制性规定。

职工债权在破产程序中的优先受偿依据体现在《企业破产法》第一百一十三条第一款之规定："破产财产在优先清偿破产费用和共益债务后，依照下列顺序清偿：（一）破产人所欠职工的工资和医疗、伤残补助、抚恤费用，所欠应划入职工个人账户的基本养老保险、基本医疗保险费用，以及法律、行政法规规定应当支付给职工的补偿金；（二）破产人欠缴的除前项规定以外的社会保险费用和破产人所欠税款；（三）普通破产债权。"该条规定赋予了职工债权作为最基础的破产清算债权的优先清偿顺位，但未将担保权、建设工程价款债权等债权类型囊括其中。需要注意的是，对职工债权内容的界定限于破产前产生的经管理人调查公示、职工核查、法院裁定确认的"欠付工资、医疗、伤残补助、抚恤费用和划入个人账户的基本养老、医疗保险费用及补偿金"。

二、担保权与职工债权谁更优先的司法实践误读

破产清算程序中担保权与职工债权并存的情况时常发生，担保权人往往对应的是银行等金融机构，债权金额较大且利息、罚息等占债权比重较高，而职工债权对应的是债务人企业的原职工，债权金额较小且涉及人数众多，关乎民生。基于此基本特征，笔者在办理破产案件过程中发现，很多职工债权人本人和部分管理人对担保权与职工债权的优先顺位当然性地认定为：职工债权优先于担保权（抵押权等）受偿，理由为工资是劳动者劳动力的对价，是劳动者家庭和生活的依赖，如果工资不具有优先于抵押权的效力，就不足以保护劳动者的生存权，因此，为了确保工资债权的实现，一般都应承认一定期间内没有获得清偿的工资优先于一切债权受偿，以保障劳动者的生存权，这是贯彻以人为本，树立公平正义法治原则的要求。同时《企业破产法》第一百三十二条也对此作了肯定性规定。

笔者认为这是对《企业破产法》规定和立法对两种类型权利受偿安排的误读，很有必要予以纠正，并在破产程序中正确适用。

三、担保权与职工债权优先顺位一般规则及其解释

破产程序中担保权与职工债权并存时，担保权在担保物价值范围内优先于职工债权受偿（最高额担保在最高额范围内优先），作为特殊情况，在2006年8月27日之前形成的职工债权优先于担保权受偿。这是担保权与职工债权并存时优先顺位适用的一般规则，主要理由如下：

（一）《企业破产法》的体系解释

《企业破产法》在附则部分的第一百三十二条规定："本法施行后，破产人在本法公布之日前所欠职工的工资和医疗、伤残补助、抚恤费用，所欠的应当划入职工个人账户的基本养老保险、基本医疗保险费用，以及法律、行政法规规定应当支付给职工的补偿金，依照本法第一百一十三条的规定清偿后不足以清偿的部分，以本法第一百零九条规定的特定财产优先于对该特定财产享有担保权的权利人受偿。"第一百一十三条规定了职工债权的优先清偿顺位，第一百零九条规定了担保权的优先受偿，鉴于《企业破产法》于2006年8月27日由第十届全国人大常委会第23次会议通过并公布，根据体系解释的方法，在2006年8月27日之前（不含）形成的职工债权优先于担保权受偿，相应地，在2006年8月27日之后（含）形成的职工债权则劣后于担保权受偿，劣后的范围限定于特定担保财产的价值。

（二）物权优先于债权

担保权虽在《企业破产法》中列为债权类型之一参与破产程序，其实际权利类型仍为担保物权，受《民法典》物权编的规制与保护。职工债权是基于劳动法而产生的带有分配性质的一类债权债务关系，带有很强的社会政策性和国家干预性，是劳动者维持自身和家庭成员生存的必需，事关劳动者及

社会公众共同和普遍的生存权。但职工债权的本质和请求权基础仍是劳动者对用人单位、用工单位的一种债权请求权。根据物权优先于债权原则，担保权理应优先于职工债权受偿。

（三）别除权的权利属性

担保权的权利外观实质即为别除权，《企业破产法》第一百零九条规定虽未直接使用别除权的定义，但实质是确立了担保权的别除权属性。别除权区别于其他类型的债权，普通破产债权在破产中需遵循集体受偿、平等受偿的原则，而别除权行使的特点在于其行使具有个别受偿、优先受偿的特点，别除权人除在重整阶段受限之外，在其他破产程序中都可优先受偿。别除权的权利属性决定了其享有较高的优先顺位，仅在破产费用、共益债务和其他法律特别规定的债权类型之后。

（四）担保权人的权利限制

因为担保权的特殊性质，其在破产程序中的行使受到特别限制。主要体现在：一是在破产重整程序中担保权暂停行使，避免因担保权人行使担保权而影响重整计划的制定、表决和执行；二是担保权的行使时间点一般都在人民法院作出破产裁定之后，避免担保权人行使担保权而导致破产费用和共益债务等无法得到优先受偿；三是担保权的受偿范围限定在担保物价值范围之内，最高额担保的担保权在最高额范围内受偿；四是担保权人在债权人会议表决时的表决权限制，在未放弃优先受偿权利的情况下，对和解协议、破产财产分配方案不享有表决权。法律已经对担保权人的权利行使作了诸多限制，除此之外，其优先受偿顺位应得到充分保护。

四、担保权与职工债权优先顺位的例外情形

担保权与职工债权在同一破产程序中并存时，并非一律遵循担保权优先于职工债权清偿，存在例外情形。《企业破产法》是规定企业法人及企业法人

以外的组织破产的法律规定，规定的债权无法囊括司法实践中不同行业可能出现的所有债权类型，因此有"但书"规定。就担保权与职工债权的优先顺位例外情形，包括但不限于以下几类：

（一）《海商法》对船舶优先权中船员工资优先的规定

《海商法》第二十二条是关于船舶优先权的规定，该条第一款第一项规定了船员工资优先权："下列各项海事请求具有船舶优先权：（一）船长、船员和在船上工作的其他在编人员根据劳动法律、行政法规或者劳动合同所产生的工资、其他劳动报酬、船员遣返费用和社会保险费用的给付请求。"同时，《海商法》第二十五条第一款规定："船舶优先权先于船舶留置权受偿，船舶抵押权后于船舶留置权受偿。"对船舶优先权的优先顺位进行了明确，即船舶优先权中的船员工资债权优先于抵押权、留置权等担保权优先受偿，这是对上述一般规则的突破。

需要注意的是，船舶优先权中的船员工资并非与《企业破产法》第一百一十三条第一款第一项的权利范围完全重合，未重合部分的优先顺位如何确定有待探讨。此外，船舶优先权的行使附属于该船舶的价值，超出价值范围的债权部分不再享有船舶优先权。

（二）《民用航空法》对航空器优先权中职工债权优先的规定

《民用航空法》第十九条是关于航空器优先权的规定，该条规定："下列各项债权具有民用航空器优先权：（一）援救该民用航空器的报酬；（二）保管维护该民用航空器的必需费用。前款规定的各项债权，后发生的先受偿。"同时，《民用航空法》第二十二条规定："民用航空器优先权先于民用航空器抵押权受偿。"民航公司或航空器经营人、承租人等主体的工作人员在救援、保管、维护该民用航空器的过程中产生的报酬债权享有优先受偿权，适用航空器优先权的规定，且该职工债权优先于抵押权受偿，这是对上述一般规则的又一次突破。需要注意的是，航空器优先权的行使附属于该航空器的价值，超出价值范围的债权部分不再享有航空器优先权。

（三）《民办教育促进法》对教职工工资优先的规定

《民办教育促进法》第五十九条是关于民办学校债权清偿顺序的规定，该条规定："对民办学校的财产按照下列顺序清偿：（一）应退受教育者学费、杂费和其他费用；（二）应发教职工的工资及应缴纳的社会保险费用；（三）偿还其他债务。"虽然没有直接规定教职工的工资债权优先于担保权，但从条文表述将"偿还其他债务"放在受教育者权利和教职工工资债权之后，以及《民办教育促进法》对民办学校特别是营利性民办学校的特别保护立法宗旨来看，在民办学校破产案件中教职工工资债权应优先于担保权受偿，这是对上述一般规则的再一次突破。

五、结论

综上所述，破产司法实践中对担保权与职工债权优先受偿顺位的误读应得到纠正。在同一破产程序中，担保权与职工债权并存时清偿的一般规则为：担保权在担保物价值范围内优先于职工债权受偿（最高额担保在最高额范围内优先），作为特殊情况，在2006年8月27日之前形成的职工债权优先于担保权受偿。

此外，并非所有职工债权均式微于担保权，相较于《企业破产法》为特别法的法律中有例外规定情形，构成对一般规则的突破。这些例外情形包括但不限于《海商法》对船舶优先权中船员工资优先的规定、《民用航空法》对航空器优先权中职工债权优先的规定、《民办教育促进法》对教职工工资优先的规定等。

第二节　房企破产风险中的购房者优先权及权益保障

近年来，由于房地产市场调控力度的不断加码，大批房地产企业面临资金链断裂风险，造成一大波"破产潮"来袭。在众多房地产企业破产债权人中，房企开发楼盘的购房人往往数量众多，占据了很大比重，这类债权人因缺乏担保且处于相对弱势地位，需要给予更多的倾斜性保护以实现受偿的实质公平性。有鉴于此，本节将重点讨论购房人的优先权问题，并对在房企破产情形下购房人可采取的权利保障路径进行相关探究。

一、购房人的优先受偿权问题

优先受偿权实际上是解决债权冲突的一种机制。我国现行法律体系下的债权人受偿顺位规则是以典型的担保物权（即抵押权、质押权以及留置权三种担保物权）为基础的。随着《民法典》的颁布，优先权顺位的确定仍维持了以担保物权设立顺序为原则，同时又将担保方式扩大到各类非典型担保按登记时间顺序确定清偿顺位的范围。除了典型担保和非典型担保外，《民法典》中还规定了如第八百零七条的建设工程价款优先受偿权，以及《民法典》体系外还规定有其他的优先受偿规则，如《企业破产法》第一百一十三条有关破产财产清偿顺序的规定。购房人优先受偿权的有关规则，在《民法典》颁布之前，以《建设工程价款优先受偿权问题批复》规定的"超级优先权"为主要依据，但伴随着《民法典》的颁布，其逐步成为了一种隐性权利，需要立法、司法部门结合现有的实践在《民法典》第三百八十六条担保物权人就担保财产享有优先受偿权利除外规定的范围内进一步补充。就购房人在执行阶段至破产阶段优先受偿的权利现状，本节分析如下：

（一）购房人超级优先权由来及适用条件

2002年6月颁布的《建设工程价款优先受偿权问题批复》第二条为购房人的优先受偿权确立了直接的依据，即"消费者交付购买商品房的全部或者大部分款项后，承包人就该商品房享有的工程价款优先受偿权不得对抗买受人"。由于建筑工程承包人的优先受偿权优于抵押权和其他债权，因此，在实践中，前述规定相当于间接确认了购房人就商品房的绝对优先受偿顺位，被俗称为"超级优先权"。需注意的是，上述规定将超级优先权的适用对象限定为"商品房",将其适用主体限定为"消费者"。一般而言,"商品房"应指由房地产开发经营公司经政府有关部门批准开发的,建成后用于市场出售出租的房屋,包括住宅、商业用房以及其他建筑物,区别于自建、参建、委托建造,又是自用的住宅或其他建筑物。根据届时《消费者权益保护法》关于"消费行为"的定义,"消费者"一般理解为满足生活需要而购买、使用商品或接受服务的个体社会成员。但鉴于《建设工程价款优先受偿权问题批复》第二条对"消费者""商品房"的概念和定义未有进一步明确,在实务中相关概念亦存在被扩大解释而导致滥用的可能,比如购买住宅和非住宅是否均能适用该规定就未有明确界定。

其后,为防止司法实践中的扩大解释,最高人民法院于 2005 年 12 月又颁布了《关于〈最高人民法院关于建设工程价款优先受偿权问题的批复〉中有关消费者权利应优先保护的规定应如何理解的答复》[(2005)执他字第 16 号],明确"关于已交付购买商品房的全部或者大部分款项的消费者权利应优先保护的规定,是为了保护个人消费者的居住权而设置的,即购房应是直接用于满足其生活居住需要,而不是用于经营"。由此,超级优先权的适用主体被进一步限定为"个人消费者",即自然人,排除了法人及其他非法人组织;而购房用途亦被限定为个人居住用途,实则明确了商品房类型限于住宅类。此规定的颁布体现了立法者对于购房人生存性债权的优先保护。对于房地产企业其他诸如工程承包人和借贷机构等债权人而言,工程款的支付和借款的还本付息主要涉及该等债权人的经营利益,其亦可以通过法定的优先权利和要求房地产企业提供足够的担保来保障自身债权,相比之下,购房人的权利保障最弱且更为迫切。此外,就超级优先权的适用条件,此规定还增加了一项,即要求购房人已交付全部或大部分购房款,这其中,"全部"易于理解,但何谓"大部分"却亟待立法予以解释。

最高人民法院于 2015 年 5 月出台的《执行异议和复议规定》第二十八条、第二十九条明确了购房人对物权的期待权具有排除执行的效力。物权是权利人得以支配特定物并排除他人干涉的权利,而物权期待权在买卖法律关系中则是指买受人在已履行合同部分义务的情况下，对将来取得标的物所有权享有的期待权利，虽然标的物所有权仍属于出卖人，但受让人被赋予准物权人的地位，因此其对标的物的交付请求权在一定条件下得以对抗出卖人其他金钱债权人的债权请求权，进而排除该等债权人申请的对标的物的强制执行措施。《执行异议和复议规定》第二十九条针对的系自房地产开发企业处购买商品房的买受人，要求必须满足三个条件才得以排除执行：一是在法院查封之前已签订合法有效的书面买卖合同；二是所购商品房系用于居住且买受人名下无其他用于居住的房屋；三是已支付的价款超过合同约定总价款的百分之五十。从前述第二项条件可以看出，第二十九条的立法本意与超级优先权的设定本意相通，保障的客体均是购房人的生存权，且对象均为"商品房消费者"，另一佐证可见《九民会议纪要》第一百二十六条，该条明确：《建设工程价款优先受偿权问题批复》中的"商品房消费者"应当仅限于符合本纪要第一百二十五条规定的商品房消费者（即《执行异议和复议规定》第二十九条中的商品房买受人）；买受人不是本纪要第一百二十五条规定的商品房消费者，而是一般的房屋买卖合同的买受人，不适用上述处理规则。同时根据《九民会议纪要》第一百二十七条，《执行异议和复议规定》第二十八条针对的系商品房消费者之外的一般买受人，其不在超级优先权的适用主体范围内。鉴于《执行异议和复议规定》第二十九条与超级优先权规则保障法益相同（笔者认为两者分别是物权期待权在执行环节和分配环节所体现的对抗效力），实践中，对于超级优先权规则中购房人"已交付大部分房款"的规定也比照了第二十九条的"超过合同约定总价款的百分之五十"来认定。

（二）工抵房受让人能否主张超级优先权或优先权

工抵房，顾名思义，一般是指房地产企业提供给施工单位等工程承包人以抵偿建设工程价款的房屋。基于前述分析，超级优先权适用的前提之一系购房人需为个人商品房消费者，而在商品房开发中，建设工程承包人一般为符合法定的资质要求的法人或非法人组织，如其作为工抵房受让人，显然并不在超级优先权适用主体范围内。但在实际情况中，工抵房的受让人也可能为自然人。例如，对于经过层层转包、分包的建设工程，工抵房受让人可能为实际施工人（如包工头）。又如，工程承包企业与房地产企业达成以房抵债的合意，在操作上，由承包企业指定的第三人（如企业负责人或其亲属）与房地产企业签订商品房买卖合同。此类工抵房受让人在房屋变价款分配顺位上能否主张超级优先权或优先权呢？

要回答上述问题，笔者认为可以先从此类工抵房受让人对房屋的债权能否达到阻却执行效果来分析。实践中，相较于基于购买房屋之目的而直接成立买卖关系的购房人，上述工抵房受让人往往因双方所达成的约定或实际履行情况被认为不属于具有购房之目的的真实买受人，从而被否定其对房屋的物权期待权。相关情形例如，房屋迟迟未办理物权登记、未交付或未入住，双方约定工抵房用于处置且房地产企业须配合将房屋过户至最终买受人名下并由最终买受人支付各类税款、物业费、维修基金等。诸如此类情形可能被法院认定工抵房受让人根本目的在于消灭房地产企业的金钱债务或处置抵偿房屋以实现债权，不属于《执行异议和复议规定》第二十九条规定的"商品房消费者"，亦不能主张超级优先权；在完成物权转移登记之前，其亦不足以形成优先于一般债务债权的利益，也不应参照《执行异议和复议规定》第二十八条认定其具有物权期待权等得以排除执行的实体权利。

但实践中亦不乏以物抵债协议可以排除执行的裁判观点，观点之核心在于认为以房抵债协议的签订应视为完成了房屋的付款义务，可以参照《执行异议和复议规定》第二十八条适用。《〈全国法院民商事审判工作会议纪要〉理解与适用》在解读《九民会议纪要》第一百二十七条时亦认为，对于采用抵债方式的，可以视为支付价款。在此前提下，如再符合另外三个要件（在人民法院查封之前已签订合法有效的书面买卖合同；在法院查封之前已合法占有该不动产；非因买受人自身原因未办理过户登记）就可以排除执行。此外，《江苏省高级人民法院执行异议及执行异议之诉案件审理指南（二）》第八条也有类似观点。因此，虽以房抵债协议难以使受让人就房屋获得绝对的优先权利，但笔者认为，其在符合一定条件下仍可产生针对其他债权人的对抗效力。

（三）超级优先权依据被废止后的处理问题

2021年1月1日，《建设工程价款优先受偿权问题批复》已被最高人民法院废止，虽建设工程价款优先受偿权被同一时间实施的《建设工程司法解释（一）》通过第三十六条（"承包人根据《民法典》第八百零七条规定享有的建设工程价款优先受偿权优于抵押权和其他债权"）保留，但购房人的超级优先权却丧失了直接依据。就工程价款优先受偿权与购房人权利间的关系，《最高人民法院新建设工程施工合同司法解释（一）理解与适用》指出：《新建工合同司法解释（一）》第三十六条中的"其他债权"是相对承包人享有的请求发包人支付工程款的债权而言，指工程价款之外的因工程建设而产生的所有债权，包括发包人对外借款、货款或者设备款以及其他需要以建设工程折价或者拍卖、变卖的价款清偿的全部债务；《建设工程价款优先受偿权问题批复》第二条确立了消费者作为商品房的买受人的超级优先权；《新建工合同司法解释（一）》保留了《建设工程价款优先受偿权问题批复》第二条的内容，但全国人大常委会法工委办公室认为，"法律对此没有作出规定，宜作个案处理"，《新建工合同司法解释（一）》故而未就工程价款优先受偿权与消费者作为商品房买受人的权利关系作出规定，该问题留待执行异议的司法解释处理。鉴于《执行异议和复议规定》第二十九条保护的对象和利益与超级优先权制度相同，实践中，在房地产企业破产阶段，工程价款优先受偿权亦在执行阶段不能对抗商品房消费者的房屋交付请求权。

二、购房人在房企破产风险下的权益保障之策

基于前文分析，并非所有购房人就房地产企业交付房屋的债权均具有优先性。故对于不同购房人，为在房地产企业濒临破产时尽可能保障自身受偿的充分性，在债权形成期间以及破产申请受理后，需要准确行使权利并采取积极的手段保障自身权益实现最大化。

（一）商品房消费者的权益保障建议

当房地产企业存在破产可能时，极大可能已被多方申请强制执行，债权人可能包括享有商品房抵押权的借贷债权人、享有工程价款优先受偿权的工程承包人。为避免商品房被过早地处置变现，商品房消费者应在执行环节积极提起执行异议或执行异议之诉以排除相关金钱债权的执行。为满足排除执行的条件，购房人需在商品房查封之前即已签订合法有效的书面买卖合同，并尽可能已完整履行买卖合同项下的义务（至少完成超过合同约定总价款的百分之五十）。需要注意的是，即便破产申请受理前房地产企业就已因财务状况恶化出现预期违约情形（如房屋大产证未办出，或工程停建无法如约交房、办理过户登记等），购房人也不宜直接主张解除房屋买卖合同，概因购房人对于买卖合同解除后的价款返还并无任何优先权利，与其一开始就沦为普通债权无法充分受偿，不如等房地产企业进入破产环节后视有无重整可能或更优的受偿方案再作决策。

破产申请一旦被受理，在债权申报期内，商品房消费者也应优先以购房人债权（即要求房地产企业履行房屋买卖合同并交付房屋）申报债权，原因在于：其一，对于商品房存在交付可能且购房人符合超级优先权行权条件的，房屋买卖合同得以继续履行；其二，即便购房人已付价款未能满足约定总价款的百分之五十，管理人根据实际情况及实务经验极有可能不会轻易依据《企业破产法》第十八条的规定解除双方均未履行完毕的房屋买卖合同，购房人如之后能按约定支付剩余价款，不排除其可继续履行房屋买卖合同；其三，如房屋不幸为烂尾楼，房地产企业仍有可能进入破产重整环节，从而使得购房人交付房屋的债权请求权得以实现。笔者建议，对于房地产企业有望重整的，购房人可至重整阶段依据届时重整情况判断是否要求继续履行或解除买卖合同；如果重整无望，且房屋亦交付无望，在房地产企业被宣告破产后，购房人可再根据破产财产的变价、分配方案按照普通债权就其房屋价款、损害赔偿等进行受偿。

（二）商品房其他一般购房人的权益保障建议

本节所用的"一般购房人"表述是相对于"商品房消费者"而言的，包括购买的商品房属于非住宅、所购房屋非用于居住或购房人非消费者等情形。一般来说，此类购房人应被排除在超级优先权适用范围外，但实务中亦可能存在例外。例如，在某些包含酒店式公寓的房地产开发项目中，鉴于酒店式公寓商住两用的特性，可能存在大批以居住为目的并将其作为首套刚需的购房人，如简单地以酒店式公寓的产权性质属于商业用房为由而否定购房人的优先权利，必然与民生利益产生冲突、对社会稳定造成极大影响。因而在部分重整案例中，管理人创设性地引入了以房屋功能而非房屋登记性质认定是否符合消费性购房的判断标准，明确酒店式公寓购房人享有优先权以决定是否继续履行房屋买卖合同、取得房屋，最大限度地释放了可售房源，降低了偿债金额，并最终实现多方的共赢。因此，对于购置如酒店式公寓等商住两用房屋用于居住的消费者，笔者建议，在房地产企业濒临破产的情况下，可积极参照前述商品房消费者的维权手段并进行相关的决策。

对于无法适用超级优先权的其他商品房一般购房人，笔者认为，其仍可采取一些手段使其债权达到一定的对抗效力，以此避免房屋被过早执行，并排除标的房屋被设定其他物权或债权导致在破产环节中被他人行使取回权或别除权，抑或被用以优先清偿他人债权。

首先，笔者建议，购房人应尽可能就房屋取得足以排除执行的实体权利，即按照《执行异议和复议规定》第二十八条的规定，签订了合法有效的书面买卖合同、合法占有了房屋（如办理了书面交接、支付了相关房屋使用费）、支付全部价款（或在房屋被执行时将剩余价款交付法院执行）、尝试就房屋办理了过户登记（如向房屋登记机构递交过转移登记申请资料，或向房地产企业书面提出了办理过户登记的请求）。

其次，建议购房人应就商品房买卖合同进行网签备案，并要求房地产企业配合办理预告登记（即根据商品房为期房或现房，分别为预购商品房预告登记或房屋所有权转移预告登记）。网签备案可以起到债权公示效力，防止一房两卖的情形发生，还可限制他人就房屋再办理转移登记或预告登记。预告登记，其实质即为保证未来物权变动的债权请求权的实现而向登记机构办理的预先登记，具有准物权的登记效力。《执行异议和复议规定》第三十条规定："金钱债权执行中，对被查封的办理了受让物权预告登记的不动产，受让人提出停止处分异议的，人民法院应予支持；符合物权登记条件，受让人提出排除执行异议的，应予支持。"可见，在预告登记生效期间，其能有效对抗房地产企业的处分行为，而当房屋符合过户登记条件时，预告登记将可以排除执行措施。但不同于优先受偿的效力，在执行环节预告登记权利人无法据此主动申请强制拍卖并优先受偿。在破产程序中，预告登记是否能具备优先受偿效力也未有定论，如房屋已建成，则预告登记对于购房人对抗其他债权人并最终在破产分配环节实现物权是有积极意义的；但若期房存在烂尾可能，预告登记有无法转化为产权登记的风险，这将导致预告权利人无法通过行使取回权来实现物权。

比较上述两种手段，笔者认为，购房人应更为关注预告登记的办理，原因在于：其一，其可作为商品房消费者及商品房其他一般购房人保障自身购房债权的共同手段；其二，其具备外观登记，不同于隐性的物权期待权，即便实践中对其赋予一定的优先效力，对其他债权公平受偿的冲击更小，随着该登记制度适用的不断普及，不排除在未来作为判断购房债权是否具有优先受偿性的先决条件；其三，《不动产登记暂行条例实施细则》第八十六条有关"不动产登记机构应当先办理在建建筑物抵押权注销登记，再办理预告登记"的规定也间接保证了预告登记权利人的优于抵押权的顺位。但鉴于该项登记目前并不具有强制性，商品房购房人，尤其是预购人，应积极地与房地产企业达成预告登记合意以完成该项登记，抵御房地产企业因经营管理不善或恶意侵权行为给购房人物权的实现带来风险。

（三）工抵房受让人的权益保障建议

如前文所述，笔者认为工抵房受让人较房地产企业的其他一般债权人并不当然享有优先权利，但工抵房受让人对房屋的物权期待权不应当然被否定。以房抵债行为或可看作一种房款付款方式，比照《执行异议和复议规定》第二十八条的适用条件，如以房抵债协议合法有效并成立于房屋被查封前（甚至是申请执行人与被执行人债权债务形成之前），抵债数额不低于房屋价值，且受让人善意并已合法占有房屋，同时未能过户也并非受让人过错的情况下，以房抵债确有可能实质上取得物权期待权的效力从而排除执行。因此，笔者建议，即便工程款债权人与房地产企业已订立以房抵债协议（其中经清算并明确构成后的债务金额应与房屋价值相当），也应及时订立商品房买卖合同并完善相关网签备案手续并尽快完成交房及物权登记手续，以缩短交易时间；即便交房和过户存在障碍，也应尽到通知催告义务，以便排除己方就房屋无法正常过户可能存在的任何过错。

此外，建设工程承包人与房地产企业签订以房抵债协议或可属于实现建设工程价款优先受偿权的一种方式，从而使得工抵房受让人的房屋债权在执行分配、破产分配阶段具有优先性。最高人民法院曾有案例认为：（1）承包人以冲抵工程款的方式购买案涉工程项目房屋，在法定要求期限内向发包人发出行权主张，可以被认定为系通过协商折价抵偿实现承包人就案涉项目房屋所享有的建设工程价款优先受偿权，承包人与房地产企业以案涉房屋折价抵偿欠付工程款（笔者注：根据《民法典》第八百零七条规定，发包人逾期不支付建设工程价款的，除根据建设工程的性质不宜折价、拍卖外，承包人可以与发包人协议将该工程折价，也可以请求人民法院将该工程依法拍卖，建设工程的价款就该工程折价或者拍卖的价款优先受偿）；（2）承包人对案涉房屋享有建设工程价款优先受偿权，其债权优于抵押权和普通债权得到优先受偿，而案涉房屋系工程款债权的物化载体，故承包人就案涉房屋享有的权利据此（而并非依据《执行异议和复议规定》第二十八条）足以排除抵押权人、普通债权人的强制执行（笔者注：根据《新建工合同司法解释（一）》第三十六条规定，建设工程价款优先受偿权优于抵押权和其他债权）；（3）关于行权期限，（鉴于《建设工程价款优先受偿权问题批复》已被废止）结合

《民法典》第四十一条的规定，承包人应在合理期限内（自发包人应给付工程价款之日起算，最长不超过 18 个月）行使建设工程价款优先受偿权；（4）至于行权的方式，包括且不限于通知、协商、诉讼、仲裁等方式。在最高人民法院此观点基础上，笔者认为，工程承包人在与房地产企业签订以房抵债协议时，应注意以书面方式（如会议纪要、通知等）记录承包人于何时在房地产企业欠付多少工程款的情况下向其主张了工程价款优先受偿权，以房抵债协议系双方在此基础上协商签订，如抵债房屋有多幢的，应明确每幢房屋价款及与工程价款具体如何抵偿；就主张的期限，笔者建议可参照废止的《建设工程价款优先受偿权问题批复》第四条规定的六个月期限为宜。如此，工抵房受让人可有机会就房屋就其他抵押权人、普通债权人取得更优的受偿权利。

与商品房购房人在房地产企业被执行乃至进入破产阶段中有关的权利规则散落在我国各项法律、法院解释条款中，未能形成统一连贯的体系，随着近年来法条的更迭，相关规则也并非足够周延，尤其是涉及各方利益冲突的解决机制，仍有许多空白留待讨论、商榷之处。就购房人债权优先顺位问题及应对房企破产风险所可采取的保障手段，本节仅对此作了粗浅的探讨，望为读者带来一些思考及启发。

第三节　以房抵债及房企破产中的特殊处理规则

房地产企业无力负担诸如工程款、民间借贷还款等对外债务时，常通过"以房抵债"的方式清偿。但实操中，实际用于抵偿债务的可能为在建商品房或现房等实物，也可能是房屋出售的价款债权；同时，即便签订了名为以房抵债的协议，也不一定构成以房抵债之实，而签订其他类型的合同也可能构成实质的以房抵债。因此，以房抵债的性质认定及处理原则时常成为焦点问题，尤其在房地产企业进入破产环节时，亦有特殊处理原则。

一、以房抵债常见情形的一般认定和处理原则

（一）以房抵债协议设定时债务到期与否下的认定与处理

"以房抵债"的实质为"以物抵债"，然两者均非法律概念。"以物抵债"的定义可参见 2014 年《江苏省高级人民法院关于以物抵债若干法律适用问题的审理纪要》（以下简称《江苏以物抵债审理纪要》），该纪要认为，"以物抵债"是指债务人与债权人约定以债务人或经第三人同意的第三人所有的财产折价归债权人所有，用以清偿债务的行为；根据当事人设定以物抵债的不同时间、约定的具体内容、履行的具体情况等，以物抵债可能具有不同的法律性质和效力。目前，较为权威且解释详尽的依据为 2019 年《九民会议纪要》，其对于以物抵债协议性质和效力系根据协议订立时债务履行期限是否已届满为标准来进行二分法的认定，对于二分法下细分的不同情形，实践中又辅之以最高人民法院和其他地方法院出台的司法审判指导意见来进一步完善认定。

1. 债务到期前达成以房抵债协议

以物抵债实为以特定物替代原金钱债务的清偿的一种替代履行方式。一般情形下，当事人设定以物抵债的目的是及时还清债务，因而当债务履行期届满，债务人无法及时清偿时，替代履行才有了必要性和合理性。如在债务到期前就约定以物抵债，未到期的债权数额与抵债物价值可能相去甚远，极易引发双方利益失衡，所以根据《九民会议纪要》和《商事审判若干问题》的规定，此种情形下达成的以物抵债协议效力将不被确认。颁布更早的《北京市高级人民法院关于审理房屋买卖合同纠纷案件若干疑难问题的会议纪要》和《江苏以物抵债审理纪要》则进一步认为，该情形下的以物抵债协议具有担保债权实现的目的，应按照原债权债务关系认定当事人的真实意思表示。

在具体处理上，结合上述规定，如抵债物尚未交付债权人，债权人请求确认享有抵债物所有权或要求交付抵债物的，法院将不予支持，当事人间的法律关系仍按照原债权债务关系认定及处理；如抵债物已交付债权人，债务

人亦有权请求债权人履行清算义务或主张回赎。当"抵债物"具体到商品房时，笔者认为，前述"交付"应解释为办理房屋所有权转移登记。

2. 债务到期后达成以房抵债协议

鉴于清偿是消灭债的最主要方式，债权人受领并取得物的所有权和占有权时，才发生给付的效果，故通说认为以物抵债具有实践性的特点。实践性合同的目的之一就是给予当事人在达成合意后实际交付前，一个审慎评估利害关系的机会。故在 2014 年至 2015 年间颁布的部分地方法院（如沈阳、江苏两地）司法审判指导意见认为，从保护双方利益的角度，对于债务到期后达成的以物抵债协议，在尚未办理物权转移手续前，一方当事人反悔不再履行抵债协议的，双方应恢复到原债权债务关系状态；如物权转移手续已办理，一方反悔要求认定抵债协议的，将不获法院支持。但就抵债物尚未交付的情形，2015 年出台的《商事审判若干问题》则有不同观点，其倾向性认为，以物抵债约定系事后达成，并不会对债务人造成不公平，若债务人反悔且并无能力继续履行原债务的，不需履行清算程序，债权人可要求继续履行以物抵债约定，就抵债物直接受偿。

直至 2016 年、2019 年，伴随《第八次全国法院民事商事审判工作会议（民事部分）纪要》和《九民会议纪要》的先后颁布，债务到期后的以物抵债已被普遍认为属于债务履行方式的变更，故此情形下的以房抵债协议原则上有效。只要以物抵债协议不存在恶意损害第三人合法权益等情形，当抵债物尚未交付时，债权人可请求债务人交付抵债物；同时当当事人依据以房抵债协议办理了产权转移手续后，如不存在法定无效或可变更、可撤销事由的，一方不得要求确认该协议无效或变更、撤销。

（二）为担保原债权的以房抵债协议的认定与处理

在《九民会议纪要》颁布之前，基于物产生的非典型担保在交易中已经频频出现，但在司法实践中，其常因违反物权法定原则或《民法典》禁止流押、流质的相关规定，而被认定无效。《九民会议纪要》第六十六条肯定了非典型担保的担保功能，并明确了当事人订立的具有担保功能的合同在不存在法定无效情形时，应当认定有效的基本原则。《九民会议纪要》第七十一条"让与担保"第一款规定："债务人或者第三人与债权人订立合同，约定将财产形式上转让至债权人名下，债务人到期清偿债务，债权人将该财产返还给债务人或第三人，债务人到期没有清偿债务，债权人可以对财产拍卖、变卖、折价偿还债权的，人民法院应当认定合同有效。合同如果约定债务人到期没有清偿债务，财产归债权人所有的，人民法院应当认定该部分约定无效，但不影响合同其他部分的效力。"也即，让与担保成立并有效的前提之一为需要包含清算条款，以防止债权人通过直接取得担保物而额外获利。虽该条款未明确债务人或第三人与债权人订立合同的类型，但从相关条款的解读看，笔者认为，应可包括名义上的以物抵债协议。

笔者已在前文中论述，债务到期前达成的以物抵债协议被认为具有担保债权实现的目的，其中一项依据来源于《江苏以物抵债审理纪要》第二条，该纪要进一步认为，若当事人约定以房屋或土地等不动产抵债，并明确债务清偿后可以回赎，双方根据约定已办理了物权转移手续的，该行为符合让与担保的特征，但因违反物权法定原则，不产生物权转移效力。一方面，现行《民法典》第三百八十八条已明确，担保合同除了抵押合同、质押合同外，还包括其他具有担保功能的合同；另一方面，综合就《九民会议纪要》第四十五条债务到期前达成的以物抵债协议，若抵债物尚未交付债权人，此情形不同于第七十一条规定的"让与担保"的反向推演来看，笔者认为，债务到期前达成以房抵债约定且已完成房屋转移手续的，可以认定构成《九民会议纪要》第七十一条所述的"让与担保"并适用该规定第一款进行效力认定。由此，该情形在后果处理上，可适用前述第七十一条第二款，也即，当事人根据约定已完成财产权利变动的公示方式转让至债权人名下，债务人到期没有清偿债务，债权人请求确认财产归其所有将不获法院支持，但债权人可请求参照法律关于担保物权的规定对财产拍卖、变卖、折价优先偿还其债权，债务人亦有权请求以该程序偿还所欠债权人合同项下债务。

（三）名为房屋买卖合同实为以房抵债的认定与处理

实务中，不乏强势房地产企业基于内部合规要求，在资金周转受阻时，要求建筑工程承包方、供应商等以自身名义或指定的第三人与其或其关联的项目公司签订商品房买卖合同，通过各类对支付手段的"技术化处理"，以变相达到以房抵债之目的。

例如，在房地产企业与债权人除原债权债务合同外还签订有房屋买卖合同的情况下，当双方互负的债务均到期时，房地产企业有机会按照《民法典》第五百六十八条规定主张将原债务与对方到期的房款债务抵销；抵销一经生效，其效力溯及自抵销条件成就之时，双方互负的债务在同等数额内消灭。此种情况下，按照《九民会议纪要》第四十三条的规定，可予抵销的债务数额，是截至抵销条件成就之时各自负有的包括主债务、利息、违约金、赔偿金等在内的全部债务数额。除采用上述抵销方式外，购买方还可以形式上向房地产企业或房屋出售方支付房价款，后再由房地产企业通过周转将该款项作为工程款等支付债权人以清偿债务。如此，表面看来，原债权债务合同和商品房买卖合同相互独立，在款项支付上互不联系，债权人或其指定第三人作为购房人履行了房款支付义务，而房地产企业也履行了工程款项的支付义务。

在房地产企业偿债情况良好时，不容易引发对上述房屋买卖合同的性质认定问题，一旦房地产企业因资不抵债被申请执行或进入破产阶段，认定债权人与房地产企业成立房屋买卖合同将可能使原债权实际取得优先权，从而引发债权受偿公平性的问题。实践中，有相当多法院会将此类房屋买卖合同从性质上认定为以房抵债协议。

二、房企破产中以房抵债相关合同的几类特殊处理规则

除了前文讨论的以房抵债的一般认定和处理原则外，以房抵债有关合同的内容和背景的不同在房地产企业出现偿债不能濒临破产时亦会引发债权人与房地产企业、其他债权人的权利冲突，导致以房抵债及相关合同的效力认

定、履行等需适用特殊规则。

（一）以房抵债相关合同解除及继续履行问题

根据《企业破产法》第十八条规定，破产申请受理后，管理人对破产申请受理前成立而债务人和对方当事人均未履行完毕的合同有权决定解除或者继续履行，并通知对方当事人。

实务中，在法院受理针对房企的破产申请前，如房地产企业与债权人签订房屋买卖合同借以房款抵偿债务的，极有可能的情况是，房屋价值超过当次抵偿的债务金额，剩余房款需由债权人现金补足或者用于抵偿后续可能发生的对债权人负担的债务。此时，若针对房地产企业的破产申请被受理，就房屋买卖合同而言，双方均未履行完毕有关的合同义务。管理人得以依照《企业破产法》第十八条解除该房屋买卖合同，该解除权由管理人单方决定，一旦解除，债权人的相关债权也将变为普通债权。

若买卖合同中标的房屋价值与房地产企业已到期债务金额相当，在破产申请受理后，对于房屋买卖合同是否得以继续履行抑或解除的问题，司法实践中存在争议。

部分法院的司法裁判案例倾向认定债权人就房屋买卖合同项下的主要合同义务已完成，故而管理人无权依据《企业破产法》第十八条解除合同。此情况下，如债权人或其指定购房人为自然人，且名下无其他居住用房或所购买房屋仍符合基本生活需要的，不排除法院还将认定购房人较其他普通债权人享有优先受偿权利。

但亦有部分法院的司法裁判观点认为，因房屋买卖合同是为实现以房抵债的交易目的，并非用于居住，若房屋未交付且未办理产权变更登记手续，继续履行房屋买卖合同将使得一般债权人事实上得以获得房屋所有权，系对其他债权人不公，应予解除。此情况下，债权人只得主张就原债权受偿，且不享有优先顺位。

（二）以房抵债相关合同是否应确认无效问题

1. 破产申请受理后因个别清偿致合同无效

鉴于以房抵债的目的为清偿债务，即以其他替代债务履行方式达到清偿债务的效果，所以债务到期情况下的以房抵债亦是一种清偿行为。房地产企业因法定原因被受理破产申请后，依照《企业破产法》第十六条，债务人对个别债权人的债权清偿无效，故以房抵债相关合同的设立很可能被认定为个别清偿行为而归于无效。

2. 特定情形下的债务抵销无效

如房地产企业与债权人另行签订房屋买卖合同，通过债务抵销方式达到以房抵债的，依照《审理破产案件若干规定》第六十条，当房地产企业与债权人间互负债权债务，债权人的债权已得到确认，且拟抵销的债权债务均发生在房地产企业破产宣告之前，债权人可行使抵销权。然而，根据《破产法司法解释（二）》第四十四条规定，在破产申请受理前六个月内，债务人存在"不能清偿到期债务，并且资产不足以清偿全部债务或明显缺乏清偿能力"情形，债务人与个别债权人以抵销方式对个别债权人清偿，其抵销的债权债务如属于"债权人已知债务人有不能清偿到期债务或者破产申请的事实，对债务人负担债务的；但是，债权人因为法律规定或者有破产申请一年前所发生的原因而负担债务的除外"情形的，管理人可在破产申请受理之日起三个月内诉请法院主张抵销无效。

因此，债权人与房地产企业拟签订房屋买卖合同以抵销各自所负债务时，应充分关注房地产企业的财务状况，以免在其进入破产程序后抵销行为被判定无效，导致房屋买卖合同下付款义务处于未履行或未充分履行状态，进而可能引发管理人主动解除房屋买卖合同的风险。如果不存在债权人在对房地产企业负担债务时（即签订房屋买卖合同时）知晓房地产企业有不能清偿到期债务或破产申请事实之情形的，债权人仍可积极寻求依据《企业破产法》第四十条的规定在破产阶段向管理人主张抵销以达到继续履行房屋买卖合同的目的。

（三）以房抵债相关合同是否应撤销问题

1. 房企财务状况恶化下因个别清偿致合同可撤销

根据《企业破产法》第三十二条、第三十四条及《破产法司法解释（二）》第十五条，在破产申请受理前六个月内，债务人存在"不能清偿到期债务，并且资产不足以清偿全部债务或明显缺乏清偿能力"的情形，仍对个别债权人进行清偿的，除非个别清偿使债务人财产受益或者个别清偿系通过诉讼、仲裁、执行程序等进行的除外，管理人有权请求法院予以撤销并追回债权人取得的债务人财产。因此，在房地产企业已有财务状况恶化的外观表象下，即便通过以房抵债将房屋变更登记至债权人名下，仍可能因抵债行为发生在破产申请受理前六个月而导致相关合同被撤销。

2. 房企财务状况恶化下因提前清偿致合同可撤销

笔者认为，如果在债务到期前约定以房抵债并完成了物权转移手续，即便事后债务人有要求履行清算义务及回赎的权利，但此时仍涉及提前清偿问题。根据《企业破产法》第三十一条、《破产法司法解释（二）》第十二条的规定，破产申请受理前一年内债务人对未到期债务提前清偿的，除非该债务在破产申请受理前已经到期，管理人有权请求撤销该清偿行为；如该提前清偿行为发生在破产申请受理前六个月内且债务人已有"不能清偿到期债务，并且资产不足以清偿全部债务或明显缺乏清偿能力"情形的，管理人亦得以请求撤销。笔者在前文中已有论述，就债务到期前达成的以房抵债协议而言，按照目前立法规定，抵债协议虽有无效风险，但在抵债物物权已转移至债权人名下后，债权人仍能通过履行清算义务（如按一定价格折价折抵房屋）或认定构成让与担保折价取得房屋物权或就房屋价值优先受偿。然而，如抵债协议被撤销，则意味着管理人可直接依据《企业破产法》第三十四条追回已过户房屋，债权人的债权沦为未受偿、无担保的状态。

3. 因房企追加担保而致合同可撤销

如前文所述，债权人与房地产企业可通过签订以房抵债协议为债务提供担保并成立让与担保，但如果该等行为发生在破产申请受理前一年内，管理人将可能依据《企业破产法》第三十一条、第三十四条以债务人存在"对没有财产担保的债务提供财产担保"为由请求法院撤销并追回房屋。

实务中，以房抵债牵涉的法律关系可能更为复杂，对房地产企业破产后的处理也会因当地司法实践、债权申报情况、管理人决策等有所不同。本节选取了部分常见及典型情形，并结合现行规定作些讨论及总结。

第四节　破产中的建设工程价款优先受偿权（上）

近年来，因政策调整、市场震荡，大量房地产企业面临资金链断裂、被迫破产之困境，鉴于房地产企业主要资产为建设的房地产项目且所负债务中金额较大、较为常见的系工程价款债务，故房地产企业为清偿工程款债务而选择以房抵债的现象层出不穷。因房地产企业破产往往牵涉多方主体、所涉法律关系和债务种类较多，同时建设工程自身亦具备一定复杂性，故房地产企业进入破产程序后工程价款债权人的优先受偿权如何行使，债权清偿顺位，以房抵债协议效力、履行及法律后果等问题在实践中存在较大争议，亟待解决。本节旨在通过对于破产程序中建设工程价款优先受偿权的相关法律规定、常见的重要问题以及特殊的"工抵房"问题进行简要梳理和分析，并就"工抵房"情形下如何更好地保障工程价款债权人权益提出相关建议。

一、建设工程价款优先受偿权的法律依据

建设工程价款优先受偿规则始于1999年生效的《合同法》第二百八十六条之规定，但该条款当时仅作赋权之用而未对该权利如何实施进行规定，逐渐无法满足司法实践需要，故最高人民法院又于2002年发布了《建设工程价款优先受偿权问题批复》以明确建设工程价款优先受偿权的范围、行权期限以及该项权利与抵押权、其他债权、购房者优先权的清偿顺位，为司法实践观点的统一起到了重要作用，但该批复以及合同法均因《民法典》的生效已

于 2021 年 1 月 1 日被废止。废止后，《民法典》第八百零七条承袭了合同法立法意旨、保留了建设工程价款优先受偿权利，最高人民法院亦相应出台了《建设工程司法解释（一）》，在吸收《建设工程价款优先受偿权问题批复》中部分内容的基础上对该项权利进行了细化规定。

然而，就破产程序中建设工程价款优先受偿权如何行使，现行《企业破产法》中却无明确规定，最高人民法院出台的相关司法解释中亦未涉及，各地司法实践争议较大，进而导致破产管理人在审查、认定建设工程价款优先受偿权以及决定清偿顺序时往往具备较大的自由裁量权并易造成同案不同判的局面，不利于工程价款债权人权利的保护。

二、建设工程价款优先受偿权的几个重要问题

（一）债权人资格

《民法典》第八百零七条规定："发包人未按照约定支付价款的，承包人可以催告发包人在合理期限内支付价款。发包人逾期不支付的，除根据建设工程的性质不宜折价、拍卖外，承包人可以与发包人协议将该工程折价，也可以请求人民法院将该工程依法拍卖。建设工程的价款就该工程折价或者拍卖的价款优先受偿。"从该条规定可看出，建设工程价款优先受偿权的权利主体为承包人，但就承包人的具体所指自该制度设立以来司法实践中存在较大争议。根据《民法典》第七百八十八条及第七百九十一条规定，建设工程合同包括工程勘察、设计、施工合同，建设单位可选择分别与勘察人、设计人、施工人订立勘察、设计、施工承包合同，故对建设单位享有工程相关债权的除施工单位外可能还包括设计、勘察单位，这两方主体是否也可就建设工程折价或者拍卖的价款优先受偿？此外，建筑市场中存在大量分包、转包、挂靠行为，实际施工人是否也可同等主张建设工程价款优先受偿权？对前述问题笔者观点如下：

1. 勘察、设计企业不应属于优先债权人范畴

第一，从立法意旨层面考量，该项制度设立的初衷是保护农民工等建筑

工人这一低收入群体的工资权益，建筑工程是建筑工人劳动物化的成果，应当对于建筑工人的物化劳动予以特别优先保护。第二，从条文文义层面考量，为辅助《民法典》施行而出台的《新建工合同司法解释（一）》第三十五条明确规定："与发包人订立建设工程施工合同的承包人，依据民法典第八百零七条的规定请求其承建工程的价款就工程折价或者拍卖的价款优先受偿的，人民法院应予支持。"据此，笔者认为，该条司法解释系对《民法典》第八百零七条中的"承包人"进行了限缩解释，即将"承包人"的范围限定为"与发包人订立建设工程施工合同的承包人"，故而将设计人、勘察人排除在外，符合建设工程价款优先受偿制度的立法初衷。综上，勘察、设计企业不应属于优先债权人范畴，其所享债权均不可就建设工程折价或者拍卖的价款优先受偿。

2. 实际施工人不享有建设工程价款优先受偿权

就实际施工人是否享有建设工程价款优先受偿权这一问题，此前各地区司法实践及高级人民法院出台的指导意见中存在不同观点，在工程质量合格的前提下，少数观点认为实际施工人可同等主张该优先权，以四川省高级人民法院出台的审判指导意见为例；多数观点认为只有在总承包人或转包人怠于行使工程价款优先受偿权时，实际施工人才可自行主张，以河北、江苏、浙江等地高级人民法院出台的审判指导意见为例。笔者认为，地方法院司法实践倾向于无条件或一定条件下将实际施工人债权纳入优先清偿范畴，可能是考虑主流观点下建筑工人不可突破合同相对性直接向建设单位或分包人、转包人主张支付报酬，其工资的付款主体通常为实际施工人，实际施工人的工程款债权中往往已包含该劳务成本，如实际施工人的债权无法足额清偿可能导致拖欠建筑工人工资，故为了保障建筑工人权益才作此规定。

然而，就此问题最高人民法院的观点却与地方法院截然不同且一以贯之，即坚定地将实际施工人排除在建设工程价款优先受偿权的权利主体之外，最高人民法院在《最高人民法院新建设工程施工合同司法解释（一）理解与适用》中明确表明实际施工人不应属于建设工程价款优先受偿权的主体，同时强调实际施工人可依据《建设工程司法解释（一）》第四十四条、《民法典》第五百三十五条提起代位诉讼主张的"从权利"亦不包括建设工程价款优先受偿权。最高人民法院民事审判第一庭在 2021 年第 21 次专业法官会议中亦再次强调此观点并形成会议纪要，认为只有与发包人订立建设工程施工合同的承包人才享有建设工程价款优先受偿权，而实际施工人不属于"与发包人订立建设工程施工合同的承包人"，不享有建设工程价款优先受偿权。

笔者较为赞同最高人民法院的观点。工程价款中除劳务成本外亦包含实际施工人的高额利润，如赋予实际施工人同等优先受偿权，则在保障建筑工人权益的同时也使得实际施工人尽管存在违法行为却依然可以获益，换言之，实际施工人是否依法承包工程进行施工并不影响其债权清偿且其亦无其他实际损失，这将客观上鼓励承包人违法承建工程，不利于整肃建工市场乱象，亦有违公平。因此，将实际施工人剔除在该权利主体之外不仅符合合同相对性原则，更有利于督促实际施工人远离相关红线、依法规范自身行为，进而可保护交易安全、平衡各方利益。

（二）行权期限

1. 法定期限

就建设工程价款优先受偿权的行权期限，合同法并未予以规定，直至 2002 年批复才首次明确为六个月，2018 年出台的《建设工程司法解释（二）》沿用了此前六个月的规定，该司法解释于 2021 年 1 月 1 日被废止，同日生效的《新建工合同司法解释（一）》第四十一条则将该期限延长至十八个月。

2. 新旧司法解释衔接适用问题

如前所述，建设工程价款优先受偿权的行权期限经历了从六个月到十八个月的巨大转变，但新旧司法解释如何衔接适用却并未有明确规定，故而实践中对于《新建工合同司法解释（一）》施行前尚未终审的案件应如何适用新旧司法解释确定行权期限存在较大争议。多数观点认为应严格以法律事实发生的时间作为案件适用新旧司法解释的标准，例如（2021）最高法民申

4069 号案件、（2021）新民终 263 号案件；还有少数观点则认为即使是《民法典》施行前法律事实引起的民事纠纷案件，但因适用新的解释更有利于保护实际施工人的合法权益、维护社会和经济秩序、弘扬社会主义核心价值观，故应使用新司法解释即《新建工合同司法解释（一）》，例如（2020）黔民终 1209 号案件。对此，最高人民法院在《最高人民法院新建设工程施工合同司法解释（一）理解与适用》一书中采纳了司法实践中的多数观点，认为："关于新旧司法解释行使期限衔接问题，根据《最高人民法院关于适用〈中华人民共和国民法典〉时间效力的若干规定》第一条、第二十条规定精神，一般应从优先受偿权履行的情况确定是否适用本规定。具体而言，对于本解释施行前签订的施工合同，如果根据《建设工程司法解释（二）》的规定，六个月的优先受偿权行使期限已经届满，则优先受偿权的履行并未持续至本解释施行后，优先权行使期限仍应适用《建设工程司法解释（二）》的规定，为六个月；如果本解释施行后，优先受偿权未满六个月的行使期限，承包人仍有权主张优先受偿权，权利还在履行期间，则可适用本解释关于行使优先受偿权最长十八个月期限的规定。"

3. 期限起算时间

根据《建设工程司法解释（一）》第四十一条规定，建设工程价款优先受偿权十八个月的行权期限应自发包人应当给付建设工程价款之日起算。就何为"发包人应当给付建设工程价款之日"，根据该解释第二十七条之规定，应按照如下方式予以确认：第一，当事人对付款时间有约定的，从其约定；第二，当事人对付款时间没有约定或者约定不明的，下列时间视为应付款时间：（1）建设工程已实际交付的，为交付之日；（2）建设工程没有交付的，为提交竣工结算文件之日；（3）建设工程未交付，工程价款也未结算的，为当事人起诉之日。已失效的旧司法解释规定与之一致。

实务中建设工程项目在整体竣工验收前通常会先进行分部分项验收，故承包人与建设方订立的建设工程合同中对于工程价款的支付方式通常约定为分期付款且付款进度往往与工程进度挂钩，例如约定施工至主体结构完工之日支付工程进度款，此种情况下承包人能否在分部分项工程验收合格后、工程整体竣工验收前主张依据合同约定的预算工程价款、工程进度款的付款时间作为优先受偿权的起算时间？对此，最高人民法院在《最高人民法院新建设工程施工合同司法解释（一）理解与适用》中给出了明确答复："分期施工、阶段付款的建设工程施工合同，承包人主张阶段性工程价款而合同仍在继续履行的，应以工程最终竣工结算后所确定的工程总价款的应付款时间作为优先受偿权行使期限的起算点……质量保修金系为保障工程质量而缴纳的，不属于本条规定的应付工程款，因而不应以建设单位返还质量保修金的时间作为应付工程款的认定时间。"

（三）行权限制

承包人行使建设工程价款优先受偿权时应受到如下限制：

第一，根据《民法典》第八百零七条规定，承包人优先受偿权的客体仅限于货币而非建筑工程本身，因此承包人仅能就建设工程折价或者拍卖的价款优先受偿而不可直接要求将建设工程所有权优先转移登记至其名下。

第二，建设工程的性质应不属于不宜折价、拍卖的工程。建设工程不宜折价、拍卖的情形包括：系违章建筑、系质量不合格且难以修复的建筑或法律规定情形（例如学校、医院等以公益为目的的建筑、社会团体的教育设施、医疗卫生设施、其他社会公益设施）。

第三，根据《新建工合同司法解释（一）》第三十八条、第三十九条规定，承包人行使该权利需以建设工程质量合格为前提，但无需以工程竣工为条件。

尽管承包人行权受到如上限制，但该权利行使与建设工程合同效力无关即不以建设工程合同有效为前提。建设工程价款优先受偿权为法定权利而非依附于当事人订立的合同约定，因此建设工程合同是否有效均不影响该权利的行使。最高人民法院在《中华人民共和国民法典合同编理解与适用（三）》一书以及多数地方法院出台的审判指导意见中均持此观点。

（四）承包人建设工程价款优先受偿的范围

就承包人建设工程价款优先受偿的范围，《建设工程价款优先受偿权问题批复》第三条规定："三、建筑工程价款包括承包人为建设工程应当支付的工作人员报酬、材料款等实际支出的费用，不包括承包人因发包人违约所造成的损失。"该批复废止后，《新建工合同司法解释（一）》于第四十条作出了相应规定："承包人建设工程价款优先受偿的范围依照国务院有关行政主管部门关于建设工程价款范围的规定确定。承包人就逾期支付建设工程价款的利息、违约金、损害赔偿金等主张优先受偿的，人民法院不予支持。"

可见，新旧司法解释均将优先受偿的范围限定于工程价款本金而不包括逾期付款利息、违约金、损害赔偿金等与违约责任承担相关的款项，该点在司法实践中并无争议，但应注意的是，就工程价款本金范围是否应包含承包人利润，新旧司法解释观点并不相同。《建设工程价款优先受偿权问题批复》直接将工程价款范围确定为工作人员报酬、材料款等实际支出，即仅限于承包人承建工程所支出的成本，而不包括承包人利润。《新建工合同司法解释（一）》则是以国务院有关行政主管部门关于建设工程价款范围的规定以确定优先受偿的工程价款范围。住建部、财政部联合印发的《建筑安装工程费用项目组成》（建标〔2013〕44号）规定："建筑安装工程费用项目按费用构成要素组成划分为人工费、材料费、施工机具使用费、企业管理费、利润、规费和税金。"此外，根据原建设部印发的《建设工程施工发包与承包价格管理暂行规定》（建标〔1999〕1号）第五条规定，工程价格由成本（直接成本、间接成本）、利润（酬金）和税金构成。由此可见，我国国务院行政主管部门对于建设工程价款范围的规定中均包括了承包人的利润，故《新建工合同司法解释（一）》已明确将承包人利润纳入了可优先受偿的范围。究其原因，最高人民法院在《中华人民共和国民法典合同编理解与适用（三）》一书中进行了解释，最高人民法院认为《建设工程价款优先受偿权问题批复》的规定虽是适当的但存在不足，从司法实践来看，要从建设工程价款中计算出承包人为建设工程应当支付的工作人员报酬、材料款等实际支出的费用缺乏可操作性，即使可能也成本太高，《建设工程司法解释（二）》第二十一条（该司法解释虽已废止，但该条与《新建工合同司法解释（一）》第四十条内容一致）将承包人利润优先保护，目的是减少当事人诉累，便于纠纷处理。

除该点理由以外，最高人民法院还在《最高人民法院新建设工程施工合同司法解释（一）理解与适用》中阐述了其他理由，主要包括：第一，从实践看，无论是工程造价鉴定还是当事人对工程价款的约定，都将利润包括在工程价款范围以内；第二，建筑行业属于薄利行业，施工企业在建筑市场相对处于弱势地位，如不对其给予比较强的保护将阻碍建筑行业发展；第三，如对承包人应得全部工程价款不予优先保护，就会导致承包人资产负债情况恶化，会造成发不出工资、损害对建筑工人工资债权的清偿，因此对承包人利润保护符合建设工程价款优先受偿权制度的本意。

（五）工程价款债权转让的，债权受让人不享有建设工程价款优先受偿权

就工程价款债权依法转让后受让人能否主张原承包人所享有的建设工程价款优先权这一问题，现行法律法规、司法解释或最高人民法院相关会议纪要中均未有定论，因此司法实践中争议较大。最高人民法院部分司法判例以及部分地方法院例如山东、江苏等地高级人民法院的指导意见对此持肯定态度，主要理由为建设工程价款优先受偿权依附于工程款债权，属于从属性权利，因此主权利即建设工程价款债权转让的，建设工程价款优先受偿权应随之转让；另有最高人民法院部分司法判例、部分地方高级人民法院例如河北省高级人民法院对此持否定态度，认为因建设工程价款优先受偿权具有人身依附性，故建设工程价款优先受偿权不可转让予受让人。

对此，笔者较为赞同后一种观点，另认为从该制度设立的目的层面考量，该制度系为保障建筑工人劳动报酬而设，故基于以下两点理由亦无必要赋予受让人建设工程价款优先受偿权：第一，建设工程债权转让一般系有偿转让，承包人在获得相应转让对价后一般可具备偿付建筑工人劳动报酬的能力，建筑工人利益已得到实现；第二，受让人法律地位不等同于承包人且与建筑工人间并无合同关系，不负有给付建筑工人劳动报酬的法定或约定义务。

三、结语

本节对建设工程价款优先受偿权的法律依据及历史沿革进行了简单梳理，同时列举了该权利行权时的几个重要问题并就其中尚有争议的问题提出了建议，以期帮助读者熟悉该项制度的基本内容进而可更好理解后文所涉的破产制度下该权利如何实现以及特殊的"工抵房"问题等内容。

第五节　破产中的建设工程价款优先受偿权（下）

我们已通过前文对建设工程价款优先受偿权基本内容进行了介绍，本节将在前文基础上对破产程序中建设工程价款优先受偿权行权问题以及特殊的"工抵房"问题进行进一步分析。

一、破产程序中建设工程价款优先受偿权行权相关问题

《企业破产法》中对于破产程序下各类债权的清偿顺序规定主要见于第一百零九条、第一百一十条、第一百一十三条及第一百三十二条，然而《企业破产法》及其司法解释均未有条款对于破产程序中工程价款债权如何清偿、建设工程价款优先受偿权如何实现予以规定，故实践中存在诸多争议。因在破产人财产足以清偿所有债务及必须费用的情况下，清偿顺位并不影响实际分配结果，故下文仅就破产人财产不足以清偿全部债务及费用情况下建设工程价款优先受偿权和其他破产债权、费用如何清偿进行分析。

（一）建设工程价款优先受偿权的性质

要解决建设工程价款优先受偿权在破产程序中如何实现的问题，需要确

定该权利的性质。就性质而言，目前学界及实务界主要有以下三种观点：一是留置权说；二是法定抵押权说；三是优先权说。其中，留置权说存在较大缺陷且与现行法律不符，支持者较少，否定该观点的原因主要有二：第一，根据《民法典》及此前的《物权法》《担保法》之规定，留置权的客体仅限动产，而建设工程却为不动产。第二，留置权的存续以留置人占有留置物为条件，而实务中承包人往往在未取得工程价款前就已经丧失了对工程的占有，如将建设工程价款优先受偿权视为留置权，则已丧失对工程占有的承包人将丧失优先受偿权，显然不公。目前争议较大的系法定抵押权说和优先权说两种观点。

支持法定抵押权说的一方主要理由如下：第一，建设工程价款优先受偿权首先规定于原《合同法》，从立法过程可知，原《合同法》第二百八十六条从设计、起草、讨论、修改、审议直至正式通过，始终是指法定抵押权。第二，优先权并非法定的担保物权，现有法律规定中的担保物权仅包括抵押权、质权和留置权。第三，抵押权可分为约定抵押权和法定抵押权，而建设工程价款优先受偿权基本符合法定抵押权特征：首先，法定抵押权是法律规定的抵押权，它不需要当事人进行约定；其次，法定抵押权不需要登记；最后，正在建设的工程可以成为抵押物。第四，从其他各国（地区）立法看，将建设工程价款优先受偿权定性为抵押权的国家或地区在逐步增多。

支持优先权说的另一方主要理由如下：现行法律中未出现法定抵押权的概念，也未对法定抵押权作出规定，此外目前法律只就法律行为设立抵押权作了规定而未规定事实行为产生抵押权的情形，换言之根据现行法律规定抵押权只有通过约定才可产生，因此将建设工程价款优先受偿权定性为优先权可避免不必要的概念之争，符合现行法律规定精神。

在调研上述三种观点的过程中我们发现最高人民法院内部就此问题也存在一定争议。最高人民法院民事审判第二庭在其编著的 2013 年版《最高人民法院关于企业破产法司法解释理解与适用——破产法解释（一）、破产法解释（二）》一书中认为建设工程价款优先权的法律性质为法定抵押权（持此观点的还包括江苏省高级人民法院等），但该观点已被最高人民法院民事审判第一庭在其编著的《中华人民共和国民法典合同编理解与适用（三）》中予以否定并在其后出版的《最高人民法院新建设工程施工合同司法解释（一）理解与适用》一书中再次明确该权利性质为法定优先权。

对此，笔者较为赞同优先权说，虽然法定抵押权说具有一定合理性，但在我国法律明确创设法定抵押权制度并对其定义、构成要件、行权规则作出具体规定前，不宜将建设工程价款优先权定性为法定抵押权，否则可能对现有抵押权法律体系造成冲击从而引发更多的法律适用争议。

（二）房地产抵押别除权与建设工程价款优先受偿权的关系

《企业破产法》第一百零九条规定了破产程序中的别除权："对破产人的特定财产享有担保权的权利人，对该特定财产享有优先受偿的权利。"具体到建设工程而言，该条文的"享有担保权的权利人"即为对建设工程享有抵押权的债权人。结合《破产法司法解释（二）》第三条，债务人破产的不利情况下房地产抵押别除权为建设工程抵押权人开辟了《企业破产法》第一百一十三条所涉破产财产分配制度以外的单独受偿体系，即该特定抵押物不属于《企业破产法》第一百一十三条中用以分配的"破产财产"，这使得抵押权人的债权在担保范围内可得到最大限度的清偿。

那么，享有建设工程价款优先受偿权的承包人与享有别除权的抵押权人两者的债权清偿顺序又该如何呢？承包人能否与抵押权人共享甚至独享别除权项下赋予抵押权人的这块"蛋糕"呢？

对此，目前学界多数观点认为破产程序中就建设工程折价或拍卖所得价款，承包人享有优先受偿权的工程价款债权（为便于行文，下文中"建设工程价款债权"均指可优先受偿的部分）清偿顺位先于房地产抵押权人的债权，主要有以下几点理由：第一，如认为建设工程价款优先受偿权系法定抵押权，因现有法律中规定的抵押权属约定抵押权，而法定抵押权应优先于约定抵押权受偿；第二，虽然现有法律中未对破产程序中两者清偿顺位进行规定，但

《新建工合同司法解释（一）》已规定了建设工程价款优先受偿权优于抵押权和其他债权，该规定应亦适用于破产程序。另有少数观点认为在破产程序中工程价款应优先就抵押物以外的在建工程进行优先受偿，这样有利于平衡和同时保护两种权利。

司法实践中，部分法院认为破产程序中建设工程价款债权人的债权清偿顺位先于房地产抵押权人，例如：（2019）沪 0112 破 8 号之四、（2020）豫 0225 破 1 号之四、（2018）苏 04 破 2 号之七民事裁定书；部分法院则持相反观点，例如：（2019）浙 0109 破 24 号之五、（2019）粤 13 破 35-5 号等民事裁定书。

对此，笔者认为，就作为抵押物的建设工程折价或拍卖所得价款，即使承包人依法享有建设工程价款优先受偿权但其债权仍应劣后于房地产抵押权人受偿，主要理由如下：第一，建设工程价款优先受偿权属于法定优先权而非法律明文规定的担保物权（现有法律体系下，担保物权仅有抵押权、质权和留置权三类），因此不应适用别除权制度，也即破产程序下建设工程价款优先受偿权与抵押权别除权系属两种不同的受偿体系，就已抵押的建设工程折价或拍卖所得价款，承包人不可与抵押权人共享别除权保护下的"蛋糕"，而仅可就别除权实现后剩余的可纳入破产财产的价款参与分配；第二，根据条文规定建设工程价款优先受偿权不以登记为成立条件即无需登记以对外公示，而实务中可能存在破产人即发包方与承包人恶意串通虚构建设工程价款债权或其金额的情况，此时抵押权人因并非相关建设工程合同的合同主体在缺乏公示信息的情况下难以知晓及审查建设工程价款债权的真实性；第三，虽然建设工程价款优先受偿权立法目的系保护参与该工程建设的建筑工人工资权益，但实务中房地产抵押人往往系银行且融资金额巨大，而银行资金部分系来源于个人存款或同业拆借故同样存在资金成本，一旦银行抵押权因清偿顺位劣后无法足额清偿、回笼资金而资不抵债破产的，将严重损害存款人个人权益并波及其他金融主体，在建筑工人及其他个人、单位的权益保护上，不宜单纯倾斜于一方；第四，实务中房地产抵押权通常为在建工程抵押，此时建设工程因尚未竣工故工程债权金额处于未定状态且可能因工程进展及工期延误而高于设立抵押权时的预估情况，因此抵押权人难以预测发包人工程价款偿付的最终情况（即是否会产生需要行使优先受偿权的工程债权）或难以较为准确地预测工程价款总额，换言之从订立抵押借款合同时抵押权能否全部实现就处于不确定状态，如因债务人破产后处于相对劣后顺位而无法足额清偿的将对抵押权人的合法利益造成极大损害，不仅显失公平，而且长此以往将极大打击抵押权人向建设方出借资金的积极性，阻碍资金流通，造成建设方融资困难，不利于其清偿包括建设工程价款在内的各类债务，进而可能带来工程烂尾、市场信心低迷等蝴蝶效应。

（三）建设工程价款优先受偿权应劣后于破产费用、共益债务、职工债权受偿

目前司法实践中对于建设工程价款优先受偿权与破产费用、共益债务的清偿顺序虽有争议，但主流观点认为建设工程价款优先受偿权应劣后于破产费用、共益债务清偿。

就建设工程价款优先受偿权与职工债权的清偿顺位学界及实务界争议较大，尚未形成较为一致的观点。其中，部分观点认为，建设工程价款优先受偿权应优先于职工债权，理由主要为：因建设工程价款债权优先于抵押担保债权受偿（理由在本节"房地产抵押别除权与建设工程价款优先受偿权的关系"下已进行阐述，此处不再赘述），而根据《企业破产法》的规定，抵押权人的债权应先于职工债权受偿，进而建设工程价款优先受偿权应优先于职工债权受偿，部分法院的裁判观点亦是如此。

对此，笔者持不同的观点。笔者认为，上述观点成立的前提为建设工程价款债权清偿顺位先于抵押担保债权，而两者的清偿顺位在得到法律明确确认前仍处于存疑状态，笔者亦在前文中予以反驳。此外，《企业破产法》第四十八条、第五十九条、第一百一十三条等条款构建了破产程序下对破产企业职工债权的保护体系，其清偿顺位优先于社会保险费用、税款、普通破产

债权，职工债权优先权一定程度上体现了基于劳动债权所特有的生存、秩序和正义价值追求。而建设工程价款优先受偿权制度的目的虽是保障建筑工人这一弱势群体的工资权益，亦具有生存权保护属性，但与职工债权这一单纯的劳动债权不同，工程价款中除了劳务费用外亦包含承包人自身利润及其他建设成本（例如税金、材料款等），而该部分债均与生存权利无关，因此如果从该两个优先权制度的创设目的而言，职工债权优先受偿的迫切性和必要性应高于建设工程价款债权，故破产程序中职工债权清偿顺位应优先于建设工程价款优先受偿权。

二、建设工程债权所涉"工抵房"问题简析

（一）工抵房的操作实践

"工抵房"顾名思义系指发包人与承包人协商一致采用以房抵债的方式清偿欠付工程款，为实现此目的相关主体间一般签署两种协议，一种为以房抵债协议，另一种为房屋买卖合同，前者系为了明确债务清偿方式，后者则是为了固定形式上的房屋买卖合同关系以办理网签合同备案（适用于因特定原因既有合同系非备案的线下合同之情况）、过户所用。

承包人作为房屋买卖合同项下的购房人应负有支付购房款的合同义务，实践中就房款支付方式存在较多不同做法，包括以下几种：

1. 以工程款冲抵购房款，即发包人指定承包人与发包人自己或其他销售方签订房屋买卖合同，承包人并不按照房屋买卖合同约定向销售方支付购房款，而是以工程款冲抵购房款，冲抵后购房款不足部分由承包人或其指定第三方买受人以现金补足。此种支付方式实际上并不存在现金支付的购房形式，而是通过债务冲抵的方式实现发包人偿债，而发包人与销售方内部结算则与承包人无关。一般情况下，若发包人并非房地产销售方的，发包人、销售方以及承包人会就债务冲抵相关事宜签订相应三方协议。该种操作模式在以房抵债现象中最为常见，抵债房屋可由承包人自行购买或承包人指定的买受人购买。承包人指定买受人购买抵债房屋的原因除了商业考量外一般为以房抵

债时购房人不具备购房资格，故还可能存在借名买房或承包人取得购房资格后更名的特殊情况，所以实务中也存在以四方协议确定工抵房以及隐名代持的情形。

2. 工程款所载金额以票据背书转让方式支付。实务中，考虑到发包人与销售方并非同一，为确保企业合规经营，同时考虑到资金流向的确定性、税务合规性以及单笔交易业绩统计、合同相对独立性等原因，除了各方进行协议安排债务冲抵之外，发包人往往采用票据流转的方式实现工程款以及购房款支付，具体操作为：发包人向承包人出具欠付工程款等额的可转让商业承兑汇票，承包人收取票据后再背书转让予房屋销售方以此支付购房款。此种方式下承包人无需另行支付现金即可完成购房款支付义务。如存在隐名代持情形的，则销售方需承包人另行出具代付款证明等。通过该方式，可以独立实现现金流的流转，便于完善合同履行的相对独立性，对于破产情况下工程债权人的保护相对更为有利。

3. 以"购房券"方式支付。实务中不乏发包人关联企业开发的楼盘中存在多个项目可供选择或发包人名为"抵房"实为"担保"的情况，此时发包人为了结债务，向承包人发放"购房券"以形式上结清工程债务，而承包人凭借"购房券"可在发包人、销售方指定区域、楼盘内选购房屋，可以按照前述第一种方式以"购房券"作为购房款支付凭证，实质上通过债务冲抵实现债权。或承包人在选定房屋后，不进行网签，由销售方继续进行公开销售，销售回款后就销售房价款与承包人进行"更名"结算。此种方式下，"购房券"实际系通过承包人向销售方以让渡债权的方式取得特定房屋优先购房资格，并享有在对外销售后请求返还"购房款"甚至溢价款的操作模式。

（二）破产程序下工程价款债务履行期届满后房地产开发企业以房抵债行为的法律分析

以房抵债系以物抵债的一种类型，就工程价款债务履行期届满后房地产开发企业与施工方达成的以房抵债协议的效力，根据《九民会议纪要》第四十四条关于"以物抵债"之规定可知，如无其他法定无效情形该以房抵债协议应为有效。

然而就以房抵债情况下已竣工房产未完成过户时承包人是否可享受购房户超级优先权，破产程序中争议较大且管理人及法院具备较大的自由裁量权。常见的认定思路如下：

1. 虽认定承包人系购房户，但认为承包人不享有"购房户超级优先权"

破产管理人一般基于以下两点理由认为承包人虽为购房户但不应享有"购房户超级优先权"，其仅可作为普通债权人参与受偿：

（1）主体资格不符

根据《最高人民法院执行工作办公室关于〈最高人民法院关于建设工程价款优先受偿权问题的批复〉中有关消费者权利应优先保护的规定应如何理解的答复》，购房者超级优先权的主体应仅限于个人消费者，故如以房抵债情况下的承包人系企业的，则不属于购房者超级优先权的保护主体。

（2）购房并非以居住为目的

根据《建设工程价款优先受偿权问题批复》以及《执行异议和复议规定》第二十九条可知，购房者超级优先权的设立目的是保护个人消费者的居住权，故购房者应满足购房系用于居住目的这一要件。然而，当承包人系企业时对该房屋无法实际居住而是用于经营使用或处置后套现、难以满足"居住"的购房目的。

2. 刺破虚伪意思表示即认定房屋买卖实际系偿债行为，故承包人不属于"购房户"进而不属于超级优先权保护对象

目前司法实践中有部分观点认为债务产生的基础法律行为、以房抵债行为、房屋买卖行为相互关联、密不可分，债权人签订房屋买卖合同的目的是实现债权。因此管理人可能刺破虚伪的意思表示认定承包人与房地产开发企业订立房屋买卖合同的真实意思表示系以物抵债，与保护购房者生存权的立法意旨不符，进而将承包人排除在超级优先权保护对象之外。

（三）以房抵债行为被认定无效或相关合同被解除的法律后果

鉴于房地产企业进入破产程序后，管理人可能会依法认定以房抵债行为无效或解除相关合同，此时承包人是否可申报原有的建设工程价款债权并可主张优先受偿呢？

1. 承包人可向管理人申报原债权即建设工程价款债权并主张建设工程价款优先受偿权

就仅签订以房抵债协议而未完成房地产过户的情况，原建设工程价款债权（以下简称旧债）是否因以物抵债相关协议签订而归于消灭？一种观点认为以物抵债协议的签署构成债务更新（亦可称为债务变更），新债成立的同时旧债消灭；另一种观点认为构成新债清偿，新债与旧债并存，新债履行完毕旧债才归于消灭。对此，最高人民法院在其2017年发布的公报案例"通州建总集团有限公司与内蒙古兴华房地产有限责任公司建设工程施工合同纠纷上诉案"[①]中表达了相关观点："基于保护债权的理念，债的更改一般需要当事人明确消灭旧债务的合意，否则，当事人于债务清偿期限届满后达成的以物抵债协议，性质上一般属于新债清偿。在新债清偿的情形下，旧债务和新债务处于衔接并存的状态，在新债务合法有效并得以履行完毕后，因完成了债务清偿义务，旧债务才归于消灭。"自此司法实践逐渐形成了较为统一的观点，最高人民法院在《〈全国法院民商事审判工作会议纪要〉理解与适用》一书中亦重申新债清偿说之观点。因此，除承包人与房地产开发企业明确约定以房抵债协议签署后原建设工程价款债权消灭的，以物抵债相关协议签署后、房地产过户合同义务履行完毕前建设工程价款债权仍存在。

就以物抵债协议无效或被解除后的原债履行问题，上述公报案例亦作出明确："若新债务届期不履行，致使以物抵债协议目的不能实现的，债权人有权请求债务人履行旧债务，且该请求权的行使，并不以以物抵债协议无效、被撤销或者被解除为前提。"由此可知，以物抵债情况下当新债务因任何原因

[①]　最高人民法院（2016）最高法民终484号。

无法履行的，债权人有权要求履行旧债。

综上所述，根据最高人民法院目前关于以物抵债的法律后果的裁判口径，当以房抵债相关协议在破产程序中被认定无效、被撤销或者被解除的，因以物抵债合同目的已无法实现，承包人可向管理人申报原债权即建设工程价款债权并主张建设工程价款优先受偿权。

2. 承包人与房地产开发企业约定以房抵债的应被认定为已主张建设工程价款债权优先权

如上所述，当以房抵债相关协议在破产程序中被认定无效、被撤销或者被解除的，承包人可向管理人申报建设工程价款债权并主张优先受偿权。鉴于主流观点认为建设工程价款行权期限属于除斥期间，不发生中止、中断或者延长情形，而破产中债权认定程序往往较为复杂、历时较久，因此如待以房抵债中的新债无法履行后再主张旧债并要求优先受偿可能距离发包人应给付工程价款之日已超过六个月或十八个月，此时承包人的建设工程价款债权能否享有优先受偿权抑或仅能作为普通债权受偿呢？此问题的关键在于确定以房抵债行为是否属于承包人主张优先受偿权的有效方式。

对此，司法实践中主要有两种观点，第一种观点认为诉讼（或申请仲裁）的方式才属于行使建设工程价款优先受偿权的有效方式；第二种观点认为建设工程承包人自行与发包人协商以该工程折价抵偿尚未支付的工程价款属于对建设工程价款依法行使优先权。目前最高人民法院的审判案例及编著的《中华人民共和国民法典合同编理解与适用（三）》中均持第二种观点。

笔者较为赞同第二种观点。无论是原《合同法》第二百八十六条还是《民法典》第八百零七条均规定了两种工程处置方式：一种为请求人民法院将该工程依法拍卖，另一种为承包人与发包人协议将该工程折价，而后承包人可就两种处置方式取得的价款优先受偿。"协议折价"可理解为和承包人与发包人双方协商确定价格并将工程有偿转让予第三人，或者直接将工程项目所有权转移予承包人抵作工程款即以房抵债。第一种观点显然与法律规定不符，缺乏法律依据。建设工程相关纠纷情况复杂，只要承包人未怠于行权就应该允许其以多种方式主张建设工程价款优先受偿权，第二种观点更符合该制度对于承包人工程价款利益的保护原则。

因此，工程竣工且工程价款债务到期后承包人与房地产开发企业就其承建工程签订以房抵债相关协议，只要协议签订时尚未经过除斥期间，即使该协议被认定为无效、被撤销或被解除的，也应被认定为承包人已主张建设工程价款优先受偿权。

（四）对以房抵债情形下承包人权益保护的几点建议

基于前文分析，笔者现对以房抵债情形下承包人权益保护问题提出如下几点建议以供承包人参考：

第一，承包人应当尽量避免在发包人的工程款债务履行期限届满前签订以房抵债协议，在履行期届满后再作以房抵债安排较为稳妥。

第二，承包人应为自己留有后路，即为避免以房抵债行为被认定具有债务更改的效果，在相关协议中应避免使用能体现"以房抵债协议签署后原建设工程价款债务消灭"意思表示的条款，否则可能面临新债无法履行、旧债业已灭失故而承包人不可重新向破产管理人申报建设工程价款债权的不利局面。

第三，在以房抵债协议中应以鉴于条款等协议内容固定承包人已就建设工程价款向发包人主张过优先受偿权的事实。

第四，在选择抵债房地产的受让主体时应尽量指定个人以形式上符合"商品房消费者"的主体要件。

第五，待房地产受让主体具备购房资格后，承包人应及时催促发包人配合签署网签备案合同并及时完成产权转移登记。

三、结语

我国建筑市场情况错综复杂，现有建设工程相关司法体系虽正日益完善但仍无法及时涵盖层出不穷的新问题、新矛盾，而对于破产程序中建设工程价款受偿权适用问题，法律规定更是空白，因此破产程序中发包人的建设工程价款优先受偿权如何行使、以房抵债协议如何履行在实践中存在较大争议，亟待解决，承包人建设工程价款利益的实现存在诸多风险。在相关法律完善、司法实践观点明朗前，承包人为保护自身权益应严格依据现有规则规范自身行为、尽量避免触碰相关红线，此外应在工程价款债务到期后及时行使权利并注意行权方式及技巧。

第六节　融资租赁物的破产取回路径

融资租赁诞生于第二次世界大战后的美国，在 20 世纪 80 年代引入我国。随着市场经济的不断发展，融资租赁这一交易模式与生俱来的融资功能越来越受市场主体的青睐，成为众多市场主体降低财务成本、轻资产运营的重要选择。进入 21 世纪后，融资租赁在我国得到快速发展并逐渐演化出多种新型融资租赁业务模式。伴随融资租赁业务的蓬勃发展，实践中越来越多的问题暴露出来。鉴于融资租赁法律关系本身涉及主体多、法律关系复杂，且法律层面规范性文件较少，难以应对纷繁复杂的融资租赁实务难题。融资租赁物在破产程序中能否取回以及如何取回便是司法实践中的一个关于融资租赁法律规定和破产法规定交叉的疑难问题。

《企业破产法》第三十八条规定："人民法院受理破产申请后，债务人占有的不属于债务人的财产，该财产的权利人可以通过管理人取回。但是，本法另有规定的除外。"《企业破产法》是债权人行使融资租赁物破产取回权的基础法律规定，但并非所有的融资租赁物均可在破产程序中取回，需根据融资租赁物的现状，结合融资租赁合同约定，结合管理人的履约选择综合确定。

一、据以探讨的交易模式

融资租赁交易模式从最初的直租模式，衍生出售后回租模式、委托租赁模式、分成租赁模式、转租赁模式、联合租赁模式等多种交易模式，但都是直租模式的变种，直租模式是运用最为广泛的融资租赁模式。本节探讨的案例即是在直租模式下，承租人出现破产，出租人能否取回租赁物及相关权利义务处理问题。

出租人 A 公司根据承租人 B 公司的指定，向出卖人 C 公司购买了一台机械设备（融资租赁物）并将设备出租给 B 公司使用，B 公司依约支付租金，双方约定租赁期满设备所有权归属于 B 公司。租赁期间，B 公司被人民法院裁定进入破产清算程序，现 A 公司向 B 公司破产清算案管理人申请取回该设备。本案中，A 公司能否向 B 公司管理人取回该设备？

二、影响融资租赁物取回的因素

融资租赁物能否取回受多重因素的影响，融资租赁物的现状、所有权归属合同约定、管理人是否继续履行融资租赁合同等均会影响到融资租赁物最终能否取回。

（一）融资租赁合同对融资租赁物所有权归属约定

《民法典》第七百五十七条规定："出租人和承租人可以约定租赁期限届满租赁物的归属；对租赁物的归属没有约定或者约定不明确，依据本法第五百一十条的规定仍不能确定的，租赁物的所有权归出租人。"融资租赁期间，融资租赁物的所有权归出租人，租赁期满，融资租赁物的所有权有约定的按约定，无约定的按法定。

融资租赁物的所有权归属约定，大致可以分为两类：一类是无条件或附条件地归属于出租人，另一类是无条件或附条件地归属于承租人。在约定期满出租人为所有权人的情况下，出租人在破产程序中主张租赁物的取回权，一般应得到支持。在约定期满承租人为所有权人或支付低价可成为所有权人的情况下，出租人主张取回租赁物，则不一定会得到支持。

（二）管理人对融资租赁合同的履行选择

《企业破产法》第十八条第一款规定："人民法院受理破产申请后，管理人对破产申请受理前成立而债务人和对方当事人均未履行完毕的合同有权决定解除或者继续履行，并通知对方当事人。管理人自破产申请受理之日起二个月内未通知对方当事人，或者自收到对方当事人催告之日起三十日内未答复的，视为解除合同。"管理人对正在履行中的融资租赁双务合同，在法定期间内有权选择解除或继续履行。作为承租人的管理人，为促进债务人财产价值最大化，如果选择继续履行合同、支付租金，出租人则不得行使取回权和要求取回融资租赁物。当然，为保障出租人的权利，出租人可以要求管理人提供履约担保。

（三）融资租赁物的状态

融资租赁物的现时状态也影响着出租人取回权能否实现。融资租赁物处于承租人控制之下、正常使用中，是出租人实现取回权最为平稳的状态，实践中会出现融资租赁物处于失常状态的情形：如融资租赁物毁损灭失，出租人客观上已经无法取回租赁物，由此给出租人造成的损失，出租人可以向承租人破产管理人申报债权，以挽回损失，如在"上海南宏工贸有限公司与云南金马农用车制造总厂破产管理人取回权纠纷申请再审案"[①]中，法院认为："涉案标的物在破产管理人接收前就已经灭失，作为取回权权利基础的物权已经不存在。因此，南宏公司只能以财产损失金额申报债权，而不能行使取回权；如承租人将融资租赁物进行转租、处分等，导致租赁物上附加了第三人权利且该第三人为善意第三人的，则出租人面临无法取回租赁物而不得不转向管理人申报债权。"

---

① 最高人民法院（2012）民申字第 1321 号。

三、融资租赁物取回的几种特殊情况

（一）不认定为融资租赁合同法律关系的租赁物取回

构成融资租赁合同法律关系不仅要有融资租赁之名，更要有融资租赁之实。根据《融资租赁司法解释》第一条："人民法院应当根据民法典第七百三十五条的规定，结合标的物的性质、价值、租金的构成以及当事人的合同权利和义务，对是否构成融资租赁法律关系作出认定。对名为融资租赁合同，但实际不构成融资租赁法律关系的，人民法院应按照其实际构成的法律关系处理。"因此，管理人在判断出租人能否取回租赁物的前提是对融资租赁合同法律关系是否成立进行审查。实践中，存在大量"名为融资租赁、实为借贷"的融资租赁合同，如在"汇通信诚租赁有限公司与郑某某民间借贷纠纷案"[①] 中，法院就以出租人未实际取得租赁物的所有权、承租人亦将租赁物作为履行债务的抵押物抵押给出租人为由，认定原被告之间的融资租赁合同法律关系不成立，构成民间借贷法律关系；又比如在"江苏汇鑫融资租赁有限公司与芜湖市广大房地产开发有限公司、芜湖市广达国裕房地产开发有限公司融资租赁合同纠纷案"[②] 中，法院以没有实质的租赁物存在且合同订立的目的就是借款为由，认定上诉人和被上诉人之间的融资租赁合同法律关系不成立，构成民间借贷法律关系。

管理人经审查认定融资租赁合同关系不成立的，对于租赁物，应根据所有权归属，结合实际构成的合同法律关系，判断是否准予取回。

（二）出租人已通过诉讼、债权申报等方式行权

融资租赁合同的承租人出现违约，在融资租赁合同项下，出租人可以依合同约定选择解除合同，要求承租人返还租赁物、赔偿损失；也可以选择继续履行合同，要求承租人支付剩余租金、承担违约责任。如果出租人已经对

---

① 山东省博兴县人民法院（2016）鲁 1625 号民初 1706 号。
② 江苏省南京市中级人民法院（2017）苏 01 民终 9860 号。

行权方式作出了选择，是否还可以向管理人申请取回租赁物。笔者认为应作区别对待：

1. 在承租人进入破产程序前，出租人选择继续履行合同，要求承租人支付剩余租金、承担违约责任，并已取得生效裁判，进入破产程序后，出租人应以该生效裁判文书为依据向管理人申报债权，参与分配；如出租人此时选择向管理人提出取回租赁物，基于已有生效裁判文书在先，且出租人已经对其行权方式进行选择，笔者认为管理人应对出租人的取回申请不予支持。

2. 在承租人进入破产程序后，出租人先选择向管理人申报债权，要求承租人支付剩余租金、承担违约责任，后申请撤回债权申报，要求行使取回权，取回租赁物的，笔者认为在出租人在先债权申报未经人民法院裁定确认前，应准予其撤回在先申报的债权，转而对其取回权能否成立进行审查，如经审查符合法律规定和合同约定，应准予其取回。

（三）融资租赁物所有权登记在承租人名下

常规的融资租赁法律关系中，所有权与使用权分离，租赁期间出租人享有租赁物的所有权，需要履行登记手续的一般也将出租人登记为所有权人，承租人享有租赁物的使用权。但在一些特殊的租赁物融资租赁过程中，会出现将租赁物的所有权登记在承租人名下的情况。如汽车融资租赁，为办理限牌地区的车牌号，往往将承租人登记为行驶证上的所有权人；船舶融资租赁中，为办理船舶经营许可证等特许资质，往往将承租人登记为船舶所有权证书上的所有权人。

在上述登记所有权人与实际所有权人不一致的情况下，管理人应根据融资租赁合同法律关系情况据实审查，对于确实是因为办证等特殊原因才出现所有权登记证书与实际权利状态不一致的情况，应据实作出是否准予其取回租赁物的判断。对于需要在公示机关办理所有权变更登记的，笔者建议应由出租人向管理人或人民法院申请，由人民法院在破产程序中确认租赁物的实际权属，作出裁定，准予其办理所有权变更登记。

四、破产取回的路径

承租人的破产管理人以承租人财产价值最大化、债权人利益最大化为目标，出租人以最大限度挽回损失为目标，两者在出租人是否取回融资租赁物之间进行利益博弈。

根据上述分析，笔者认为出租人能否取回融资租赁物实际上是一个双向选择的过程，结合租赁物实际情况，在破产程序中依法综合作出判断：

（1）出租人申请取回融资租赁物，管理人经审查认为不构成融资租赁合同法律关系，按照实际构成的法律关系处理；出租人认为管理人对法律关系认定错误的，可以承租人为被告向人民法院提起诉讼，请求行使取回权，由人民法院作出判决。

（2）出租人申请取回融资租赁物，融资租赁物已经毁损灭失，不具备取回客观条件的，由出租人根据实际损失情况向管理人申报债权，参与分配。

（3）除上述两项情形外，出租人申请取回融资租赁物，管理人对是否准予取回进行判断：

根据融资租赁合同约定，租赁期满租赁物所有权归属出租人的，准予取回；根据融资租赁合同约定，租赁期满租赁物所有权归属承租人；

判断尚未支付租金金额与融资租赁物残值之间的关系，以债务人财产价值最大化为原则，确定是否准予取回；

不准予取回的，应支付剩余未付租金，该未付租金应作为共益债务处理，而非要求出租人作为租金债权进行申报；准予取回的，应配合出租人取回融资租赁物。

此外，出租人行使取回权，还应当在破产财产变价方案或者和解协议、重整计划草案提交债权人会议表决前提出；逾期提出的，应承担迟延行使取回权增加的相关费用。

第三章　与破产及强制清算程序有关的其他难点问题

第一节　营利性民办学校破产退出路径

被称为"中国民办教育破产第一案"的遵义中山中学破产案，曾经一度在民办教育领域闹得沸沸扬扬，立下豪言壮志的校长刘某某经营失败锒铛入狱，引发嘘声一片。关联到破产理论和实务，对民办学校破产的程序适用、各种类型债权清偿顺位及法律依据等众多问题，莫衷一是，难有定论。四川省法院系统层报最高人民法院，最高人民法院专门就该案处理召开审判委员会会议，讨论中山中学破产案的程序适用及债权清偿等重大疑难问题。最高人民法院于 2010 年 12 月 16 日发布了《关于因资不抵债无法继续办学被终止的民办学校如何组织清算问题的批复》，对相关问题进行了答复。该案以遵义一中 1.7 亿元接盘破产财产，进行破产清算偿债，才得以尘埃落定。虽然该案顺利办结，但隐藏在案件背后对民办教育机构的市场退出路径、《民办教育促进法》和《企业破产法》的冲突和适用、不同债权类型的清偿顺位等疑云仍挥散不去。

随着 2016 年 11 月 7 日全国人大常委会对《民办教育促进法》进行第二次修正，打破了我国民办学校管理体制，引发了重大变革，我国民办学校正式施行分类管理，该法第十九条明确规定"民办学校的举办者可以自主选择设立非营利性或者营利性民办学校"。不同类型的民办学校将适用不同的管理体制和利益分配模式，在退出机制上也遵循不同的程序规范。此后在 2018 年 12 月 29 日《民办教育促进法》又进行了第三次修正，国务院对《民办教育促进法实施条例》也进行了相应修改。因非营利性民办学校的破产退出多为政策性破产，办学资金来源于财政支出和社会捐赠，而营利性民办学校为市场化破产，按照市场规则来设立、办学和退出，因此本节重点探讨营利性民办学校的破产路径及程序适用。

一、前提问题：营利性民办学校是否具备破产能力

目前我国破产制度的实施法理基础是《企业破产法》及最高人民法院颁布的三部相关司法解释，《企业破产法》采取的是有限的商人破产主义原则，即企业法人破产主义，具有商主体性质的法人是破产法的适用主体，例外规定在《企业破产法》第一百三十五条"其他法律规定企业法人以外的组织的清算，属于破产清算的，参照适用本法规定程序"。虽然个人破产制度近年来炒得火热，呼声很高，但仍未纳入破产法调整的范畴，而"企业法人以外的组织"如何界定，民办学校特别是营利性民办学校是否属于可参照适用的范围，未有定论。由此引发了营利性民办学校是否具备破产能力的前提性问题，这是后续探讨必须先予以明确的。

探讨营利性民办学校的破产能力，其实就是要在法律上对营利性民办学校的主体性质进行定性。民事主体的分类一直是不断调试和修正的核心问题，不同法律体系、不同历史时期会有不同的分类方法，这在立法部门立法和修法过程中可见一斑。分析营利性民办学校的主体性质，可以从《民法典》《民办教育促进法》《企业破产法》的不同规定入手，得出倾向性的意见。

从法条规定对比来看，营利性民办学校因其办学投入非来源于政府资金，享有独立的法人财产权利，办学收益可以由投资人分配，需进行工商登记，且可以以学校财产独立承担民事责任，符合营利法人的特征。应将营业性民办学校定性为营利法人，以此来适用《企业破产法》的规定。需要特别说明的是，民办学校的"公益"性质与其营利性并不矛盾，营利性民办学校的私法人属性并不影响其履行社会公益职能。

从应然的角度来看，赋予营利性民办学校破产能力，符合《企业破产法》

表1 《民法典》《民办教育促进法》《企业破产法》对民事主体分类的对比

《民法典》	《民办教育促进法》	《企业破产法》
第二条 民法调整平等主体的自然人、法人和非法人组织之间的人身关系和财产关系。 第十三条 自然人从出生时起到死亡时止,具有民事权利能力,依法享有民事权利,承担民事义务。 第五十四条 自然人从事工商业经营,经依法登记,为个体工商户。个体工商户可以起字号。 第五十七条 法人是具有民事权利能力和民事行为能力,依法独立享有民事权利和承担民事义务的组织。 第七十六条 以取得利润并分配给股东等出资人为目的成立的法人,为营利法人。营利法人包括有限责任公司、股份有限公司和其他企业法人等。 第八十七条 为公益目的或者其他非营利目的成立,不向出资人、设立人或者会员分配所取得利润的法人,为非营利法人。非营利法人包括事业单位、社会团体、基金会、社会服务机构等。 第九十六条 本节规定的机关法人、农村集体经济组织法人、城镇农村的合作经济组织法人、基层群众性自治组织法人,为特别法人。 第一百零二条 非法人组织是不具有法人资格,但是能够依法以自己的名义从事民事活动的组织。非法人组织包括个人独资企业、合伙企业、不具有法人资格的专业服务机构等。	第二条 国家机构以外的社会组织或者个人,利用非国家财政性经费,面向社会举办学校及其他教育机构的活动,适用本法。本法未作规定的,依照教育法和其他有关教育法律执行。 第十条 举办民办学校的社会组织,应当具有法人资格。举办民办学校的个人,应当具有政治权利和完全民事行为能力。民办学校应当具备法人条件。 第十九条 民办学校的举办者可以自主选择设立非营利性或者营利性民办学校。但是,不得设立实施义务教育的营利性民办学校。非营利性民办学校的举办者不得取得办学收益,学校的办学结余全部用于办学。营利性民办学校的举办者可以取得办学收益,学校的办学结余依照公司法等有关法律、行政法规的规定处理。民办学校取得办学许可证后,进行法人登记,登记机关应当依法予以办理。 第三十六条 民办学校对举办者投入民办学校的资产、国有资产、受赠的财产以及办学积累,享有法人财产权。	第二条 企业法人不能清偿到期债务,并且资产不足以清偿全部债务或者明显缺乏清偿能力的,依照本法规定清理债务。企业法人有前款规定情形,或者有明显丧失清偿能力可能的,可以依照本法规定进行重整。 第一百三十四条 商业银行、证券公司、保险公司等金融机构有本法第二条规定情形的,国务院金融监督管理机构可以向人民法院提出对该金融机构进行重整或者破产清算的申请。国务院金融监督管理机构依法对出现重大经营风险的金融机构采取接管、托管等措施的,可以向人民法院申请中止以该金融机构为被告或者被执行人的民事诉讼程序或者执行程序。金融机构实施破产的,国务院可以依据本法和其他有关法律的规定制定实施办法。 第一百三十五条 其他法律规定企业法人以外的组织的清算,属于破产清算的,参照适用本法规定的程序。

的立法宗旨,更重要的是有利于营利性民办学校的债权人在学校资不抵债、不能清偿到期债务的情况下,可以通过破产程序实现全部或部分债权,同时也有助于资不抵债的营利性民办学校合法有序退出市场,盘活闲置资产,实现社会资源优化配置。

因此，笔者认为无论从实然角度还是应然角度，均应赋予营利性民办学校破产能力。

二、程序适用：营利性民办学校除破产清算外，是否适用破产重整、和解程序

在论证了营利性民办学校具备破产能力后，就面临进入具体破产程序的破产案件在程序上的适用选择。最高人民法院出台的《关于因资不抵债无法继续办学被终止的民办学校如何组织清算问题的批复》（法释〔2010〕20号）规定："依照《中华人民共和国民办教育促进法》第九条批准设立的民办学校因资不抵债无法继续办学被终止，当事人依照《中华人民共和国民办教育促进法》第五十八条第二款规定向人民法院申请清算的，人民法院应当依法受理。人民法院组织民办学校破产清算，参照适用《中华人民共和国企业破产法》规定的程序，并依照《中华人民共和国民办教育促进法》第五十九条规定的顺序清偿。"《企业破产法》第一百三十五条规定："其他法律规定企业法人以外的组织的清算，属于破产清算的，参照适用本法规定的程序。"不论是最高人民法院的批复，还是《企业破产法》的程序参照适用规定，均用"破产清算"来框定民办学校（含营利性民办学校）破产程序适用范围。那么，以上"破产清算"是专指破产三种程序中的破产清算程序即营利性民办学校只能进行破产清算而不能进行重整、和解，还是泛指三种程序即营利性民办学校可以选择适用清算、重整、和解程序？

观点一分为二，持营利性民办学校只能进行破产清算而不能进行重整、和解的观点认为：从立法目的和实施效果来看，作为破产预防制度，破产重整和和解制度的目的在于使处于困境的企业摆脱经济困境，获得复兴的机会。企业可以通过采取发行新的股票、部分转让或重新注资等方式，筹集资金，获得重生。而民办学校一般依靠向银行举债或滚动式积累等方式发展而来，资金基础薄弱，筹资渠道单一，采取破产重整或和解方式难以实现民办学校重生的目的。从适用条件和法律冲突来看，不宜适用重整和和解制度，因为

适用重整与和解程序的基本条件是企业尚未被宣告破产，即企业并未丧失相应的民事权利能力和民事行为能力。而民办学校破产案件的受理，其前提是"民办学校已被终止"，即民办学校作为民事主体已经丧失了相应的民事行为能力和民事权利能力，在这种情况下已被终止办学的民办学校显然不符合重整与和解的条件。此外终止民办学校的决定是有关教育行政部门作出的，属于具体行政行为，倘若人民法院启动重整与和解程序，实质上使民办学校处于一种再生状态，这会带来一系列问题。持营利性民办学校可以选择适用清算、重整、和解的观点认为，随着资产证券化业务等融资形式逐步应用到教育资本市场，营利性民办学校不会仅仅依赖于商业银行的援助来获得通过重整、和解程序拯救濒临破产的可能性。法院若还是以节约司法资源的立场否认这两种自救途径，显然与营利性民办教育的发展趋势相悖。

笔者支持第二种观点，理由在于：一是允许营利性民办学校作为债务人或其债权人选择通过重整、和解程序达到重整更生的目的不违反法律强制性规定，相反，这更加符合国家大政方针政策精神，国家提倡"多重整、少清算"，国务院发布《关于鼓励社会力量兴办教育促进民办教育健康发展的若干意见》（国发〔2016〕81号）引导社会资金积极办学，有重整、和解价值的营利性民办学校依法选择程序的渠道应当畅通；二是新修正的《民办教育促进法》将民办学校区分为营利性和非营利性，两类不同性质的民办学校退出市场的路径和法律依据不甚相同，可以自由选择；三是反对者担忧的重整、和解可能会侵犯受教育者的受教育权问题，其实完全可以通过在重整计划草案、和解协议草案中予以规制，重整、和解也成功免去了受教育者和教职工转学转校的麻烦，重整、和解不成也可转为清算，程序畅通。至于前述第一种观点笔者不能苟同。营利性民办学校本质上属于法人组织，可类推适用公司法的相关规则进行调整。《民办教育促进法》第五十六条至第六十条关于民办学校终止的后续程序性规范应理解为民办学校终止运营，参考工商管理登记中的"吊销未注销"情形及最高人民法院的相关意见，此时民办学校仍具有独立的民事主体资格，并未丧失相应的民事行为能力及民事权利能力，仅因终止而不得对外从事经营活动。因此，该观点认为因民办学校终止而当然丧失主体资格，进而不符合破产法重整和和解条件的观点不能成立。

三、核心关切：营利性民办学校破产中的焦点和痛点问题

（一）营利性民办学校破产程序中受教育者的受教育权保护

学校出现破产，最大的受害者就是在校学生。如何在营利性民办学校出现破产情形时对受教育者的受教育权进行保护，是再重视也不为过的问题。从《民办教育促进法》及其实施条例来看，民办学校破产的保护重点区别于一般破产企业，企业破产在于对债权的公平清偿和债务人的合法权利保护，民办学校破产的重点则在于对学生受教育权的保障。

那么，究竟如何在民办学校出现或者可能出现破产情形时对学生的权利进行保护？我们认为该问题可以从以下几方面入手：

1. 给予受教育者充分的自主选择权：留校或转校

出现破产情形的民办学校，并非都立即停止所有的教学活动，在资产负债率不高、有重整和和解价值、有意向投资人或重整方等情况下，即使进入破产程序，管理人仍可根据《企业破产法》第二十五条的规定继续维持教学活动。受教育者可以根据自身意愿，自主选择继续留校接受教育，也可以选择转校，破产程序中的各方，包括但不限于债务人学校、审理法院、管理人、其他债权人等均应尊重并执行受教育者的选择。

2. 转校学生的债权范围和性质认定

受教育者选择转校，其可以向债务人学校主张的债权内容包括哪些，债权性质如何认定，现行法律并未明确规定。学校破产，作为最大受害者的在校学生，对其可主张的债权范围应作更为特殊的保护。营利性民办学校就读的学生一般都会支付较为高昂的教育费用，远远高出公办学校，因为根据《营利性民办学校监督管理实施细则》（教发〔2016〕20号）第二条规定，营利性民办学校可以是幼儿园、高中阶段教育学校、高等学校、成人教育和技

能培训类高校，禁止开办实施义务教育阶段的营利性民办学校，排除了九年义务制教育阶段，而且《民办教育促进法》第三十八条规定"营利性民办学校的收费标准，实行市场调节，由学校自主决定"，赋予了营利性民办学校收费的自主权。

在债权范围认定上，建议做追溯式认定，即以学期为单位，人民法院受理破产时赋予受教育者选择权，如选择转校，则所在学期已经缴纳的学费、杂费等以周期计算的费用均作为债权，后一学期费用如已缴纳，当然地纳入债权范围。排除书本费、赞助费等一次性支出的费用。

在债权申报上，建议参照《企业破产法》关于职工债权的规定，采用管理人主动查明、公示公告的方式进行，免去受教育者在债权申报举证方面的困扰和责任。

在债权性质认定上，《民办教育促进法》第五十九条将"应退受教育者学费、杂费和其他费用"列为第一清偿顺位债权，其次是应发教职工的工资及应缴纳的社会保险费用，最后是偿还其他债务。虽然《企业破产法》第一百一十三条规定了债权清偿顺位，但《民办教育促进法》相较于《企业破产法》为特别法，应适用特别法优先规则，即应退受教育者学费、杂费和其他费用在破产财产清偿破产费用和共益债务后，得到优先清偿。此类优先权适用，房地产企业破产案件中的建设工程价款优先权、船舶海工企业破产案件中的船舶优先权等特殊优先权可以例证。

3. 保护受教育者受教育权的事前预防措施

即使对受教育者的债权进行了充分、优先的保护，也难免对受教育者的继续受教育权造成损害，如何转学、转学接收学校、课程如何对接等一系列现实问题摆在面前。《民办教育促进法》第五十七条规定："民办学校终止时，应当妥善安置在校学生。实施义务教育的民办学校终止时，审批机关应当协助学校安排学生继续就学。"实际上该条规定就基本排除了营利性民办学校破产时，审批机关的法定协助义务，因为营利性民办学校禁止开办义务教育阶段的学校。所以在营利性民办学校正式设立招生时就要制定未雨绸缪的制度和做好后手准备，对于出现破产情形后的平稳过渡尤其重要。在此方面，可以以日本的做法为参考，在确保各自自主性的前提下同邻近学校签订事前协议，约定在本校出现破产状况时转移本校学生至邻近学校，同时预先准备好所需教师的派遣。此外，为保障受教育者债权的顺利足额实现，可以探索设立营利性民办学校受教育者债权责任险险种，由学校缴纳保费且规定为法定义务。还可以规定营利性民办学校在每年的盈利中提取一定比例的风险准备金，用于应对未来可能出现的破产情形或其他危机。

（二）营利性民办学校破产程序中的府院联动制度构建

民办学校特别是营利性民办学校从筹备至正式设立到运营，牵涉多个政府部门的主管、审批、管理，相较于一般企业破产，在府院联动上的需求更加迫切。从《民办教育促进法》及其实施条例、《营利性民办学校监督管理实施细则》《民办学校分类登记实施细则》所规定的行政程序来看，营利性民办学校的主管机关是各级教育部门，登记机关是各级工商部门，审批机关中举办实施学历教育、学前教育、自学考试助学及其他文化教育的为教育部门，举办实施以职业技能为主的职业资格培训、职业技能培训的为人社部门。此外，营利性民办学校有经营收入和投资人取得收益，必然会涉及税务部门。破产可能引发的维稳问题也会涉及公安部门等。

近年来，破产实务过程中各地不断出台加强府院联动机制的文件，破产案件的顺利推进离不开地方党委政府的大力支持，对于民办学校破产案件更是如此。在业已形成的府院联动机制基础上，针对营利性民办学校破产案件的特殊性，笔者建议可以分为事前事中事后三段来体现府院联动的重要作用，在出现破产情形前，由教育部门牵头，工商、人社、税务等部门参加，定期对学校进行监督检查，要求学校定期向本机关出具运营报告，防微杜渐；出现破产情形时，本着"多重整、少清算"的理念，由教育部门牵头，充分发挥招商部门的作用，协调引进意向投资人，争取盘活教学资产，平稳过渡，公安部门妥善处置稳定问题，联动时间上可以根据具体案情确定两周一会或一月一会的固定联席会议加临时会议制度；破产程序终结后，对破产学校的资产接受方或重整投资人继续办学积极主动帮扶，协助办理好办学许可证等证件延续、资产性质和所有权变更手续等，吸取经验教训，避免出现"二次破产"。

（三）营利性民办学校破产中的债权清偿顺位

破产债权数额的认定很重要，但相较之下债权的清偿顺位显得更加重要，是否享有优先权及优先权次序直接决定了债权的清偿比例。破产债权清偿顺序的确定，既是法律技术安排问题，又牵涉重大价值判断，往往牵一发而动全身，影响到当事人的利益平衡格局。营利性民办学校破产债权类型在涵盖一般常见企业破产债权类型基础上，有其特殊性。

营利性民办学校破产中可能出现的债权类型如下：破产费用及共益债务；学校建筑物的建设工程价款；抵押、质押等产生的担保物权债权；应退受教育者学费、杂费和其他费用；应发教职工的工资及应缴纳的社会保险费用；税收债权；普通债权（货款、民间借贷、租金等）；劣后债权（惩罚性赔偿、罚款等）。上述类型的债权清偿顺位如何排列，在法律适用上存在争议。主要争议集中在以下两个方面：

1. 受教育者和教职工权利与建设工程价款优先顺位

受教育者和教职工权利是《民办教育促进法》第五十九条规定的优先权类型，建设工程价款债权是《民法典》第八百零七条和《新建工合同司法解释（一）》第三十六条所规定的优先权类型，二者同时存在于营利性民办学校破产案件中则孰先孰后？笔者认为将前者优先于后者受偿更为妥当。一是根据法律冲突适用规则，《民办教育促进法》2002 年颁布施行，2018 年最新修正，《民法典》及《新建工合同司法解释（一）》均于 2021 年才颁布施行，新法优于旧法；二是《民办教育促进法》之所以赋予受教育者和教职工权利优先权的立法宗旨在于最大限度减少学校破产给学生及教师带来的冲击和动荡，具有强烈的人身依附性，在民办学校破产案件中应得到充分体现，建设工程价款债权的债权人则人身属性较弱；三是条文表述上，《新建工合同司法解释（一）》规定"承包人根据民法典第八百零七条规定享有的建设工程价款优先受偿权优于抵押权和其他债权"，强调的是与抵押权和其他债权的对比，主要目的是排斥抵押权的优先级。

2. 教职工权利与职工债权能否画等号

教职工权利，即"应发教职工的工资及应缴纳的社会保险费用"，可否与《企业破产法》第一百一十三条规定的职工债权即"欠职工的工资和医疗、伤残补助、抚恤费用，所欠的应当划入职工个人账户的基本养老保险、基本医疗保险费用，以及法律、行政法规规定应当支付给职工的补偿金"画等号，笔者认为二者不能等同。一是前者的适用范围窄于后者，后者中的补偿金不能涵盖前者；二是《民办教育促进法》保护的是教职工的债权优先权，教职工是民办学校的支柱，教育行业的特殊性要求教职工特别是教师要付出大量时间、精力甚至是感情，相较一般企业员工付出更多，这也是立法着重保护教职工的原因所在，因此仅仅将教职工债权等同于职工债权进行清偿显然不妥。

因此，结合上述分析和法律法规对破产债权清偿顺位的规定，营利性民办学校破产债权的清偿顺位如下：破产费用及共益债务；应退受教育者学费、杂费和其他费用；应发教职工的工资及应缴纳的社会保险费用；学校建筑物的建设工程价款；抵押、质押等产生的担保物权债权；税收债权；普通债权（货款、民间借贷、租金等）；劣后债权（惩罚性赔偿、罚款等）。

（四）破产清算后如有剩余财产的处置

对于营利性民办学校破产清算，清偿完所有债权后如仍有剩余财产如何处置？根据《民办教育促进法》第五十九条第二款规定："非营利性民办学校清偿上述债务后的剩余财产继续用于其他非营利性学校办学；营利性民办学校清偿上述债务后的剩余财产，依照公司法的有关规定处理。"处理剩余财产应当首先确定剩余财产的性质及其比例。不论是非营利性民办学校还是营利性民办学校，其资金来源都可能有公益性捐赠，在此种情况下，根据捐赠者的意愿，其捐赠的资金是为了促进公共教育事业的发展，捐赠法的立法旨意也在于恰当地管理所捐赠的财产，在受赠组织终止经营后，为继续实现捐赠者的捐赠目的，剩余捐赠财产应统一由教育行政机关分配，用于资助发展其他非营利性民办教育事业。对于非公益性捐赠的剩余财产，则按照《公司法》第一百八十六条第二款的规定，有限责任公司按照股东的出资比例分配，股份有限公司按照股东持有的股份比例分配。

四、痛定思痛：营利性民办学校破产的防控与预警

处置得再妥当的破产案件，也难免会给债权人、债务人及相关人员带来冲击和伤害，民办学校破产案件更是如此。因此，在探讨营利性民办学校破产退出路径的基础上，有必要就其破产原因进行探析，找出引致破产的根源，对症下药，进行预防，尽量避免出现破产事由，平稳推进我国营利性民办学校的发展壮大。

（一）对破产原因的探析

营利性民办学校自有公益属性，但营利性是其本质属性，出现破产事由的原因可分为内因和外因两部分。从内因角度来看，一是很多民办学校举办者没有学校教学经验和管理经验，将投资办学当成完全的资本投资，片面追求经济效益，导致办学质量低下，久而久之口碑变差，入不敷出；二是我国很多民办学校缺乏科学的管理，在一些学校董事会里，董事长权力过大却不懂管理，校长懂管理却处于"权力真空"状态，导致董事长和校长权力越位和缺位问题突出。从外因角度来看，一是民办学校较之于公办学校费用更高，部分高级民办学校教育支出费用高昂，工薪阶层接受度不高，招生存在困难；二是民办教育市场日渐竞争激烈，来自国内的教育集团力量和国外的高质量教育品牌抢占市场，实力较弱的民办学校逐渐边缘化。

（二）预防破产的措施和建议

1. 加大政策扶持力度，创新思维服务民办教育发展

国务院在 2016 年 12 月 29 日出台了《关于鼓励社会力量兴办教育促进民办教育健康发展的若干意见》（国发〔2016〕81 号），将加强民办教育工作提高到国家大政方针政策层面。遗憾的是，该意见强调对民办学校根据性质区分非营利性和营利性，进行差别化扶持政策，积极引导社会力量举办非营利性民办学校，强调要始终把社会效益放在首位。从国家层面来看，这样的规定并无问题，但无疑会给社会力量投资兴办营利性民办学校造成影响，投资热情有所打折。民办教育是公办教育的有力补充，激起社会资本对民办教育的投资办学热情至关重要。建议在目前政策的基础上，加大政策扶持力度，给予更多的税收等优惠政策，探索试点实施无差别化的扶持政策，创新服务意识和服务思路，助力民办教育快速健康发展。

2. 加强营利性民办学校信息公开，加强社会监督

要求营利性民办学校信息公开是加强社会监督的有效方式。《营利性民办学校监督管理实施细则》从三个方面规定：一是要建立信息公开制度及信息公开保密审查机制；二是信息公开内容和方式应当符合国家有关规定；三是按照国家对企业信息管理要求，通过国家企业信用信息公示系统公示年报、行政许可和处罚等信用信息。以上规定要落到实处，不能流于形式甚至是弄虚作假。主管部门和审批部门、登记部门要加大监督力度，对政策落实不到位的民办学校坚决予以查处，规范运营。

3. 规范营利性民办学校财务和资产管理

《营利性民办学校监督管理实施细则》要求营利性民办学校要严格执行财务会计制度，独立建账，据实入账，专款专用，严格区分学校财产和投资人个人资产。建议加大政策落实力度，适度加强监管，引导建立行业协会，建立行业标准，通过有形的手和无形的手对办学效果进行监督，发现问题及时预警，及时整改。

4. 提高营利性民办学校教学质量

教育办学的核心是高质量的教学品质,高质量的输出是效益的根本保障。引导营利性民办学校成立行业协会,加强协会交流和指导,对比教学质量,形成良性竞争。同时,可以对标高质量的非营利性民办学校和公办学校,补缺补差。加强优质教师资源的引进,建立教师成长绿色通道,加强教师培养。

第二节 个人破产重整"首案"的评析与思考 [①]

一、案情介绍

2021年3月10日,深圳居民梁某某向深圳市中级人民法院(以下简称深圳中院)提出个人破产申请,5月11日,法院经审查后依法裁定受理梁某某的破产申请,6月22日,梁某某将个人破产重整计划草案提交第一次债权人会议审议,7月2日,梁某某向法院申请批准破产重整计划,法院最终于7月16日批准梁某某个人破产重整计划方案并裁定终结个人破产重整程序,7月19日,梁某某收到法院送达的终结破产程序民事裁定书。

公开报道显示,梁某某在向深圳中院提出个人破产申请时的个人债务总额约为75万元,个人财产包括36120元银行存款、4719.9元住房公积金和每月固定工资约2万元,个人资产显然不足以清偿全部债务。深圳中院受理梁某某破产重整申请当日依法裁定停止计算个人全部债务利息。根据深圳中院裁定批准通过的重整方案计划,梁某某在未来36个月的破产重整期限内,无须清偿债权本金以外的利息及违约金等,仅需清偿债权本金514672.36元,破产债权受偿率高达88.73%。

---

① 梁某某申请破产重整案。参见广东省深圳市中级人民法院(2021)粤03破230号(个1)之二。

二、法律依据

首例个人破产重整案的主要法律依据为深圳市人大常委会于 2020 年 8 月审议通过并施行的《深圳经济特区个人破产条例》(以下简称《条例》)。根据《条例》的有关规定，在深圳经济特区居住且参加深圳社会保险连续满三年的自然人，因生产经营、生活消费导致丧失清偿债务能力或者资产不足以清偿全部债务的，可以进行破产清算、重整或者和解。2020 年 11 月，最高人民法院印发《关于支持和保障深圳建设中国特色社会主义先行示范区的意见》(法发〔2020〕39 号)，充分肯定深圳开展设立专门破产管理机构、率先试行自然人破产制度的实践探索。深圳也因此成为我国首个率先实现自然人破产制度立法并积极施行的城市。

实际上，在首个个人破产重整案裁定生效前，全国已经有不少地方提出个人破产"第一案"，其中备受关注的是温州市平阳县法院于 2019 年 10 月依法审结的某破产企业股东蔡某个人债务集中清理一案。该案被称为"全国首例具备个人破产实质功能和相当程序的个人债务集中清理案件"，但由于当时浙江、温州等地区尚没有关于个人破产的法律制度实践，温州的"首例"个人破产案缺乏相应法律依据，本质上只能算是个别债权人与债务人达成合意减免债务的行为，还不是真正意义上的个人破产案件。《条例》出台后，个人破产制度才真正在深圳特区范围内实现了有法可依。

三、案例评析

从《条例》审议通过到首例个人破产案件裁定生效，我国的个人破产制度实践探索一直都备受各方关注。从有关梁某某破产案件的诸多公开报道中不难发现其中的诸多亮点和对中国破产制度完善发展所产生的标志性影响。

1. 首例个人破产案件中的"效"与"质"

梁某某申请个人破产案件自 5 月 22 日法院裁定受理至 7 月 19 日裁定终结，历时不到 2 个月，案件办结速度远超普通民事案件审结时间。应当说，该案件一方面充分显现出深圳中院对个人破产重整案件审判实践工作的重视程度、凸显法院破产专业审判能力和审判效率，另一方面也充分契合了债务人迫切希望尽早回归正常生活、实现"重新再来"的债务危机化解需求，亦取得了良好的社会效果。

我们同样也关注到深圳法院受理个人破产案件中对办案质量的更高要求。首先，根据公开报道，深圳《条例》实施首月即有260人申请破产，截至2021年7月，申请破产案件数量已累计超过600件，但最终成功进入实质审理阶段的仅有7件，从源头端严格控制案件准入质量；其次，从法院的审判思路上也不难看出，深圳中院引导当事人积极从破产清算转为破产重整，给予债务人重新来过机会的同时也力求保障债权人合法权益不致显著受损，充分体现实质性化解纠纷的审判理念；最后，深圳中院主动向社会公开裁判文书、接受社会群众的广泛监督，亦凸显"阳光司法"的办案理念和效果。

2. 首例个人破产重整案件里的"小"与"大"

"之前每天都接到催债电话，全家人精神压力都特别大，现在终于可以松一口气，有了缓冲的空间。"是梁某某在收到深圳中院终结破产程序裁定书时发出的由衷感慨。梁某某的故事虽只是万千个因为生产经营或生活消费导致身负巨额债务、被纳入失信被执行人的自然人中的微小缩影，但却也正是因为自然人破产法律制度的实践使法律给予像梁某某这类的创业者重新来过的权利和机会，将司法的阳光照进每一位"诚实而不幸"的债务人的阴暗生活里。

同时也正因为梁某某个人破产重整案的裁定生效，使得我国在探索自然人破产法律制度的空白中迈出了一大步。事实上，在2006年《企业破产法》起草和审议过程中，个人破产制度曾引发广泛讨论，但最终仍被立法回避。2007年施行的《企业破产法》适用对象主要是"企业法人"，个人破产法律制度的长期缺失使得破产法无法真正解决债权问题，甚至陷入"救得了企业却救不了老板"的窘境，《企业破产法》也一度被市场称为"半部破产法"。

首例个人破产案件的顺利审结，无疑标志着我国个人破产制度真正进入司法运行阶段，而深圳中院关于个人破产制度的有益实践必然将会为我国的破产法律制度完善提供宝贵的样板经验。

3. 个人破产案件中的"喜"与"忧"

市场经济环境下，有得利者就必然有失利者，对于"诚实而不幸"的债务人，通过个人破产制度，降低其在创新创业中的失败成本，让他们不必担心创业失败后难以翻身的危险，"轻装上阵"将让更多人参与到市场经济活动中，为社会创造更多福祉。然而，在个人破产制度试点推行过程中也不乏担忧和质疑的声音，忧患者认为该制度可能被债务人滥用进行"逃废债"。

惩戒恶意债务人，宽宥诚信债务人，是个人破产制度立法的基本理念。《条例》在内容上规定了严格的破产申请条件、资格准入审查要求和欺诈破产行为撤销等一系列防范和打击"逃废债"行为的配套制度。然而，对于实践中有经验的"老赖"而言，通过亲属间转移财产等方式逃避债务履行的行为屡见不鲜，个人破产制度确实能够有效清理个人资产但却无法追及债务人转移资产的行为，因而或可探索建立配偶及家庭其他成员实质性合并破产制度，以最大程度追及债务人的财产，保障债权人的合法权益；同时，落实对债务人裁定破产后的监督管理机制，积极加强府院联动，探索建立信息共享平台，加强对破产债务人的经济活动监管，及时发现并打击破产欺诈行为；此外，还可以积极探索将破产犯罪延伸至个人破产领域，对于严重的个人破产欺诈行为积极诉诸刑事处罚，亦可起到敲山震虎之效。

诚然，首例个人破产案件的顺利审结固然值得欣喜，但对个人破产案件审结质量持续跟踪评价工作却远未结束。对于该案重整计划表决中持反对意见的普通债权人反对原因的探寻、对破产重整方案监督执行的实操效果评价、对破产重整执行期间的财产信息公开与个人隐私信息保护的协调等诸多问题仍有待进一步关注和研究。

第三节 破产法范畴内的居住权保护问题

2021 年 1 月 1 日，新中国成立以来第一部以"法典"形式命名的《民法典》正式生效实施。其中物权编第三分编用益物权中专章新设了居住权的相关法律规定。然而，在《企业破产法》调整范围内，关于企业破产程序中，居住权人如何进行保护，并无任何立法予以明确。故本节拟就居住权人在破产程序中的权利保护问题进行初步的分析。

一、《企业破产法》语境下居住权权利人保护讨论的必要性

1. 企业破产与居住权的关联

一般理解，企业名下拥有住宅的可能性较低，讨论企业破产与居住权保护意义并不大，但笔者有不同的观点。时下，因住宅限购产生了大量以企业名义购房的行为，而购房过程中因无法获得商业贷款购房者不得已在购房后通过经营性物业贷款、消费贷款等各类名义向银行申请抵押贷款，同时股东进行自然人担保。而此类住宅实际为股东个人居住、生活所用，若不动产设定居住权则可以一定程度满足股东及其近亲属在不动产内长期居住使用的目的，使破产企业债权人的债权实现增加了困难。此外，大量国企、民企因历史遗留问题或者解决职工居住困难问题，多有自购房屋并安置职工居住，并不排除《民法典》实施后权利人进一步订立居住权的可能性，一旦企业破产对于该等居住权的处理应对亦是必须面对的问题。因此，讨论企业破产与居住权是有现实意义的。

2. 居住权保护与个人破产的关系

居住权保护的规范性，对于未来国家设立个人"破产法"具有巨大的指导意义。众所周知，不动产是目前公民的主要生活资料以及重要的财产。破产活动中债权人以期实现债权的最重要目标即为个人的不动产。一旦个人"破产法"立法实施，个人通过破产实现债务清理、豁免，而可以清偿债务的

不动产又通过设立居住权的形式使管理人难以处置变现，势必使债权人的债权实现困难陡增，也增加了债务人通过申请个人破产取得寻租空间的可能性。故此，居住权保护制度的确立，对于个人破产或债务清理相关制度的建立也是大有裨益的。

3. 居住权消灭方式与破产债权保护的关系

破产程序中不动产负有居住权权利负担，显然对不动产处置产生重大影响，有利于破产企业、个人逃废债，不利于债权人合法权益保护。居住权合同是否基于《企业破产法》而被管理人解除，居住权人居住利益与债权人债权实现如何进行平衡，是否存在其他的权利保护或救济途径是《民法典》的居住权设立给《企业破产法》带来的新课题。

二、居住权人的权利保护方式

笔者认为，居住权人的保护，应当以"居住权为超级优先权认定为基本原则，通过主体审查、房屋审查、居住审查等'三查'的方式排除例外情形，最终以确立居住权人在破产企业所有的不动产上的物权权利"。

1. 关于超级优先权

所谓超级优先权，理论界颇多争议。一般理解，超级优先权源自原《建设工程价款优先受偿权问题批复》，其中第二条明确规定了消费者交付购买商品房的全部或者大部分款项后，承包人就该商品房享有的工程价款优先受偿权不得对抗买受人。因此，理论界以生存权优先可对抗其他一切权利为基础，认为在破产案件中保护弱势群体的基本生存、生活权利为超越其他一切优先权、别除权的权利。

在笔者通过以关键词"居住权"检索最高人民法院2018年至2020年的100余件有效案例来看，法院案件审理的主要争议焦点即在于平衡债权保护，实现债务人、保证人生存权、居住权。而往往法院在确定债务人、保证人就案涉不动产存在合法居住或生活依赖的情形下，倾向于保障居住人的生存权和居住权。如在"袁某等与四川天府银行股份有限公司成都高新支行申请执行人执行异议之诉再审案"①中，法院所述："综合考虑袁某、邓某已实际支付案涉房屋绝大部分房款，自 2010 年即占有使用，邓某离异后至今仍居住在案涉房屋，且该房屋是邓某在成都市的唯一住房等因素，相较于南充商业银行基于吴某应当履行保证责任而享有的保证债权，对袁某及邓某、特别是邓某对于案涉房屋享有的权利予以优先保护，符合法律保障生存权、居住权的精神，更具有正当性和合理性。"

于居住权而言，如前所述，其立法意旨即在于保护有基础的居住生活需求但缺乏权利保障的社会弱势群体，并通过其无偿性、身份性、限制性等特点，排除居住权权利转移的可能性。因此，在《企业破产法》语境下赋予居住权以超级优先权与立法意旨统一。

2. 居住权权利保护的审查

笔者认为对居住权进行保护应为破产程序下的基本原则，而以审查符合条件具备居住权合同解除为例外。一旦经审查符合解除条件的，管理人得依据《企业破产法》第十八条解除居住权合同，注销居住权登记。审查解除居住权合同的标准主要有三项，分别是对于主体、标的物以及使用情况的审查。

首先，关于主体。笔者认为，第一，管理人应当就居住权人是否属于社会弱势群体进行审查。审查内容可以包括职业、收入、他处是否有房、名下财产状况等，结合当地的实际情况综合判断居住权人是否属于法律保护的对象。第二，对于居住权人与破产企业之间的关系进行审查，如管理人查明居住权人为破产企业员工的，应当认为破产企业与员工设立居住权目的并非为保障其生存权，而是为促进员工提升工作效率所提供的福利保障，因此当企业进入破产程序，提供居住保障以促使员工安心工作的目的已无继续实现之必要。第三，居住权人是否为破产企业股东、实际控制人。在破产程序中，投资人权益相较普通债权人利益保护劣后，甚至在破产清算或重整案件中调整为零的处理方式较为普遍。虽然居住权为超级优先权，但在权利归属于投

---

① 最高人民法院（2020）最高法民再 233 号。

资人利益时亦应劣后于普通债权人。经上述三类主体审查，不属于弱势群体的、系破产企业员工、认定投资人身份的，居住权人虽经登记享有不动产用益物权，但笔者认为管理人均有权解除居住权合同。

其次，关于房屋。对于房屋本身的审查，也是确定居住权人利益是否需被保护的必要程序。如前所述，房屋类型多种多样，根据2020年4月14日住房和城乡建设部办公厅印发的《全国房屋网签备案业务数据标准的通知》附表显示，房屋用途共32类，其中与住宅有关的共计五类，而《上海市房屋建筑类型分类表》中更是将居住用房类型细化为六类，包括花园住宅、新式里弄、旧式里弄等有别于普通住宅的房屋类型。从居住权登记的要求来看，仅有符合住宅类的不动产方能设定居住权登记。因此，不属于住宅类型的房屋即便在实际使用过程中符合居住条件的，比如类住宅、酒店式公寓、非改居等房屋因其登记房屋类型非为住宅，理论上并不能完成居住权登记，亦不再属于讨论范畴。但即便如此，可被认定为住宅的房屋类型亦有很多，以上海为例，如公寓、花园住宅、新式里弄、新工房，等等，不同的住宅房屋类型所设定的居住权是否均应得到保护，笔者对此亦持否定态度。

以保护基本生存权为逻辑分析，大众口中所称的别墅（房屋类型花园住宅）、大平层（房屋类型公寓）等房屋是不是保障居住的必要条件呢？此问题值得讨论。一方面我们要考虑居住权人作为主体审查符合条件的，该居住房屋为其生存所依赖的唯一物质资料，一旦其居住权无所保障将颠沛流离。另一方面，从居住权人的角度分析，是否有必要以超大居住面积以及居住体验为其必要的生存物质依赖呢？所谓的居住保障是否以最低保障标准为底线而非毫无节制地赋予不动产以权利负担呢？

换个角度思考，破产企业的一幢别墅因设定居住权而无法实现其处置价值，对债权人的利益保护又体现在何处？如在"潘某某与中国金融租赁有限公司等案外人执行异议之诉纠纷案"[1]中，法院所述"购房人的权利在法律属

---

[1]　最高人民法院（2020）最高法民终1091号。

性上仍系债权范畴，但在购房人的生存利益和其他民事主体的商事利益发生冲突时，基于侧重保护生存权益的价值导向，赋予购房人排除其他债权人甚至包括抵押权等优先受偿权的强制执行的权利，目的在于追求实质公平和实质正义。但此生存利益的特别保护，仅限于购买的房屋系为了满足家庭日常基本居住需要，故对于购买度假型、豪华型房屋，或者投资型、经营型房屋，以及基于消灭其他债权债务关系而形成的以房抵债等情形，一般不属于生存权特别保护的范畴"。

综合考虑利益平衡，笔者建议管理人可以从两个方面考虑居住权合同是否可以解除：其一为普通住宅与特殊住宅的区分，其中对于普通住宅的定义可以参考当地商品房交易对于普通住宅的定义标准；其二为以居住权人人数与设定有居住权负担的不动产的建筑面积的关系，以人均建筑面积是否已超过当地最低保障住房水平的一定范围系数为判断标准，以此确定管理人是否有权解除居住权合同。

最后，关于居住情况。根据《民法典》之规定，居住权人仅得自己居住于设定居住权之不动产内，不动产不得用作他途，如堆放物品、出租收益等，亦不得转让、继承。因此，管理人对于居住权人审查的第三要义即为对居住情况进行审查。审查的方式包括走访邻里、居民委员会、街道村镇办事机构，了解实际居住情况，要求居住权人提供房屋使用记录，如物业管理费及水电费等缴费凭证、不动产修缮记录等，对于存在同住人的，需要进一步了解同住人与居住权人的身份关系及其居住的必要性，如是否为居住权人的抚养人等。是否实际居住，是确定居住权权利保障必要性的审查。此外，在有偿居住的情形下，笔者建议管理人对于使用费用支付情况、使用费用与当地同地区同类房屋租金水平的关系、居住权人的支付能力等进行充分评估，有利于分析判断居住的实际情况。

通过以上方式，笔者认为可以较好地判断居住权人是否为法益所需保护的权利人，居住权合同是否因符合条件而可供管理人行使《企业破产法》所赋予的解除权，以此在破产程序中对于超级优先权人予以权利保障或通过利益平衡、调整依法解除居住权合同而使居住权归于消灭，从而保障债权人利益的最大程度实现。

三、居住权保护与破产资产处置的矛盾化解思考

为保障居住权人基本权利，同时也为了提高债权人在破产程序下的债权清偿率，笔者认为在管理人依法审查居住权人符合条件，其基本生存权、居住权应当予以保障的情况下，管理人可以参考《执行异议和复议规定》第二十条第三款的处理方式，即在经过审查确认居住权人权利的情况下，由管理人或债权人按照破产企业当地廉租住房保障面积标准为被执行人及所扶养家属提供居住的房屋，或者通过府院联动政府保障房落实的方式实现对居住权人的居住利益的保障，以此实现对破产不动产权利负担的涤除，以确保不动产市场价值在破产资产处置过程中得以实现最大化，同时居住权人也通过协议约定方式获得最大限度的居住利益保障。

司法实践中，已有大量的执行案件显示法院通过实施对于执行不动产"以大换小"或"强迁保障性住房"等方式推进执行，从而最终处置不动产保障债权人利益的执行措施。为此，在破产程序中管理人可以主动积极地创造更多利益平衡的方案，实现各方的利益保障。

第四节　债权人在共益债融资中的利益识别与决策考量

随着《破产法司法解释（三）》的出台，共益债融资成为破产企业探索引入经营资金、实现重整效益的重要方式。在破产企业重整效果好的情况下，可以有效提升债权受偿比例，对债权人利益保护起到积极效果，然而，如若重整效果不佳，共益债投资人要求优先受偿破产企业剩余财产，无疑导致债权人受偿比例被显著降低、损害债权人既有利益，因而债权人在面临共益债融资决策时往往都心存顾虑、难以抉择。本节拟以债权人权利保障为视角，

从共益债融资理论出发,选取房地产开发企业"烂尾楼"项目作为参考,探究债权人在实施共益债融资决策活动中的利益识别及对共益债融资方案进行决策时所需考量的要素内容,以期更好地指导债权人参与共益债融资决策行为。

一、共益债融资基本内容

1. 共益债务的概念

对于共益债务的概念,目前尚未形成统一认识,有观点认为共益债务是破产程序开始后为了全体债权人的共同利益以及破产程序的顺利进行而负担的债务,也有观点认为共益债务是破产程序进行中为了全体债权人的利益所发生的债务和因债务人财产所发生的债务的总称,比较多的观点则是认为共益债务是指破产程序开始后为了全体债权人的共同利益而由债务人财产负担的债务。不难发现,理论观点虽有所差异但都认可共益债务同时包含"发生在破产程序中""为了全体债权人的共同利益"两大核心要素。笔者倾向性认为,共益债务是指破产程序中管理人或破产企业为了全体债权人的共同利益而发生的以破产企业财产(包括破产企业现有财产、重整过程中产生的财产增值及预期收益等)负担的非程序性债务。

2. 共益债融资的主要内容

企业能够进入破产重整程序意味着企业具有一定的重整价值,通过重整经营活动能够增加提升企业责任财产价值的可能性,从而提高债权人的债权清偿比例,以实现积极的"共同利益"。但无论是破产管理人还是破产企业,开展经营活动均需解决启动资金的来源问题。

实践中,破产企业一般通过以下方式筹集资金:第一种是通过股权转让或者发行新股方式实施的股权型融资,第二种是通过实施借款或者发行债券的方式实施的债权型融资,第三种则是兼具二者的混合,即同时包含股权型融资和债权型融资两种方式。破产管理人或者破产企业为了维持企业的继续经营行为而向投资人进行借款并承诺以破产企业的生产经营所得变现后通过共益债务方式或其他清偿方式将借款本息优先偿还给投资人，属于典型的债权融资行为。在此模式下，破产企业及时获得借款资金后能够迅速投入企业的生产经营或工程续建活动中，以取得企业资产的增值收益；投资人则可以从破产企业恢复经营收益中收回借款本金并获取预期的利息收益；而当破产企业完成项目建设或生产经营后，其整体资产价值得到显著提升，从而使全体债权人的受偿比例提高，使全体债权人共同获益。此类债权融资行为因具有"共益债务"的特征，因此也被称为"共益债融资"。

《破产法司法解释（三）》出台前，虽多有破产企业采取借款方式获取资金用以投入生产经营、复工续建活动，但因《企业破产法》对于该等借款行为是否当然属于"共益债务"、投资人是否有权就破产企业剩余财产享有优先清偿权利等均未有规定，投资人实施共益债投资的收益无法得到优先保障，其投资积极性较低。为拓展破产企业融资渠道、提高破产重整实践效率，同时解决世界银行营商环境评价指标中的相关问题，最高人民法院出台《破产法司法解释（三）》，对破产程序中为破产企业继续营业而实施的借款参照共益债务认定并赋予投资人优先于普通债权清偿的权利，从司法裁判层面认可了共益债融资模式，从而推动共益债融资实践的快速发展。

二、共益债融资的设立要求

《破产法司法解释（三）》第二条第一款规定"破产申请受理后，经债权人会议决议通过，或者第一次债权人会议召开前经人民法院许可，管理人或者自行管理的债务人可以为债务人继续营业而借款"。从条文内容看，破产企业实施共益债融资行为至少应满足时间、目的和程序三个方面的要求。

1. 时间要求：债务发生时间应为法院受理企业破产申请后

在企业发生资金链断裂、陷入经营困境且无法清偿到期债务等情况下，虽已满足申请破产条件但尚未被法院裁定受理破产申请之前，该企业的经营状况到底是继续恶化还是会有摆脱困境的可能性，尚具有不确定性，此等情况下发生的借款行为往往难以明确是为债权人的共同利益还是为个别债务的清偿行为,故应属于企业一般债务。只有在经人民法院听证审查并裁定受理企业破产申请后,该企业的经营活动才被依法暂停、管理权限由董事会移交至管理人、各项债务均停止计息并禁止个别债务清偿,此时企业才处于"相对静止"状态且程序几乎不可逆转,在此阶段实施的借款行为才具备被评价为维护全体债权人共同利益的条件。

2. 目的要求:为全体债权人的共同利益而实施

所谓"共益"是指对于行为参与各方都能有所获益。对于不能清偿到期债务而被依法宣告破产的企业而言,由管理人对其资产进行清理并将破产财产公平分配给所有债权人,是破产程序的主要任务,所以平等保障债权人利益、使得债权人公平获益是破产程序的重要原则。

破产企业在破产期间实施的借款融资行为并非都能被认定为"共益债务"而享有优先于普通债权人的受偿权利。只有那些切实能被用于破产企业的生产经营、复工续建等用途,从而维持企业营运价值甚或是能够实现财产增值收益的借款活动,因其在客观上保障乃至增加了破产企业的剩余财产数量从而提高了全体债权人可获受偿的债权金额,才能被认定为是共益债务,该融资行为所对应的成本和风险才应归全体债权人共同承担。此外,在某些破产重整案件中,重整投资款可能也具有借款的名义和外观形式,但其并非简单的借款而是有其他利益作为目的和对价(如取得破产企业的控制权等),此类投资款往往是多重法律关系的叠加,应当谨慎区分是否具有"共益"的目的。

3. 程序要求:须经债权人会议决议或经人民法院确认

共益债投资与海难救助相类似,都是为危难企业提供救助服务、以拯救企业为宗旨。为有效吸引投资者参与、提高破产企业重整效率和成功率,法律赋予共益债投资人以优先受偿权利保障。而正是由于法律给予共益债投资人对破产企业剩余财产享有优先受偿的权利,客观上影响了其他债权人的利益,特别是在破产重整效果未能达到预期且共益债投资人主张对破产企业剩余财产进行优先受偿的场合，无疑将导致普通债权人的受偿比例被显著降低。因此，对于破产企业应否实施共益债融资，全体债权人均享有知情权，而且同意破产企业实施共益债融资客观上也是债权人对自身受偿顺位权利的一项让渡措施，全体债权人对此也应享有参与表决的权利。通常情况下，对共益债融资方案的决策往往在第一次债权人会议召开并确定债权人数量及债权人分组情况后始得进行。

《破产法司法解释（三）》第二条第一款对于债权人参与共益债融资决策的内容相较于《企业破产法》第六十九条第四项有关破产企业借款的规定，将"为债务人继续营业而借款"的行为决策权排除在管理人可自主决策权限以外，同时将管理人"及时报告债权人委员会"修改为"经债权人会议决议通过或者第一次债权人会议召开前经人民法院许可"。也足以体现法律对债权人权利的慎重保护之意。当然，破产企业对融资经营的迫切需求有时可能无法等待至第一次债权人会议召开之后实施，为最大程度保障全体债权人利益，避免因召集债权人会议程序冗长而影响经营活动，法律亦赋予破产管理人有条件地径行实施共益债融资的权利，但破产管理人实施的共益债融资行为需取得法院最终许可方为有效。

三、识别共益债融资中不同债权人的利益取向

如前所述，破产管理人实施共益债融资往往需以其对破产企业有了相对全面、充分的了解为前提，故其发生时点通常是在破产企业第一次债权人会议召开之后。在此情况下，破产企业实施共益债融资的必要条件即是获得由全体债权人共同参与的债权人会议对共益债融资方案的表决通过。以"烂尾楼"项目公司破产案件为例，通常涉及数量众多且类型各异的债权，包括购房户债权、建设工程债权、金融机构抵押担保债权、民间借贷债权、职工债权、税收债权等，特殊情况下开发项目可能还因欠缴土地出让金而存在政府债权。债权人群体复杂，不同债权人之间常有利益冲突，债权人会议无法就共益债融资决策达成共识，影响共益债融资方案通过，使得优质项目被迫

"流产"。因而，预先精准识别重整各方当事人的利益诉求，有助于破产管理人及不同债权人预先判断各自的决策倾向。

1."优先"债权人的冲突利益

集体清偿、统一分配是破产债权清偿的基本原则，但对于具有物权属性或社会属性的"优先"债权而言，其并不就担保财产与其他普通债权一起参与集体清偿，而是就担保财产价值单独优先清偿，只有担保财产价值不足以清偿己方债权的情况下才就剩余未清偿部分与其他普通债权共同参与集体清偿。如"烂尾楼"项目公司破产案件中，担保债权、工程债权虽主张的请求权基础有所不同，但相较普通债权均具有"优先性质"。因此，在债权受偿时间维度上，享有优先权利的债权人往往都能够及时从破产财产中获得清偿利益而无需等待漫长的重整计划执行过程，债权受偿期限利益往往成为"优先"债权人与普通债权人在实施共益债融资决策时的直接利益冲突点。而在债权受偿比例维度上，若破产财产足以清偿优先债权的，同意实施共益债融资并不会使优先债权的受偿比例有所增加，故其积极参与共益债融资决策往往缺乏足够动力，若破产财产不足以清偿优先债权而需诉诸集体清偿的，实施共益债融资虽然能够增加其受偿金额，但可获增加受偿的债权比例尚无法明确，何况还需经历较长的项目复工续建及销售回款期限，债权人对此清偿效果亦难言积极。可见，实施共益债融资如难以使"优先"债权人直观获益的，则其出于理性考虑往往可能作出反对或者放弃的决策选择。

2. 普通债权人的直接利益

对于普通债权人而言，破产企业的剩余财产在分配"优先"债权人后往往就面临无财产可偿或清偿比例极低的尴尬局面。实施共益债融资以助力开发项目复工续建可以在一定程度上增加破产企业的责任财产从而间接提升自身的债权受偿比例，对于普通债权人的确是债权清偿的有效方案，因而普通债权人对于共益债融资决策往往具有较高的积极性。但因开发项目复工续建及销售回款往往需要花费较长的时间周期，对于资金需求急迫的债权人而言，无疑就面临要么选择以钱换时间、拿钱走人的方案，要么选择以时间换金钱、参与共益债融资决策并等待项目盘活获取更多受偿金额的方案。据此，普通债权人只有在共益债融资决策中预先准确识别自身需求后才能作出不同利益取舍。同时，根据债权人会议表决机制的设置，共益债融资方案需要在债权金额以及债权人数均达到规定表决比例后方能通过，相较于大额金融债权和工程债权而言，普通债权人人数往往较多，对共益债融资方案决策通过的影响较大，而且小额债权人在实践中往往又更难以达成统一决策意见。

3."购房户"债权人的区分利益

商品房预售合同的买受人（以下简称购房户）是"烂尾楼"项目公司破产案件中非常特殊的债权人群体。在项目公司破产程序中，对于选择继续履行买卖合同的"购房户"，基于最高人民法院有关司法解释的规定，破产管理人倾向于将其称为"超级优先权人"。"购房户"的预期目标是完整取得商品房的所有权，对于存在"烂尾"情况的项目，理性上自然会选择支持共益债融资，以实现项目复工续建并最终完成购房目标。然而，因共益债投资人对于投资期限、投资回报等有其自身计划，往往复工续建会先期通过调整规划设计方案等选择相对最经济的施工方案，以期实现高效回款的销售目的，但由此导致项目竣工验收交付的房屋可能与"购房户"的预期发生较大偏差。因此，在共益债融资决策过程中，"购房户"的选择往往是"摇摆不定"的，影响其最终投票的并非重整完成后的债权清偿方案，而是复工续建方案中的规划设计、施工工艺及配套设施建设调整情况等。一旦项目复工续建方案难以满足"购房"的先期目标，则"购房户"可能优先选择投反对票而继续主张"超级优先权"并等待后续更优化的复工续建方案，或者选择解除买卖合同并成为普通债权人参与债权清偿。

4.共益债投资人与各方的冲突利益

破产企业因现金流断裂、缺乏持续经营可能，通常不具备实施再融资的资信条件，因而融资难是所有破产重整企业均会面临的难题。共益债投资人有意愿参与破产企业重整并提供经营借款支持的核心利益在于提升破产企业的重整价值并在较短时间内获取较高的财务投资回报，故其对投资项目的潜在风险关注度也会偏高，尤其对于疑难复杂且受宏观调控政策影响较大的房地产开发项目，其所需承担的投资风险更高，投资人对投资本息保障、退出路径安排等也会有更高要求。而因《破产法司法解释（三）》第二条规定，共益债投资人无权依照法律规定主张就特定财产较担保债权人进行更优先受偿，也进一步增加了共益债投资人投资收益实现的风险。故此，共益债投资人在与破产管理人洽谈共益债融资事项时，往往都要求以取得较"优先"债权人更为有利的"超级优先权"作为实施共益债投资的条件，而此项要求显然又与"优先"债权人的利益发生根本性冲突，从而增加共益债融资方案通过的难度。

四、债权人实施共益债融资决策时需考量的因素

不同债权人的利益诉求虽然不同，但在实施共益债融资决策时都存在由于信息不对称、交易背景不熟悉、对项目缺乏实证考察等问题而在审查共益债务融资方案时缺少必要决策参考指标，"随大流"作出决策行为的情况，不仅不利于促进优质破产项目取得融资实现重整价值，而且也可能损害全体债权人的共同利益。因此，债权人实施共益债决策时不仅应当听取破产管理人对共益债融资方案的介绍，也应当注重结合各项因素及自身利益诉求，对融资方案的匹配度进行自主分析，以辅助作出有效决策意见。以"烂尾楼"项目公司破产案件为例，债权人应当充分关注以下因素：

1. 共益债融资方案

对共益债融资方案内容的理解和风险识别是实施共益债融资决策的首要前提。债权人应当审慎评估融资金额是否足以满足开发项目的复工续建需求、融资周期是否处于开发项目的销售回款周期内、融资成本或收益方案是否足够合理且能够为己方所接受、约定的融资用途是否满足"为全体债权人的共同利益"要求、针对融资款项用于约定融资用途是否已采取相应保障措施等。此外，还应当关注共益债投资人的投资收益实现方案内容，若共益债投资人

要求保障"超级优先级"方式获得投资收益或投资收益实现方案采取固定收益与固定期限方案的,在一定程度上能够体现共益债投资人对项目预期收益的利空判断;若投资人选择或接受对"超级优先级"采取有条件限制或同意将投资收益率与项目重整期限及重整效果等进行动态绑定且愿意深度参与项目重整计划执行的,则往往反映出共益债投资人对重整项目的良好投资信心,同时也增强了重整项目的风险防范能力。

2. 项目调研论证

债权人实施共益债融资的核心驱动力是以时间换取更高债权的清偿比例,而债权清偿比例增加的前提在于开发项目能够实现预期销售收益,所以在实施共益债融资决策前应当注重对开发项目是否具有重整价值和重整可行性的调研论证。重点应当关注开发项目是否存在工程质量问题、预期续建周期及续建成本预估、项目规划定位及市场价值、周边同类项目的参考价格、项目预期销售前景等要素,做好缜密的财务测算。若开发项目前期工程质量问题较多、复工续建手续复杂、产品销售定位不明确或是项目社会价值较低而不为当地政府所重视的,即便有新的资金投入支持,开发项目实现预期收益的难度也较大且充满不确定性。

3. 市场风险因素

开发项目能否通过借助共益债融资实施复工续建并取得重整成功的关键在于能够解决销售去化问题,实现资金回笼。而在影响房地产销售去化的诸多变量因素中,市场风险当是不应被忽视的重要因素。房地产行业处于宏观调控周期内、银行信贷政策收缩环境下,造成房地产开发企业融资难,是致使开发项目"烂尾"的最常见因素之一。因而,准确判断开发项目是否处于产业上升周期、是否属于优质投资品或避险产品、是否符合消费者的预期需求等,对于判断开发项目能否及时完成销售回款具有重要参考价值。同时市场风险不应忽略地方政策对项目所在区域预期发展的影响,如城市规划调整计划、市政配套落实情况、政务部门迁移规划、产业集群定位变化等均可能影响项目后期定价、销售策略拟定及配套设施完善等。

4. 项目预期经营管理

开发项目的去化能力强固然可以在较短时间内实现资金回笼，但开发项目的销售价格提高则更能够切实增加破产企业的销售回款数额，从而进一步提升债权清偿效果。除开发项目本身的楼盘品质和规划定位是凝聚房产销售价值的底层保障外，如有开发项目的招商和运营团队、物业管理品牌及管理水平等软性指标的加持则更能显著提升房产的销售溢价、为开发项目增添附加值。此外，引入经营管理资源还能对开发项目实施全程监督管理，进一步压缩续建成本、控制产品质量，对于开发项目的重整效果提升亦有重要价值。

5. 关注财务测算

债权人在熟悉前述决策要素的基础上，应当根据破产企业的债权、债务情况，共益债融资方案的具体内容，同时结合项目预期销售收益模型等进行必要的财务测算分析，以了解己方债权在重整成功情况下的预期受偿比例以及重整效果不佳情况下的债权损失情况的不同影响，结合自身的利益诉求和风险喜好，辅助商业决策。破产管理人为推动共益债融资方案实施，通常会实施此类财务测算工作，但仍建议债权人在此测算结果的基础上进行个性化的分析。

6. 项目执行

无论是债权人、破产管理人还是共益债投资人，均不具备对"烂尾楼"项目实施复工续建的能力，而原施工单位一般均作为债权人参与了破产债权的申报工作，原施工单位是否能够继续完成施工，债权人、共益债投资人甚至破产企业是否信任施工单位继续完成施工，原施工单位是否配合将建设资料向新施工单位进行妥善移交，新施工单位是否充分了解工程进度以及能否较好执行复工续建方案等，均在执行层面实质性影响债权人利益的实现。同样，投资人与债权人实现利益的另一核心是销售环节，如果没有优质的销售团队制定良好的销售计划和策略或者销售团队管理和奖励成本偏高，同样无法最优实现资金回笼目标，从而导致先期财务测算与实操结果出现较大偏差。因此，选择执行团队是所有重整计划、方案安排最终确定前不可忽视的重要因素。

7. 府院联动

共益债投资人只能解决开发项目续建的资金来源问题，法院介入只能解决破产重整中所涉及的法律问题，管理团队引入也只能解决开发项目后端的销售回款问题，而开发项目的复工建设往往还涉及土地延期手续办理、消防规划重新审核、施工许可证变更或新办、预售许可证办理等一系列事项，需要地方政府积极协助解决各类历史遗留、资料遗失、缺陷手续补办等问题，从而推动项目复工建设进度，促进开发项目早日实现销售回款。此外，地方政府还可以协调税务部门通过适当税收优惠政策扶持开发项目建设，包括但不限于减免欠缴税费及滞纳金、对重整续建工程具备销售条件的先行开具销售税票及完税证明以及增值税等税款留待工程竣工验收和重整计划完成后一并结算和征缴等，缓解开发项目的资金压力。另外，重整过程中修复破产企业信用记录对于企业重整也具有重要的现实意义。因此，对于该因素债权人亦应予以充分关注。

第五节　"不予受理"强制清算申请的规则适用

强制清算制度的价值在于为市场主体有序退出提供重要途径，是市场主体治理机构的内在要求，也是市场竞争压力下实现资源有效配置的重要方式。作为非诉程序，强制清算申请能否被法院裁定受理，是实现公司清算价值的重要前提。实践中，《清算会议纪要》第十三条往往成为影响申请人强制清算目的实现的主要障碍，亦成为人民法院裁定"不予受理"强制清算申请的"必杀技"，引发各方当事人对《清算会议纪要》第十三条法律适用规则的广泛争议。本节通过对相关司法裁判文书的数据分析，展示《清算会议纪要》第十三条的适用现状、梳理总结条文适用过程中所存在的主要问题并针对性提出完善意见和建议，以期能够对法院的强制清算案件受理审查工作有所裨益。

一、《清算会议纪要》第十三条司法裁判状况

本节选取"北大法宝"作为案例数据库，以"关于审理公司强制清算案件工作座谈会纪要""第十三条"为关键词，通过"全文"检索条件获取到2010年至2021年间全国各级人民法院作出的共计109份裁判文书，剔除非属申请公司清算纠纷的裁判文书6份、内容重复的裁判文书2份、属于公司清算衍生纠纷或同一案件不同诉讼阶段的裁判文书16份后，实际可供分析的裁判文书共计87份。通过对前述有效裁判文书从不同维度进行梳理分析后，有如下数据可供总结：

首先，从申请公司强制清算的主体看，债权人申请公司强制清算的案例有22份，股东申请公司强制清算的案例多达65份，股东申请公司强制清算案件占案例总数的75%。笔者认为，申请主体数量存在显著差异的原因之一在于股东相较于债权人更熟悉公司的实际经营状况，在解散清算事由的创造和证据获取上往往具有先天的优势，其提出强制清算申请的可能性更高。

其次，从强制清算申请受理情况看，法院审查认为不符合受理条件而作出不予受理裁定的案例有68份，仅有19份案例经法院审查认为符合法定受理条件而裁定进入强制清算程序，强制清算申请的受理率仅为22%。笔者认为，原因主要在于强制清算程序一旦启动，公司将被置于法院指定清算组控制之下，股东权利无疑将受到很大限制，部分案件还可能转为破产案件，所以法院对强制清算申请的受理审查往往持较为慎重态度。但较低的案件受理率无疑将增加股东或债权人提起强制清算申请的顾虑和成本，可能导致强制清算作为市场主体有效退出路径的制度价值无法有效彰显。

最后，从强制清算案件受理审结的诉讼阶段看，一审程序审结的案例有43件，进入二审阶段的案例合计有44件，其中二审程序审结的案例有38件，再审程序的案例有6件，案件上诉率为51%，而其中经过二审以上程序审理改判的案例仅有10件，二审改判率不到23%。实践中，作为申请人的股东或者债权人对于促进公司进入强制清算程序以实现投资退出或债权清偿的清算目标，往往具有较强烈的主观需求和行为动机，申请人的核

心诉求与法院对待强制清算申请案件的审慎受理观念之间形成强烈的矛盾冲突。

二、《清算会议纪要》第十三条的司法适用问题

1. 被申请人所提"异议"内容宽泛

《清算会议纪要》第十一条赋予作为被申请人的公司一方可就股东或债权人的强制清算申请提出异议的权利，第十三条进一步明确公司提出异议的事项包括股东是否享有公司股权或债权人是否享有公司债权、公司是否已发生解散事由。受限于条文的抽象表述，通过对前述裁判案例梳理后发现，被申请人围绕异议事项提出的"异议"内容往往极为宽泛，不一而足。举例而言，对股东是否享有公司股权事项，被申请人就对股东身份真实性、持股比例准确性、股权权利完整性、股东资格有效性及股权归属等内容提出各项"异议"，而就营业期限届满导致公司解散事项，被申请人就对是以公司章程记载内容还是营业执照登记内容抑或是股东共同决定内容作为认定营业期限届满的依据提出各项"异议"。被申请人所提前述"异议"事项是否都符合《清算会议纪要》第十三条规定的"异议"标准，是否只要被申请人提出任何"异议"事项都足以产生"不予受理"强制清算申请的法律效果，《清算会议纪要》第十三条所规定的"异议"标准为何，是困扰强制清算申请案件各方当事人、影响强制清算程序顺利开展的显著障碍。

2. 法院裁定"不予受理"的说理简明

在被申请人就强制清算申请提出"异议"而裁定"不予受理"的裁判案件中，法院在"本院认为"中作出的说理内容呈现简明扼要的特点。一方面，说理内容大致呈现"三段论"的固定模型，首先，公司强制清算案件具有非讼特点，适用特别程序，而特别程序的目的是确认某种法律事实或权利的实际状况而不是解决当事人之间的实体权利义务争议；其次，根据《清算会议纪要》第十三条的规定，只要申请人与被申请人就解散清算内容存在争议，就应当通过诉讼程序解决该实体争议；最后，被申请人就解散清算事项提出

的异议属于应当实体审查的内容，不能在强制清算程序中予以处理，故裁定"不予受理"申请人的强制清算申请。另一方面，法院并未将案件事实和证据材料融合到其论证说理之中，裁判内容中对于被申请人所提"异议"内容是否合理、是否正当、是否足以构成实体争议、是否足以阻碍强制清算程序启动等核心争点均未进行有效回应，也未能将裁判者的心证过程有效呈现给各方当事人，使得裁判文书只有法律准绳、没有事实依据，申请人无法感知裁判者的价值取向，对法院的裁判结果难以径行接受，只能诉诸上诉或审判监督方式进行救济，导致此类案件上诉率居高不下。

3. 申请人的上诉意见基本相似

被申请人"异议"内容宽泛、法院裁判说理简明扼要的直接后果突出表现为申请人对"不予受理"裁定结果的不认可并提起上诉或审判监督程序。对申请人的上诉意见进行类型化分析可以归纳出法院与申请人之间有关类案的核心争议内容，有助于指导司法裁决活动的针对性完善。通过对上诉意见进行梳理分析后发现，多数申请人都认为原审裁定存在"事实认定"和"法律适用"两个方面的错误。申请人认为，原审裁定的"事实认定错误"主要体现在受理法院并未详细审查申请人与被申请人所提交的证据内容，特别是被申请人所提"异议"内容没有事实依据或所提供证据无法实现证明目的情况下法院仍然认为双方就异议事项存在实体争议，对于"异议"事项的事实内容缺乏调查和回应。另外，"法律适用错误"问题则主要体现在受理法院不仅在未有明确依据情况下将《清算会议纪要》第十三条项下有权提出"异议"的主体由"被申请人"扩大到"利害关系人"（如其他股东）并采纳利害关系人的"异议"意见，同时还机械地理解第十三条并认为只要公司或利害关系人提出"异议"意见即不应受理申请人的强制清算申请。

4. 申请人的救济路径未能有效保障

《清算会议纪要》第十三条在法院裁定"不予受理"申请人的强制清算申请情况下，也为申请人提供了相应救济路径，即先就"有关争议"单独提起诉讼或仲裁程序予以确认后，再行提起强制清算申请。然而，多数法院并未主动就申请人与被申请人之间的"有关争议"内容向当事人，特别是申请人进行释明，而是简单地指出"可就有关争议单独提起诉讼或仲裁予以确认"即行了结，将"有关争议"的识别交由申请人自主实施。然而，精准识别非讼案件"有关争议"往往并非当事人的专业特长，特别是对欠缺法律专业知识的自然人股东和债权人而言，在法院未主动释明"有关争议"、明确相关救济路径情况下，无疑将显著增加当事人探索救济路径的不确定性和诉讼风险，增加当事人的讼累。而且，因《清算会议纪要》第十三条并未限定被申请人的"异议"标准，若被申请人对工商登记的申请人股东资格提出异议或者对解散公司的股东会决议效力提出异议等情况下，申请人需另行提起诉讼要求确认"股东是股东"或者要求确认"股东会决议有效"，因此类争议在实务中是否属于人民法院的受案范围尚存很大争议，若法院未释明"相关争议"或救济路径的，申请人在另案提起诉讼时往往难以证明存在"诉的利益"，从而导致"有关争议"诉讼面临无法立案或裁定驳回诉请的困境。

三、《清算会议纪要》第十三条适用规则完善意见

1. 对被申请人的"异议"事项应当进行审查

实践中的多数法院认为，强制清算程序属于非讼特别程序，目的在于确认某种法律事实或权利状况，不应当解决当事人之间的实体权利义务争议，所以只要当事人就强制清算申请内容提出异议，法院就不应受理强制清算申请。笔者认为，该裁判观点是对强制清算申请受理审查目的所作的片面理解。首先，法院对于当事人"异议"内容涉及实体争议不作实质审查，并不意味着法院可以不对被申请人所提异议内容进行审查。被申请人在强制清算案件受理审查阶段同样负有提出证据证明己方"异议"内容的义务，而且在公开听证程序中还应当接受法院及申请人对有关证据的质证和诘问，此过程即是法院依职权对被申请人所提"异议"事项进行实质审查的过程。其次，赋予被申请人异议权的本质目的是通过对"异议"事项的审查以协助法院厘清案件事实、明晰法律关系，而不是通过"异议"来阻却强制清算程序启动。公

司进入强制清算程序通常意味着公司已处于非正常状态，公司、股东、债权人之间的冲突已然存在，公司也必然会就强制清算申请事项提出"异议"，以试图阻碍申请人的强制清算目的实现，如果以被申请人只要提出"异议"即不予受理强制清算申请的，无疑是对强制清算公正原则的显著违反且显著增加被申请人的道德风险。最后，降低清算成本是清算效率原则的重要内容。在被申请人只要提出"异议"即不予受理申请并径行要求通过另案诉讼或仲裁方式对争议事项进行先行确认，不仅增加了申请人的经济成本，同时也增加了公司清算的时间成本和清算风险。一个低效的强制清算程序所带来的时间成本与经济成本如果大于清算程序参与者从中获取的收益，则市场经济主体作为理性人，必然被迫选择其他途径实现利益，无疑将对市场经济发展和主体退出制度完善起到消极负面影响。

2."异议是否成立"应当作为审查标准予以明确

对被申请人所提"异议"事项进行实质审查是法院在强制清算申请案件受理审查阶段的重点。因规范层面上对"异议"事项的审查认定标准缺乏规定，导致对"异议"事项的审查结果缺乏评价及监督机制，听证审查过程流于形式，因而有必要对"异议"事项的审查标准予以明确。首先，对被申请人所提"异议"事项的审查目标应当围绕该"异议"事项是否足以影响申请人主体资格的合法性、是否足以使被申请人发生解散事由陷入不确定状态这两个维度进行审查，对股东是否履行出资义务或所持股权比例是否准确事项、债权人所持债权金额是否准确等事项所提异议并不能否定申请人的主体资格及被申请人存在强制清算的事由，不能因此阻却法院受理强制清算申请，相关争议可以留待强制清算过程中由清算组分别予以核实。因此，对于被申请人所提出的并非影响申请人主体资格、不足以认定被申请人未发生解散事由的异议事项，不应当被认定为是《清算会议纪要》第十三条所规定的有效"异议"事项，人民法院应当不予认可。其次，对被申请人所提"异议"事项应以"确认异议是否成立"作为审查认定标准。公司强制清算案件在案件性质上类似于企业破产案件，都属于非讼程序，《破产法司法解释（一）》第六条规定法院对债务人异议的审查标准应为"异议不成立"，在强制清算案件受理审查过程中适用同一审查认定标准也是应有之义，而且在北京、江苏等地区的人民法院也已在其出台的强制清算案件审理规则中对"异议"的审查认定标准予以相应细化。①法院不能因为被申请人对强制清算事项提出毫无道理和证据的"异议"就不加区别地要求申请人都通过诉讼解决，这将使被申请人可以任意阻碍申请人的强制清算申请，甚至趁机转移财产逃废债务，损害股东乃至债权人的利益。

3. 应当合理运用举证责任分配规则

强制清算受理审查程序中妥善运用举证责任分配规则是确保案件审理结果实质公平正义的重要保障。其中包含两个方面的重要内容：其一，应当明确审查被申请人所提"异议"事项所应遵循的证明标准问题。根据《清算会议纪要》第七条的规定，申请人负有向人民法院提出被申请人已经发生解散事由以及申请人对被申请人享有债权或者股权的有关证据的义务，同样，被申请人若对申请人的强制清算申请提出"异议"的，也应当就其所提主张提供相关证据加以证明，此时被申请人所承担的证明责任应当达到足以使法官对申请人所主张之事实的真实性产生合理怀疑的程度，若申请人无法补充提供证据以证明其申请事项成立的，法院应当确认"异议事项成立"。其二，就"争议"事项的举证责任分配应当基于公平正义原则综合双方的举证能力予以适当分配。举例而言，在决议解散公司场合，如被申请人就股东会决议效力事项提出"异议"，法院通常认为申请人应当另行提起诉讼以确认股东会决议有效。此类裁判中的举证责任分配合理性有待商榷，因为"依照法律或公司章程规定的议事方式和表决程序作出的决议，自作出时生效，只有存在效力阻却事由时才能导致效力瑕疵，而依照我国现行《公司法》和相关司法解释的规定，该效力阻却事由包括股东、董事、监事提起'公司决议无效、可撤

---

① 参见《北京市高级人民法院关于审理公司强制清算案件操作规范》（试行）（京高法发〔2009〕473号）第十五条、《江苏省高级人民法院关于审理公司强制清算案件若干问题的意见（试行）》第十五条。

销或不成立'之诉。"① 也即，遵照法律和章程约定作出的股东会决议自作出时即为有效，若被申请人对股东会决议效力提出异议的应当主动提起股东决议效力确认诉讼，申请人并不负有单独提起决议效力确认诉讼以证明股东会决议为有效的证明义务，申请人亦缺乏提起确认股东会决议为有效的救济途径，也显著增加申请人的诉讼成本。

4. 注重强化裁判文书的说理能力

作为司法裁判的"最终产品"，裁判文书直接反映了案件的裁判依据和理由，是让当事人在司法案件中感受到公平正义的重要载体和窗口。当裁判文书中阐述的理由过于简单，缺少对关键证据与问题的充分论证，甚至只是生搬硬套相关法律规定来作出裁判时，自然很难说服当事人。涉及强制清算申请受理审查的裁判文书，更应当重视释法说理工作，一方面有助于在规范文件内容不明确情况下规范细化受理标准、统一裁判尺度，另一方面也有助于依法甄别原因，区分对待被申请人。法官应当准确梳理双方当事人的争议事项，结合听证审查程序中的举证、质证以及法庭调查核实的证据情况等对事实争议焦点进行细致说明，同时明确所依据的法律规范以及适用该法律规范的理由，合理运用法律方法对裁判依据进行充分论证和说理。在行使自由裁量权分配举证责任的场合，法官还应当充分论证运用自由裁量权的依据并阐明自由裁量所考虑的相关因素。通过完善裁判文书的举证说理，不仅能够增加当事人、特别是"不予受理"裁定的申请人对裁判结果的接受程度，以降低裁定文书的上诉率，与此同时还能帮助当事人准确、高效实施相应救济途径，节约诉讼成本和司法资源，实现实质正义。

四、结语

为畅通市场主体退出渠道，降低市场主体退出成本，激发市场主体竞争活力，最高人民法院联合国家发展改革委等十三个部门于 2019 年 6 月联合出

---

① 该裁判观点参见最高人民法院（2019）最高法民再 335 号民事判决书。

台《加快完善市场主体退出制度改革方案》（发改财金〔2019〕1104 号），完成在企业破产、清算领域的"思想再解放"。在此背景下，人民法院亟待通过总结过往司法实践经验，进一步细化完善强制清算规则的内容和适用标准，畅通市场主体通过强制清算实现有序退出的路径建设，维护市场主体的平等利益。

第六节　"执转破"制度与债权人保护

执行转破产制度（以下简称"执转破"制度）诞生于 2015 年 2 月 4 日颁布的《民诉法司法解释》，该制度建立的目的是解决执行案件中大量"僵尸企业"因执行困局所造成的案件积压，是民事诉讼制度与破产制度衔接的重要环节，是真正实现灵活的市场退出机制中的重要组成部分。

然而，近年来"执转破"更多被业界以及实务界认知为解决执行局执行案件数量和小微"僵尸企业"退出市场的程序法律规范，而对其保护债权人利益的实践意义缺乏充分的认识。因此，笔者拟通过本节系统梳理"执转破"的发展过程以及对债权人保护的实践意义。

一、"执转破"制度的设立及发展过程

2015 年 2 月 4 日，最高人民法院颁布的《民诉法司法解释》第五百一十一条至第五百一十三条首次确立了执行案件移送破产程序的相关制度。

最高人民法院关于适用《中华人民共和国民事诉讼法》的解释

第五百一十一条　多个债权人对执行财产申请参与分配的，执行法院应当制作财产分配方案，并送达各债权人和被执行人。债权人或者被执行人对分配方案有异议的，应当自收到分配方案之日起十五日内向执行法院提出书面异议。

第五百一十二条 债权人或者被执行人对分配方案提出书面异议的，执行法院应当通知未提出异议的债权人、被执行人。

未提出异议的债权人、被执行人自收到通知之日起十五日内未提出反对意见的，执行法院依异议人的意见对分配方案审查修正后进行分配；提出反对意见的，应当通知异议人。异议人可以自收到通知之日起十五日内，以提出反对意见的债权人、被执行人为被告，向执行法院提起诉讼；异议人逾期未提起诉讼的，执行法院按照原分配方案进行分配。

诉讼期间进行分配的，执行法院应当提存与争议债权数额相应的款项。

第五百一十三条 在执行中，作为被执行人的企业法人符合企业破产法第二条第一款规定情形的，执行法院经申请执行人之一或者被执行人同意，应当裁定中止对该被执行人的执行，将执行案件相关材料移送被执行人住所地人民法院。

2016年，最高人民法院发布的《关于落实"用两到三年时间基本解决执行难问题"的工作纲要》（法发〔2016〕10号）第三部分"基本解决执行难的主要任务"第五节"完善执行工作机制"第十五条提出要建立执行与破产程序衔接机制，并指出对"僵尸企业"要依法转入破产程序的简要规定。

15. 建立执行与破产有序衔接机制。将被执行人中大量资不抵债、符合破产条件的"僵尸企业"依法转入破产程序，充分发挥破产法律制度消化执行积案、缓解执行难的功能，促进市场经济按照规律健康有序发展。

2017年，《执行转破产指导意见》的出台标志着执行转破产制度全面进入推广实施阶段，也是迄今为止地方各级人民法院制定地方性执行转破产制度的基础。这一制度较为系统和完善地就执行转破产制度中的适用条件、管辖权确定以及移送审查等问题作出规定。

最高人民法院印发《关于执行案件移送破产审查若干问题的指导意见》的通知

（法发〔2017〕2号）

推进执行案件移送破产审查工作，有利于健全市场主体救治和退出机制，有利于完善司法工作机制，有利于化解执行积案，是人民法院贯彻中央供给侧结构性改革部署的重要举措，是当前和今后一段时期人民法院服务经济社会发展大局的重要任务。为促进和规范执行案件移送破产审查工作，保障执行程序与破产程序的有序衔接，根据《中华人民共和国企业破产法》《中华人民共和国民事诉讼法》《最高人民法院关于适用〈中华人民共和国民事诉讼法〉的解释》等规定，现对执行案件移送破产审查的若干问题提出以下意见。

一、执行案件移送破产审查的工作原则、条件与管辖

1. 执行案件移送破产审查工作，涉及执行程序与破产程序之间的转换衔接，不同法院之间，同一法院内部执行部门、立案部门、破产审判部门之间，应坚持依法有序、协调配合、高效便捷的工作原则，防止推诿扯皮，影响司法效率，损害当事人合法权益。

2. 执行案件移送破产审查，应同时符合下列条件：

（1）被执行人为企业法人；

（2）被执行人或者有关被执行人的任何一个执行案件的申请执行人书面同意将执行案件移送破产审查；

（3）被执行人不能清偿到期债务，并且资产不足以清偿全部债务或者明显缺乏清偿能力。

3. 执行案件移送破产审查，由被执行人住所地人民法院管辖。在级别管辖上，为适应破产审判专业化建设的要求，合理分配审判任务，实行以中级人民法院管辖为原则、基层人民法院管辖为例外的管辖制度。中级人民法院经高级人民法院批准，也可以将案件交由具备审理条件的基层人民法院审理。

二、执行法院的征询、决定程序

4. 执行法院在执行程序中应加强对执行案件移送破产审查有关事宜的告知和征询工作。执行法院采取财产调查措施后，发现作为被执行人的企业法

人符合破产法第二条规定的，应当及时询问申请执行人、被执行人是否同意将案件移送破产审查。申请执行人、被执行人均不同意移送且无人申请破产的，执行法院应当按照《最高人民法院关于适用〈中华人民共和国民事诉讼法〉的解释》第五百一十六条的规定处理，企业法人的其他已经取得执行依据的债权人申请参与分配的，人民法院不予支持。

5. 执行部门应严格遵守执行案件移送破产审查的内部决定程序。承办人认为执行案件符合移送破产审查条件的，应提出审查意见，经合议庭评议同意后，由执行法院院长签署移送决定。

6. 为减少异地法院之间移送的随意性，基层人民法院拟将执行案件移送异地中级人民法院进行破产审查的，在作出移送决定前，应先报请其所在地中级人民法院执行部门审核同意。

7. 执行法院作出移送决定后，应当于五日内送达申请执行人和被执行人。申请执行人或被执行人对决定有异议的，可以在受移送法院破产审查期间提出，由受移送法院一并处理。

8. 执行法院作出移送决定后，应当书面通知所有已知执行法院，执行法院均应中止对被执行人的执行程序。但是，对被执行人的季节性商品、鲜活、易腐烂变质以及其他不宜长期保存的物品，执行法院应当及时变价处置，处置的价款不作分配。受移送法院裁定受理破产案件的，执行法院应当在收到裁定书之日起七日内，将该价款移交受理破产案件的法院。

案件符合终结本次执行程序条件的，执行法院可以同时裁定终结本次执行程序。

9. 确保对被执行人财产的查封、扣押、冻结措施的连续性，执行法院决定移送后、受移送法院裁定受理破产案件之前，对被执行人的查封、扣押、冻结措施不解除。查封、扣押、冻结期限在破产审查期间届满的，申请执行人可以向执行法院申请延长期限，由执行法院负责办理。

三、移送材料及受移送法院的接收义务

10. 执行法院作出移送决定后，应当向受移送法院移送下列材料：

（1）执行案件移送破产审查决定书；

（2）申请执行人或被执行人同意移送的书面材料；

（3）执行法院采取财产调查措施查明的被执行人的财产状况，已查封、扣押、冻结财产清单及相关材料；

（4）执行法院已分配财产清单及相关材料；

（5）被执行人债务清单；

（6）其他应当移送的材料。

11. 移送的材料不完备或内容错误，影响受移送法院认定破产原因是否具备的，受移送法院可以要求执行法院补齐、补正，执行法院应于十日内补齐、补正。该期间不计入受移送法院破产审查的期间。

受移送法院需要查阅执行程序中的其他案件材料，或者依法委托执行法院办理财产处置等事项的，执行法院应予协助配合。

12. 执行法院移送破产审查的材料，由受移送法院立案部门负责接收。受移送法院不得以材料不完备等为由拒绝接收。立案部门经审核认为移送材料完备的，应以"破申"作为案件类型代字编制案号登记立案，并及时将案件移送破产审判部门进行破产审查。破产审判部门在审查过程中发现本院对案件不具有管辖权的，应当按照《中华人民共和国民事诉讼法》第三十六条的规定处理。

四、受移送法院破产审查与受理

13. 受移送法院的破产审判部门应当自收到移送的材料之日起三十日内作出是否受理的裁定。受移送法院作出裁定后，应当在五日内送达申请执行人、被执行人，并送交执行法院。

14. 申请执行人申请或同意移送破产审查的，裁定书中以该申请执行人为申请人，被执行人为被申请人；被执行人申请或同意移送破产审查的，裁定书中以该被执行人为申请人；申请执行人、被执行人均同意移送破产审查的，双方均为申请人。

15. 受移送法院裁定受理破产案件的，在此前的执行程序中产生的评估费、公告费、保管费等执行费用，可以参照破产费用的规定，从债务人财产中随时清偿。

16. 执行法院收到受移送法院受理裁定后，应当于七日内将已经扣划到账的银行存款、实际扣押的动产、有价证券等被执行人财产移交给受理破产案件的法院或管理人。

17. 执行法院收到受移送法院受理裁定时，已通过拍卖程序处置且成交裁定已送达买受人的拍卖财产，通过以物抵债偿还债务且抵债裁定已送达债权人的抵债财产，已完成转账、汇款、现金交付的执行款，因财产所有权已经发生变动，不属于被执行人的财产，不再移交。

五、受移送法院不予受理或驳回申请的处理

18. 受移送法院作出不予受理或驳回申请裁定的，应当在裁定生效后七日内将接收的材料、被执行人的财产退回执行法院，执行法院应当恢复对被执行人的执行。

19. 受移送法院作出不予受理或驳回申请的裁定后，人民法院不得重复启动执行案件移送破产审查程序。申请执行人或被执行人以有新证据足以证明被执行人已经具备了破产原因为由，再次要求将执行案件移送破产审查的，人民法院不予支持。但是，申请执行人或被执行人可以直接向具有管辖权的法院提出破产申请。

20. 受移送法院裁定宣告被执行人破产或裁定终止和解程序、重整程序的，应当自裁定作出之日起五日内送交执行法院，执行法院应当裁定终结对被执行人的执行。

六、执行案件移送破产审查的监督

21. 受移送法院拒绝接收移送的材料，或者收到移送的材料后不按规定的期限作出是否受理裁定的，执行法院可函请受移送法院的上一级法院进行监督。上一级法院收到函件后应当指令受移送法院在十日内接收材料或作出是否受理的裁定。

受移送法院收到上级法院的通知后，十日内仍不接收材料或不作出是否受理裁定的，上一级法院可以径行对移送破产审查的案件行使管辖权。上一级法院裁定受理破产案件的，可以指令受移送法院审理。

2018年《破产审判会议纪要》第七部分就执行转破产程序中征询与释明、移送和接收、财产查封解除以及绩效考核与管理等衔接问题作出进一步的细化规定。

全国法院破产审判工作会议纪要

七、执行程序与破产程序的衔接

执行程序与破产程序的有效衔接是全面推进破产审判工作的有力抓手，也是破解"执行难"的重要举措。全国各级法院要深刻认识执行转破产工作的重要意义，大力推动符合破产条件的执行案件，包括执行不能案件进入破产程序，充分发挥破产程序的制度价值。

40. 执行法院的审查告知、释明义务和移送职责。执行部门要高度重视执行与破产的衔接工作，推动符合条件的执行案件向破产程序移转。执行法院发现作为被执行人的企业法人符合企业破产法第二条规定的，应当及时询问当事人是否同意将案件移送破产审查并释明法律后果。执行法院作出移送决定后，应当书面通知所有已知执行法院，执行法院均应中止对被执行人的执行程序。

41. 执行转破产案件的移送和接收。执行法院与受移送法院应加强移送环节的协调配合，提升工作实效。执行法院移送案件时，应当确保材料完备，内容、形式符合规定。受移送法院应当认真审核并及时反馈意见，不得无故不予接收或暂缓立案。

42. 破产案件受理后查封措施的解除或查封财产的移送。执行法院收到破产受理裁定后，应当解除对债务人财产的查封、扣押、冻结措施；或者根据破产受理法院的要求，出具函件将查封、扣押、冻结财产的处置权交破产受理法院。破产受理法院可以持执行法院的移送处置函件进行续行查封、扣押、冻结，解除查封、扣押、冻结，或者予以处置。

执行法院收到破产受理裁定拒不解除查封、扣押、冻结措施的，破产受理法院可以请求执行法院的上级法院依法予以纠正。

43. 破产审判部门与执行部门的信息共享。破产受理法院可以利用执行查控系统查控债务人财产，提高破产审判工作效率，执行部门应予以配合。

各地法院要树立线上线下法律程序同步化的观念，逐步实现符合移送条件的执行案件网上移送，提升移送工作的透明度，提高案件移送、通知、送达、沟通协调等相关工作的效率。

44. 强化执行转破产工作的考核与管理。各级法院要结合工作实际建立执行转破产工作考核机制，科学设置考核指标，推动执行转破产工作开展。对应当征询当事人意见不征询、应当提交移送审查不提交、受移送法院违反相关规定拒不接收执行转破产材料或者拒绝立案的，除应当纳入绩效考核和业绩考评体系外，还应当公开通报和严肃追究相关人员的责任。

2019年，最高人民法院在《关于深化执行改革健全解决执行难长效机制的意见——人民法院执行工作纲要（2019—2023）》（法发〔2019〕16号）第二部分第十条、第十一条、第二十条中强调要完善执行转破产工作机制并针对性地提出相关立法规划体系。

关于深化执行改革健全解决执行难长效机制的意见
——人民法院执行工作纲要（2019—2023）

10. 完善执转破工作机制。落实最高人民法院关于执转破工作相关制度措施，强化执行程序中"僵尸企业"的清出力度，从根本上减少执行案件存量。进一步优化、规范执转破工作流程，完善当事人申请或同意执转破的激励和约束机制，做到应转必转、当破必破，确保渠道畅通，运转有序。着力解决执转破进程中缺少破产费用的问题，推动建立清出"僵尸企业"的专项基金。完善办理执转破案件及审理破产案件考核机制，调动各级人民法院推动执转破工作的积极性。推进简易破产程序设计，快速审理"无财产可破"

案件。加强执行信息系统与破产案件审理信息系统对接，推进措施资源、信息资源和财产处置资源共享。

11. 推进完善强制执行法律体系及配套制度。按照立法规划，2019年底之前完成民事强制执行法调研起草工作。配合做好破产法修改相关工作，推进执行程序与破产程序的有效衔接，将执行转破产、破产简易程序等行之有效的经验法律化。开展与个人破产制度功能相当的试点工作，为建立个人破产制度打下实践基础。配合公司法的修改工作，通过完善公司治理结构、财务管理制度、公司控股股东及高级管理人员责任、公司法人人格否认等制度，从源头遏制转移、隐匿财产等规避执行行为。

……

20. 完善无财产可供执行案件监管、恢复和退出机制。进一步完善终结本次执行程序案件结案标准和程序，通过信息化手段加强终本案件监管和考核。建立终本案件统一定期统查、自动提示工作机制，规范案件恢复执行的管理。完善终本案件转破产审查工作机制，规范并推动执行不能案件退出执行程序。

2019年11月最高人民法院印发《九民会议纪要》，在第十部分围绕着"破产纠纷案件的审理"着重介绍执行转破产重整以及和解程序，同时强调减少破产成本，发挥简易程序的作用。

全国法院民商事审判工作会议纪要

十、关于破产纠纷案件的审理

……二是要推进不符合国家产业政策、丧失经营价值的企业主体尽快从市场退出，通过依法简化破产清算程序流程加快对"僵尸企业"的清理……

109.【受理后债务人财产保全措施的处理】要切实落实破产案件受理后相关保全措施应予解除、相关执行措施应当中止、债务人财产应当及时交付管理人等规定，充分运用信息化技术手段，通过信息共享与整合，维护债务人财产的完整性。相关人民法院拒不解除保全措施或者拒不中止执行的，破产受理人民法院可以请求该法院的上级人民法院依法予以纠正。对债务人财产采取保全措施或者执行措施的人民法院未依法及时解除保全措施、移交处置权，或者中止执行程序并移交有关财产的，上级人民法院应当依法予以纠正。相关人员违反上述规定造成严重后果的，破产受理人民法院可以向人民法院纪检监察部门移送其违法审判责任线索。

人民法院审理企业破产案件时，有关债务人财产被其他具有强制执行权力的国家行政机关，包括税务机关、公安机关、海关等采取保全措施或者执行程序的，人民法院应当积极与上述机关进行协调和沟通，取得有关机关的配合，参照上述具体操作规程，解除有关保全措施，中止有关执行程序，以便保障破产程序顺利进行。

110.【受理后有关债务人诉讼的处理】人民法院受理破产申请后，已经开始而尚未终结的有关债务人的民事诉讼，在管理人接管债务人财产和诉讼事务后继续进行。债权人已经对债务人提起的给付之诉，破产申请受理后，人民法院应当继续审理，但是在判定相关当事人实体权利义务时，应当注意与企业破产法及其司法解释的规定相协调。

上述裁判作出并生效前，债权人可以同时向管理人申报债权，但其作为债权尚未确定的债权人，原则上不得行使表决权，除非人民法院临时确定其债权额。上述裁判生效后，债权人应当根据裁判认定的债权数额在破产程序中依法统一受偿，其对债务人享有的债权利息应当按照《企业破产法》第四十六条第二款的规定停止计算。

人民法院受理破产申请后，债权人新提起的要求债务人清偿的民事诉讼，人民法院不予受理，同时告知债权人应当向管理人申报债权。债权人申报债权后，对管理人编制的债权表记载有异议的，可以根据《企业破产法》第五十八条的规定提起债权确认之诉。

从上述"执转破"制度的设立以及发展过程不难发现，既有的制度建立均是以"清理执行积案"和"僵尸企业清退"为目的，以做好"执行与破产制度衔接为目标"所构建的制度体系。由此带来了关于"执转破"功能定位的争议。

早期制度设立时，一种观点认为"执转破"解决的是司法实践中执行难的问题。因企业法人无法清偿生效裁判文书所确认的到期债务，法院积压大量执行案件，因采取相应强制措施后仍无可供执行财产而裁定终结本次执行程序。又因申请人不断提供财产线索，不断恢复执行而占用司法资源。因此，各地法院均以"执转破，解决执行难"为标题刊发专题文章予以评价。而随着营商环境建设日趋完善，另一种观点更具权威性，该观点认为随着市场经济体系建设的完备，关于企业退出机制更需要多元化，除了企业自行清算、强制清算、破产清算等退出机制外，形成执行与破产强制偿债程序转化，也是改善营商环境的重要举措。所以，执转破更趋向于对企业市场清退机制完善的制度补充。

笔者认为，该两种观点均有一定说服力，但相对片面，不够完善。"执转破"本质上解决的并非司法实践中的执行难问题，而是要使发生破产原因的债务人企业能够及时、顺利地进入破产程序，解决破产案件的申请与受理障碍等问题，实现债权集体公平清偿。但究其本质，执行案件并不因执行转破产程序自然实现清偿，而是为最终解决执行问题或清偿清算注销或重整重生提供路径。同样，企业退出市场并非执转破的终极目标，执行中司法查控功能固然可以发挥其巨大调查功能及执行力，然而在现实中取回权、撤销权、出资义务加速到期、小额债权人权利保障、处置不良资产、公平清偿、复工复产等法律问题并不能在执行阶段解决。受困于债务人因讼累已无自主经营和主张权利的现实意义，需要借助破产程序中的管理人制度，发挥管理人替代债务人的管理价值，在法律框架下实现资源优化配置，提升债务人偿债能力及资产最优处置。这或许才是执行转破产制度的真正价值所在。

真正认识"执转破"的庐山真面目，势必有助于债权人在执行不能而进退维谷之际启动有效的措施保障自身合法权益。

二、"执转破"对债权人保护的实践意义

如前所述,"执转破"程序并非法院终结案件的程序保障,也并非仅仅为市场退出完善营商环境所设立的制度。识别"执转破"的相关制度,对于债权人在执行程序中如何有效运用制度以保障权益相对最优化有非常积极的意义。

(一)债权人"知情权利"

债权人在执行案件中囿于对债务人信息不明晰,有赖于结合案件本身提供相应的执行线索,如银行账户、居住地址等。而法院执行机构则可以通过公开渠道以查控方式摸排债务人全部银行账户信息及余额、车辆、房地产、有价证券、股权投资等财产线索。除此以外,则各方均显无力。对于破产法中所规定的撤销权、取回权等权利的行使,概因执行机构与债权人均不具有相应的调查取证职能与能力,即便有只言片语线索,亦无法达到举证的证明能力,因而债权利益无法得以保障。

通过"执转破"企业进入破产程序后,债务人应按照法律规定向法院指定管理人移交财务账册、证照章等材料,破产企业控制权由管理人取得,而管理人基于勤勉义务,自应查核破产企业财产,对属于在他处的企业财产应主张取回权,对于符合法律规定一年以内的个别清偿行为主张撤销。破产企业因控制权移交而使管理人得以充分查实企业的基本信息、资金流转、财务状况以及资产情况。对于提升偿债率,显然大有裨益。

最高人民法院关于适用《中华人民共和国企业破产法》若干问题的规定(一)

第六条 受理破产申请后,人民法院应当责令债务人依法提交其财产状况说明、债务清册、债权清册、财务会计报告等有关材料,债务人拒不提交的,人民法院可以对债务人的直接责任人员采取罚款等强制措施。

同时,通过"执转破"进入破产程序后,管理人亦可通过资金流转与法

律文书的匹配、合理性、合同履行等情况甄别债权真伪，剔除虚假债权申报甚至通过启动审判监督程序撤销错误的生效裁判文书以保障合法债权人利益。同样，对于不符合法定条件的优先权人同样对其债权优先级进行客观评价，保证不同等级的债权人在其清偿顺位中均得以合法受偿。

此外，因进入破产程序，管理人在依职权查核破产企业财产过程中可能发现涉嫌刑事犯罪的，亦可通过举报方式向公安机关提供相应线索，通过公安机关介入行使责任追究，在此过程中以公职机关依职权介入追缴赃款亦能有效保障债权人利益。

当然，《破产法司法解释（三）》也对债权人的知情权作出了明确的规定，"单个债权人有权查阅债务人财产状况报告、债权人会议决议、债权人委员会决议、管理人监督报告等参与破产程序所必需的债务人财务和经营信息资料"。但本节所指的"知情权利"并非指债权人有权利要求管理人披露及出示相应的破产企业信息的"知情权"，而是相较于执行程序中债权人信息闭塞，无从获取有价值执行信息而通过管理人介入债务人，从而使破产企业的经营情况真正向管理人、债权人披露，以确保在破产企业存在不利于债权人的法律行为的情况下管理人、债权人得以主张权利。

（二）股东出资义务加速到期

根据公司法的相关规定，股东负有按期缴纳出资款的义务，而因公司法司法解释关于股东出资认缴制的规定出台，不少企业为背书"履约能力"以获取更好的业务来源，选择认缴大额资金为注册资本，由此为债权人在以债务人企业法人执行不利的情况下将目标转移至公司股东埋下伏笔。然而，根据《公司法司法解释（三）》第十三条第二款、第十四条第二款以及第十九条第二款之规定，公司股东存在到期不缴纳出资行为的，在未出资本息范围内对公司债务不能清偿的部分承担补充赔偿责任；公司股东存在抽逃出资的，在抽逃出资本息范围内对公司债务不能清偿的部分承担补充赔偿责任且协助抽逃出资的其他股东、董事、高级管理人员或者实际控制人对此承担连带责任。但前述责任承担均应以发生股东到期未实缴注册资金或抽逃注册资金为前提。且股东以出资义务或者返还出资义务超过诉讼时效期间为由进行抗辩的法院不予支持。

最高人民法院关于适用《中华人民共和国公司法》若干问题的规定（三）

　　第十三条　公司债权人请求未履行或者未全面履行出资义务的股东在未出资本息范围内对公司债务不能清偿的部分承担补充赔偿责任的，人民法院应予支持；未履行或者未全面履行出资义务的股东已经承担上述责任，其他债权人提出相同请求的，人民法院不予支持。

　　第十四条　公司债权人请求抽逃出资的股东在抽逃出资本息范围内对公司债务不能清偿的部分承担补充赔偿责任、协助抽逃出资的其他股东、董事、高级管理人员或者实际控制人对此承担连带责任的，人民法院应予支持；抽逃出资的股东已经承担上述责任，其他债权人提出相同请求的，人民法院不予支持。

　　……

　　第十九条　公司债权人的债权未过诉讼时效期间，其依照本规定第十三条第二款、第十四条第二款的规定请求未履行或者未全面履行出资义务或者抽逃出资的股东承担赔偿责任，被告股东以出资义务或者返还出资义务超过诉讼时效期间为由进行抗辩的，人民法院不予支持。

　　是否存在抽逃行为，债权人作为外部人士无从得知，且司法实践中投资人抽逃出资行为往往极为隐蔽，仅凭外观无法判断"交易行为"隐藏的法律关系或为"抽逃出资行为"。而市场上认缴注册资金的企业股东往往并不实际具备资金支付能力或因资金流通价值需求，更倾向于在公司章程中约定出资期限尽量延后。如此进一步造成债权人执行困局。是否存在执行过程中直接执行公司股东的可能性呢？最高人民法院在《九民会议纪要》中给予了有条件的确认，具体规定如下：

全国法院民商事审判工作会议纪要

6.【股东出资应否加速到期】在注册资本认缴制下，股东依法享有期限利益。债权人以公司不能清偿到期债务为由，请求未届出资期限的股东在未出资范围内对公司不能清偿的债务承担补充赔偿责任的，人民法院不予支持。但是，下列情形除外：

（1）公司作为被执行人的案件，人民法院穷尽执行措施无财产可供执行，已具备破产原因，但不申请破产的；

（2）在公司债务产生后，公司股东（大）会决议或以其他方式延长股东出资期限的。

实践中因《九民会议纪要》的相关规定提起执行申请追加或另案起诉公司股东的案例不在少数，但受限于各地司法实践的差异性，对于"已具备破产原因但不申请破产的"情形如何理解与适用存在争议，法院支持申请的概率并不高，而第二种情形为追加股东创造了必要条件，但同样在实务中发生概率较小，债权人仅得以市场监督管理公开系统中自主申报信息作为参考依据，但往往难以获得符合股东出资义务加速到期条件的有效信息。

对于上述实务操作中的困境与难点，"执转破"制度为债权人打开了另一扇寻求股东出资义务加速到期的大门。根据《企业破产法》第三十五条规定，人民法院裁定债务人进入破产程序后，管理人有权要求未履行出资义务的投资人缴纳所认缴的出资，不受出资期限的限制。因此，通过"执转破"程序促使债务人进入破产审查进而裁定进入破产程序后，即便股东出资期限未届满的，根据法律规定其仍有义务提前履行出资义务以清偿债务，由此债权人债权清偿率得以提高。同样的，进入破产程序后，因管理人履职，如出现股东抽逃出资以及公司"董监高"协助的，则按照公司法司法解释规定，相关责任人员亦应承担相应赔偿责任。如此，债权人不致因信息不对称而丧失求偿债权的可能性。

中华人民共和国企业破产法

第三十五条 人民法院受理破产申请后，债务人的出资人尚未完全履行出资义务的，管理人应当要求该出资人缴纳所认缴的出资，而不受出资期限的限制。

（三）执行难点突破

债权人在案件执行过程中会遭遇以下两类常见情形：

第一类为普通债权人，债务人主要资产已设定担保物权，因担保债权享有清偿优先权，故执行机构积极性不高且即便处置财产亦可能难获清偿。

《最高人民法院关于适用〈中华人民共和国民事诉讼法〉的解释》

第五百零六条 被执行人为公民或者其他组织，在执行程序开始后，被执行人的其他已经取得执行依据的债权人发现被执行人的财产不能清偿所有债权的，可以向人民法院申请参与分配。

对人民法院查封、扣押、冻结的财产有优先权、担保物权的债权人，可以直接申请参与分配，主张优先受偿权。

对于担保债权人，因其受偿享有法定优先性，普通债权人在执行程序中是无法"挑战"的，然而在破产程序中担保债权人要求对其担保财产优先受偿的，其应受管理人提起重整必要性审查的限制，也即根据《企业破产法》第七十五条之规定，管理人认为担保标的物为重整必要财产的，有权拒绝担保债权人申请，担保债权人虽有救济途径，但在破产重整利于整体债权人以及有效优化配置破产企业财产的背景下担保债权人在实践中难以直接通过管理人处置担保财产并受偿债权。

中华人民共和国企业破产法

第七十五条 在重整期间，对债务人的特定财产享有的担保权暂停行使。

第二类为执行申请在后债权人，对于虽然已确定债权但仅申请执行，而在其他案件中法院执行机构已处置债务人财产并确定分配方案的，债权人原则上有权参与分配。根据《执行工作若干规定》之规定，结合"李某某、高某执行分配方案异议之诉案"①中法院对执行分配的理解与适用，"在被执行人（公民或者其他组织）的财产不足以清偿所有债务时，适用参与分配制度。享有优先权、担保权的债权人有优先受偿权，其他债权人按债权比例进行分配"，而如果债务人财产足额清偿的，且各债权人对执行标的物均无担保物权的，按照执行法院采取执行措施的先后顺序受偿。

最高人民法院关于人民法院执行工作若干问题的规定（试行）

九、多个债权人对一个债务人申请执行和参与分配

55. 多份生效法律文书确定金钱给付内容的多个债权人分别对同一被执行人申请执行，各债权人对执行标的物均无担保物权的，按照执行法院采取执行措施的先后顺序受偿。

多个债权人的债权种类不同的，基于所有权和担保物权而享有的债权，优先于金钱债权受偿。有多个担保物权的，按照各担保物权成立的先后顺序清偿。

一份生效法律文书确定金钱给付内容的多个债权人对同一被执行人申请执行，执行的财产不足清偿全部债务的，各债权人对执行标的物均无担保物权的，按照各债权比例受偿。

司法实践中对于执行申请在后的债权人在执行机构已经处置资产且确定分配方案后提出异议的，《民事诉讼法》有"三个15天"的规定。第一个"15天"为"债权人或者被执行人对分配方案有异议的，应当自收到分配方

---

① 最高人民法院（2018）最高法民申 2923 号。

案之日起十五日内向执行法院提出书面异议"；第二个"15 天"为"未提出异议的债权人、被执行人自收到通知之日起十五日内未提出反对意见的，执行法院依异议人的意见对分配方案审查修正后进行分配"；第三个"15 天"为"提出反对意见的，应当通知异议人。异议人可以自收到通知之日起十五日内，以提出反对意见的债权人、被执行人为被告，向执行法院提起诉讼；异议人逾期未提起诉讼的，执行法院按照原分配方案进行分配"。由此可见，一方面法律规定执行申请在后的债权人享有相应的救济途径，但另一方面又仅给予了极短的异议期。在异议过程中，执行机构对于申请人、被执行人或其他参与分配债权人的异议只需作形式审查，嗣后执行申请在后的债权人又需另行启动诉讼程序以确认执行异议内容。而该债权人面临执行困境的解决途径是另行提起执行异议之诉，涉讼成本高、周期长，囿于执行信息不透明，通过该执行异议诉讼是否可以足额清偿债务，若不足额清偿最终可获清偿率亦未可知，实际为该制度的实践可操作性蒙上了一层阴影。

在"执转破"程序下，执行申请在后的债权人与在先申请的债权人处于完全平等的地位。概因执行程序与破产程序所遵循的程序价值各有不同，两者虽均为强制清偿债务的程序，但在实践中执行程序针对的是申请个体清偿，且依申请时间先后逐次清偿，仅有在协助执行过程中已决案件债权人在特定时间节点前有权参与执行分配。而破产程序所追求的则是平等主义，所有优先债权人及普通债权人，无论是否为已决案件所确认，无论诉讼程序进入哪一阶段，均有申报债权的权利，同一清偿顺位债权人均可按债权比例受偿而无诉讼程序启动先后之别。

因此，在执行程序中遭遇困顿的债权人，完全可以通过启动"执转破"程序，对于在执行程序中已知且已进入分配阶段的债务人企业财产参与分配，缓解执行窘境。

（四）特殊债权人保护

以下内容，笔者拟根据不同的债权类型结合"执转破"程序，具体分析对债权人保护的实践意义。

1. 购房债权人

目前，市场上房地产企业因经营不善、资金链断裂不能清偿债务及交付预售、出售房屋而涉讼案件众多。在该类案件中购房债权人是债权人数量最多的群体之一。如笔者在前文中所分析的，购房债权人主张继续履行房屋买卖（预售、出售）合同的，其在破产程序中享有"超级优先权"。然而，在执行程序中该超级优先权需排除其他债权人执行购房户债权人所继续履行并享有物权期待权的标的房产时，则必须符合最高人民法院《执行异议和复议规定》第二十九条的三个基本条件：

关于人民法院办理执行异议和复议案件若干问题的规定

第二十九条　金钱债权执行中，买受人对登记在被执行的房地产开发企业名下的商品房提出异议，符合下列情形且其权利能够排除执行的，人民法院应予支持：

（一）在人民法院查封之前已签订合法有效的书面买卖合同；

（二）所购商品房系用于居住且买受人名下无其他用于居住的房屋；

（三）已支付的价款超过合同约定总价款的百分之五十。

而往往在生活中，购房债权人为改善居住条件置换购房或基于投资及资产配置目的的购房并不在少数。且因房地产涉及资金较多，购房户以融资贷款方式购房者居多，实务中存在预告登记或不动产权证尚未办理而房地产企业违约、房地产被查封的情形。由此在排除执行过程中，购房债权人因不符合相关规定，而其所购房地产不能排除执行，其超级优先权则无从主张，仅得向房地产企业主张解约赔偿。破产程序中，管理人在审核购房债权人权利时则相对宽松，只要在法院裁定房地产企业进入破产程序之前购房债权人未通过生效判决确认或判决解除买卖（预售、出售）合同的，管理人均许可购房债权人自由选择继续履行主张逾期违约责任或解除合同主张解约赔偿责任，在破产重整计划表决前，管理人一般会继续征询购房债权人继续履行合同或解除合同的意愿，以此调整重整计划中的清偿方案，以利于重整计划得以顺利通过表决付诸实施。因此，以执行程序和破产程序比较，购房债权人"超级优先权"在破产程序中的保障较为突出。

2. 担保债权人

担保债权人毋庸置疑，在执行或破产程序中均享有法定的优先受偿权，但在执行程序中担保债权人同样存在执行障碍。首先，担保债权人往往以金融机构为多，而金融机构响应债务人逾期违约责任的速度相对较慢，皆因担保优先受偿权保障作祟，金融机构通常以批量诉讼方式委托第三方机构起诉，而不径行就单个案件启动争议解决或强制执行程序，由此经常出现因在先诉讼已查封担保物而担保债权人轮候查封并不发生查封的法律效力。在执行阶段，首封债权人享有对执行标的物的处置权，即便该标的物上已设定担保物权。实践中，首封债权人经评估认为查封标的物不足以清偿其普通债权的，则在申请执行后往往消极行使执行权利，怠于申请处置标的物，由此造成担保债权人期限利益受损，与此同时首封债权人又得以通过多种渠道与担保债权人取得联系，试图通过优先债权部分让渡或优先受偿金额分享的方式与担保债权人谈判，以谋求担保债权人以现金利益换取期限利益。

诚然，处置权与优先受偿权冲突现象已经引起审判机构与执行机构的高度关注，最高人民法院先后通过《首封与执行法院处分财产问题批复》以及《财产保全案件若干规定》规范执行中存在的处置权与优先受偿权冲突问题，但结合地方司法实践的不同经验，该制度实操性有待进一步加强。

《最高人民法院关于首先查封法院与优先债权执行法院处分查封财产有关问题的批复》法释〔2016〕6号

一、执行过程中，应当由首先查封、扣押、冻结（以下简称查封）法院负责处分查封财产。但已进入其他法院执行程序的债权对查封财产有顺位在先的担保物权、优先权（该债权以下简称优先债权），自首先查封之日起已超过 60 日，且首先查封法院就该查封财产尚未发布拍卖公告或者进入变卖程序的，优先债权执行法院可以要求将该查封财产移送执行。

最高人民法院关于人民法院办理财产保全案件若干问题的规定

第二十一条　保全法院在首先采取查封、扣押、冻结措施后超过一年未对被保全财产进行处分的，除被保全财产系争议标的外，在先轮候查封、扣押、冻结的执行法院可以商请保全法院将被保全财产移送执行。但司法解释另有特别规定的，适用其规定。

保全法院与在先轮候查封、扣押、冻结的执行法院就移送被保全财产发生争议的，可以逐级报请共同的上级法院指定该财产的执行法院。

共同的上级法院应当根据被保全财产的种类及所在地、各债权数额与被保全财产价值之间的关系等案件具体情况指定执行法院，并督促其在指定期限内处分被保全财产。

通过"执转破"进入破产程序的，基于平等主义原则，无论诉讼程序启动先后，进入破产程序后所有债权人处于同一起跑线。首封债权人丧失了"处置权"换取"现金利益"的谈判筹码。当然，进入"执转破"程序后，因破产程序的规范性，以及前述重整期间担保债权人实现担保物权的限制，如何在执行程序与破产程序中进行优先选择，对担保债权人来说是一门重要的学问。

3."特殊"债权人

小额债权人因其债权金额微小，往往不易引起执行机构的注意，也易为其他债权人所轻视，即便债务人有不动产等财产价值较高可供执行的财产，因小额债权人单一债权金额较小，难以推动大标的额资产处置变现以实现清偿目的，在债务人拒不执行的情况下执行周期并不短。且在债务人可供执行财产不足以全额清偿时，适用按比例分配原则，小额债权人受偿实际金额绝对数更低。

对于薪资、医疗费用、伤残补助等特殊小额债权，其与债权人生存权保障休戚相关，但执行程序中并不予以特殊保护。而破产法对于上述特殊群体的债权人则基于生存权保障考虑，在立法过程中予以充分考量并进行制度安排。

中华人民共和国企业破产法

第一百一十三条　如果企业清偿了担保债权和共益债务后，依照下列顺序清偿：

（一）破产人所欠职工的工资和医疗、伤残补助、抚恤费用，所欠的应当划入职工个人账户的基本养老保险、基本医疗保险费用，以及法律、行政法规规定应当支付给职工的补偿金；

（二）破产人欠缴的除前项规定以外的社会保险费用和破产人所欠税款。

由此可见，通过破产程序更能客观区分债权性质，以生存权为破产保护优先清偿顺位。

此外，普通债权的小额债权人在破产程序中亦可能存在"蚍蜉撼大树"的操作空间。比如，在破产清算或重整方案表决过程中，小额债权人往往会被单独划分为一个独立表决组，概因该组债权总计金额不高，但人数众多。按照现有表决机制，表决组内需同意人数过半且同意人数占该组债权比例过三分之二的方为该组表决通过。因此，管理人若将小额债权人与大额普通债权人合并一组表决，则一方金额占优一方人数占优，双方利益难以平衡，表决往往无法顺利通过。因此，单设小额债权表决组为实务中管理人通常采取的方式。而因该等债权人数众多，若资产处置方案或重整方案在债权人大会付诸表决，但根据方案可能不同表决组涉及清偿率不一致的或者小额债权人不能足额受偿的，势必遭致众多债权人反对而使小额债权组表决未获通过，进而整体方案表决不能通过。故为平衡破产程序中各方债权人利益，统合综效下管理人通常采取在清偿方案中对小额债权人不调整清偿比例的方式使其足额清偿债权。如此，则小额债权人利益实际因破产程序而得以充分保障甚至清偿率得以大幅度提高。

中华人民共和国企业破产法

第八十四条　人民法院应当自收到重整计划草案之日起三十日内召开债权人会议，对重整计划草案进行表决。

出席会议的同一表决组的债权人过半数同意重整计划草案，并且其所代表的债权额占该组债权总额的三分之二以上的，即为该组通过重整计划草案。

债务人或者管理人应当向债权人会议就重整计划草案作出说明，并回答询问。

第八十五条　债务人的出资人代表可以列席讨论重整计划草案的债权人会议。

重整计划草案涉及出资人权益调整事项的，应当设出资人组，对该事项进行表决。

第八十六条　各表决组均通过重整计划草案时，重整计划即为通过。

"执转破"程序本质上是衔接执行程序与破产程序的制度，本节实则是对破产程序中有别于执行程序而优于执行程序的相关规则的介绍，但因实践中债权人非因受迫于执行不能，断不会轻易申请债务人企业破产，因此以"执转破"为切入点实际讨论破产法对债权人的保护是有积极意义的。

对"执转破"制度设立目的的充分理解有利于提高"执转破"程序，以及启动各方主体的积极性，也将提高债权人受偿率的可能性，但最终债权实现的方案并非单一，也很难预见，需结合具体的案情、债务人背景以及债权人实际情况综合分析。希望债权人在"雾里看花，水中望月"的维权坎坷之路中找到最适合自身的债权实现路径。

第七节 破产管理人的勤勉忠实义务 [①]

1. 案情介绍

深圳市和力讯科技有限公司进入破产清算程序，深圳市义达会计师事务所有限公司担任破产管理人。原告作为债权人起诉，列举九项事实认为破产管理人未尽忠实勤勉义务，造成资产流失、资产低价处置、部分债权未追回及收回等，主张两被告赔偿原告经济损失 49 万余元。

2. 争议焦点

本案系破产管理人责任纠纷，争议焦点在于破产管理人是否未依照《企业破产法》的有关规定勤勉尽责，忠实执行职务，并因此给债权人造成损失。

3. 裁判要旨

法院认为，破产管理人是经人民法院指定，在破产程序中履行接管调查、权利审核、财产管理、会议召集等职责的社会中介机构，破产管理人应当勤勉尽责、忠实执行职务。综合本案破产管理人在破产清算程序中开展工作的情况，基本可以认定其主观上已经尽到了必要的注意义务，客观上已经实施了对债务人财产的调查、接管行为，至于其实际上是否接管到债务人财产，并非其单方能够决定，不宜单纯从结果上判断其履职是否勤勉、尽责、忠诚。故判决驳回原告的诉讼请求。

一、裁判数据分析

借助威科先行检索系统，以"管理人责任纠纷"为案由，以"勤勉义务／忠实义务"为关键词，共检索到 133 个有效案件。

从案件形成时间分析，随着我国破产法律制度建设日趋完善，破产案件逐年增加，管理人责任纠纷也日渐增多，2021 年累计判决案件已达到 2019 年及之前相关案件合计总量；从起诉的诉请与事实理由分析，管理人责任纠

[①] 陈某某与深圳市和力讯科技有限公司管理人责任纠纷案。参见广东省深圳市中级人民法院（2018）粤 03 民初 1358 号。

纷的争议焦点多为破产管理人是否履行了勤勉忠实义务，具体包括债权人针对管理人在履行职责时存在破产企业财产流失、低价资产处置、破产企业财产或债权未予取回追缴、股东出资未予追缴、消极履职、债权不予确认等行为所提出的损害赔偿请求；从有效案件判决结果分析，实质审理的80个案件中，驳回债权人诉讼请求的达到76起，剩余4起也仅部分支持债权人诉请，裁判文书结果"一边倒"地倾向于破产管理人，债权人诉请支持率极低。

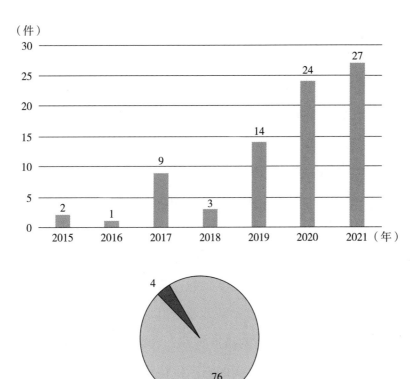

□ 驳回原告诉讼请求　■ 部分支持原告诉讼请求

　　为什么破产活动日趋频繁，由此引发的债权人对破产管理人的损害赔偿诉讼增多，但破产管理人从裁判结果来看却始终"屹立不倒"呢？是债权人对于破产管理人勤勉忠实义务的客观判断标准出现了问题，还是在破产制度建设中缺乏有效监督呢？我们尝试就此一探究竟。

二、关于勤勉忠实义务的法律规定

《企业破产法》第二十七条规定："破产管理人应当勤勉尽责，忠实执行职务"，该条属于原则性规范，明确了破产管理人应当履行勤勉忠实的法律义务。第一百三十条规定："破产管理人未依照本法规定勤勉尽责，忠实执行职务的，人民法院可以依法处以罚款；给债权人、债务人或者第三人造成损失的，依法承担赔偿责任"，该条属于一般性规则，是关于破产管理人违反勤勉忠实义务的法律后果之规定，属于民事责任范畴。

（一）勤勉义务的判断标准

对于"勤勉尽责"，亦即管理人的勤勉义务，主要指管理人在履行职责过程中，必须尽善良管理人义务，认真、细致、谨慎、合理且高效地处理相关事务，不疏忽大意，不懈怠推诿，防止各种潜在的损失和风险。其中"善良管理人义务"，系指破产管理人是具有专业技能和知识经验的专业人士，判断其是否适当履行勤勉义务时，应当以善良破产管理人之注意，即具备相当知识与经验之人对一定事件所采用的注意为判断标准。同时，"勤勉的程度要以符合指责要求为尺度"——管理人是否实现其职责，成为衡量管理人是否勤勉尽责的标准，如果未能实现之责，尤其是损害发生，且相关损失与管理人之行为有因果关系，那么无论表面上多勤勉，都被视为未能履行勤勉义务，如果管理人已严格按照管理人之责勤勉地履行其职责，即使有损失发生，亦无需承担责任。① 具体而言，可以对破产管理人之勤勉义务进行利益与非利益评价。所谓利益评价，是指通过直接的财产价值量化与破产管理人的行为形成直接的因果关系，结合破产管理人的主观因素判断破产管理人是否履职勤勉；所谓非利益评价，是指通过破产管理人适法性行为评价其勤勉义务的承担。

1. 利益评价

（1）财产利益与期限利益的统效综合

笔者认为，关于财产利益的评价从既有检索案例来看，债权人往往以破产企业资产的流失、债权未能追回、处置资产价格偏低等事由主张权利，债

---

① 参见陈夏红编著：《企业破产法释义》，北京大学出版社2022年版，第1181页。

权人对勤勉义务的评价标准是单一的，即可清偿破产企业的财产减少。然而，在"陈某某与深圳市和力讯科技有限公司管理人责任纠纷案"中，从法院的裁判思路来看，法院对于破产管理人勤勉义务的关注点主要在三个方面：第一，破产企业财产是否客观上减少；第二，破产管理人是否实施了积极行为或消极行为，财产减少是否与破产管理人的行为存在关联；第三，破产管理人是否存在故意或重大过失。结合具体案情，法院认为对于原告陈某某依据财务审计报告主张破产企业清偿财产存在流失依据不足，概因财务报告具有严格的时效性，报告基于和力讯公司经营期间财务状况作出，不能准确反映公司进入破产清算时的固定资产状况，亦不能客观反映清算状态下的财产实际可变现价值。同样，对于原告异议的进入破产程序后其他法院通过法拍程序处置的部分资产，法院认为该行为符合执行相关司法解释规定，是为确保资产价值不进一步贬损所采取的有效措施，因程序合法，前期进行了评估，公开拍卖，且拍卖价格高于评估价格，亦不能认为存在损失且为破产管理人过错造成。此外，对于不属于破产企业财产的原告主张，法院也予以了相应回应。

由该案可见，判断破产管理人履职是否勤勉时，审判实践中首先判断客观上是否存在破产企业财产减少的问题，排除非破产企业财产、呆坏账、已有生效判决处置等情形，避免因债权人主观判断形成内心确认而偏听偏信所引发的对于破产管理人不信任之诉；其次如客观上产生企业财产减少的情形，应当正确分析该等财产减少的行为是否因破产管理人故意或重大过失所造成，客观看待因破产管理人正常履职避免财产进一步贬损而采取的措施，不应苛责非行业专业人士因对市场未能充分、有效判断而作出的决策，判断应以一般善良破产管理人所能采取的合理行为为标准；最后则应充分关注因果关系，即因破产管理人的故意或重大过失与破产企业财产减少之间存在直接的因果关系，避免将因市场波动或政策影响导致的企业财产贬损主观归罪于破产管理人。

此外，不得不提到的是财产利益与期限利益之间的平衡问题，往往也是产生对破产管理人履职勤勉消极评价的重要因素。例如，破产管理人在债权申报中对于债权的审核，是否享有优先权、债权金额甚至债权本身是否存疑，可能直接影响债权人的清偿顺位以及同一顺位债权人的清偿率，一旦认定申报债权或许可以尽快推进破产企业的重整或清算，但可能损害其他债权人的利益，而不认定该债权可能引发诉讼导致诉讼成本的产生和增加且破产企业重整或清算将因此迟滞，在此类情形下破产管理人如何进行选择需要极大的勇气及智慧。同样，在"烂尾楼"项目中破产管理人通过推动共益债融资复工续建提升破产企业的重整价值，该行为可能阻却担保权人、工程债权人等通过破产清算处置资产而优先受偿，损害其期限利益，但提升普通债权人的清偿率，由此亦会产生矛盾。此时，能否评价破产管理人未尽勤勉义务呢？笔者认为，答案是否定的。财产利益与期限利益当然是需要平衡的，也存在动态调整，破产管理人更需要站在破产企业以及全体债权人利益保护的角度推进破产企业的重整或清算，以实现更多利益群体的保障，这在一定程度上可能会损害单一类型债权人的债权利益，但并不能因此对破产管理人作出消极的评价。

所以，评价勤勉义务不应是同类债权人以财产的金额、实现的期限去判断，而应结合破产企业的自身情况、市场行情、债权人类型等，综合分析、客观评价，才能对破产管理人的勤勉义务作出正确认识。

（2）以破产管理人履职行为发生的时点进行评价

评价破产管理人是否履行了勤勉义务，应当客观地站在破产管理人作出决策的时点，而不是以相应履职行为完成时进行评价。作为破产管理人，其已通过遴选方式加入破产管理人名单，应当认为其具备完全的破产企业处置能力，但并不能当然认为该破产管理人具备处理破产企业一切事务的充分能力，尤其对于身处特殊行业的破产企业而言，其行业特殊性、技术专业性、业务复杂性均可能使破产管理人难以高效地推进破产工作。

而债权人评价破产管理人，往往采取的是"事后诸葛亮"的标准，要求破产管理人站在"上帝视角"对未来的清算或重整活动进行充分预测，以期达到最优处置方案。而在处置结果非最优的情况下，罔顾执行能力、市场因素、行业经济情况、企业信用、执行周期与流程等因素，武断地作出消极的判断，对于破产管理人显属过苛。

深圳市中级人民法院的案件中亦强调不宜单纯从结果上判断破产管理人履职是否勤勉、尽责、忠诚，只要破产管理人主观上已经尽到了必要的注意义务，客观上已经实施了对债务人财产的调查、接管行为，至于其实际上是否接管到债务人财产，并非其单方能够决定，因此不能以破产管理人未完全接管债务人财产的结果否定破产管理人的勤勉履职行为。

2. 非利益评价

所谓非利益评价，是指对破产管理人依据《企业破产法》中的直接规定所实施的履职行为的评价，若破产管理人未积极履行，则应当被认定为未履行勤勉义务。《企业破产法》中对破产管理人职责的规定分为程序性法律规定和实体性法律规定，简单列举如下：

（1）程序性法律规定的履职行为

程序性职责	法律规定
提请法院终结破产程序	《企业破产法》第四十三条
向法院提出批准重整计划的申请	《企业破产法》第八十六条第二款
监督与报告重整计划的执行	《企业破产法》第九十条第二款
执行破产财产分配方案	《企业破产法》第一百一十六条
请求破产程序的终结与注销	《企业破产法》第一百二十条、第一百二十一条

（2）实体性法律规定的履职行为

实体性职责	法律规定
九项列举职责	《企业破产法》第二十五条
追缴出资	《企业破产法》第三十五条
追回被侵占的财产	《企业破产法》第三十六条
特殊债权的调查与公示	《企业破产法》第四十八条
审查申报的债权与材料的保存	《企业破产法》第五十七条
制作重整计划草案，同时向法院提交及向债权人会议说明	《企业破产法》第七十九条第一款、第八十条、第八十四条第三款
拟订破产财产变价方案、适时变价出售破产财产	《企业破产法》第一百一十一条
拟订破产财产分配方案，提交债权人会议讨论，并在通过后提请法院认可	《企业破产法》第一百一十五条
特殊债权分配额的提存与处理	《企业破产法》第一百一十七条、第一百一十八条

一般而言，破产管理人未按照《企业破产法》的规定履行职责，并不当然导致债权人利益受到损失，但非利益评价与利益评价的根本差异即在于债权人无需就客观损失及因果关系进行举证，仅需就破产管理人违反《企业破产法》的规定而产生的失职行为完成举证责任则当然可以达到证明其主张的目的。

此外，破产中的利益与非利益评价并非绝对的，在一定程度上可能存在互相影响和转化的情形，尤其在财产的管理、变价、处置、分配、追缴活动中，往往破产管理人的积极行为与消极行为可能对债权人产生重大的影响。

（二）忠实义务的判断标准

忠实义务，主要指管理人在破产程序中，始终不渝的目标是最大限度实现债务人财产最大化，进而最大可能维护全体债权人利益，做到不欺瞒、不谋私。[①]《〈中华人民共和国企业破产法〉释义及实用指南》中指出，"忠实执行职务"意味着管理人应该忠诚且老实地执行职务，不弄虚作假，不搞欺诈，不得利用自己的地位为债权人或者债务人谋取不正当利益，也不得为自己谋取不正当利益。在具体形态上，可以分为以下三类：

1. 忠实义务要求破产管理人无利害关系

我国法律主要是从经济关系、业务关系、身份关系方面界定"利害关系"的。《指定破产管理人的规定》第二十三条对利害关系作了进一步解释，包括以下几个情形：（1）与债务人、债权人有未了结的债权债务关系；（2）在人民法院受理破产申请前三年内，曾为债务人提供相对固定的中介服务；（3）现在是或者在人民法院受理破产申请前三年内曾经是债务人、债权人的控股股东或者实际控制人；（4）现在担任或者在人民法院受理破产申请前三年内曾经担任债务人、债权人的财务顾问、法律顾问；（5）人民法院认为可能影响

[①] 王卫国：《破产法精义》（第2版），法律出版社2020年版，第100页。

其忠实履行破产管理人职责的其他情形。其中，第一项构成经济回避，第二项属于业务回避，第三、四项为身份回避。

2. 忠实义务要求破产管理人主体中立

破产法的本质是救济，其追求的价值目标是维护债务人和债权人的合法利益，维护社会公共利益和社会经济秩序。为了平衡破产程序中的各种利益冲突，确保破产程序的公正进行，必然要求处于程序中心的破产管理人处于主体中立地位。破产管理人只有站在中立的立场上，才能忠实地履行自己的职责，客观公正地履行破产清算、和解与重整的职责，公平地保护与破产财产有关的各方的合法利益。

破产管理人的中立性，一是指利益归结上的中立，即破产管理人不应当谋取管理人报酬以外的不正当利益，破产管理人的利益得失必须不受破产程序中各主体实体利益变化的直接影响。二是指职责来源上的法定性。破产管理人的职责不来源于某一主体的授权，而是来源于法律的规定，破产管理人只对法律负责，不对法院或其他利益主体负责，破产管理人才能依据自己专门知识和专业技能独立地依法履行职权，法院和债权人会议或债权人委员会对管理人的监督，不影响管理人执行职务的独立地位，不能直接参与或者决定管理人执行职务的具体行为，进而使破产程序公正、有效的进行。

3. 忠实义务要求破产管理人履职行为的客观性

忠实义务要求破产管理人在履行职务行为时具有客观性，即破产管理人的行为不能使自己获得额外个人利益且不具备此种获得额外个人利益的可能性。该等客观性并不以行为最终是否损害债权人、破产企业利益为判断标准。在对忠实义务的客观行为进行归纳时，我国有学者以破产管理人的行为要求为尺度，将忠实义务解释为滥用破产财产的禁止、自我交易的禁止、关联交易的禁止、侵犯商业秘密的禁止、利用职权或者地位获取不正当利益的禁止五个宏观方面的内容。而上述内容恰恰也是破产管理人违反忠实义务的典型表现，涵盖了司法实践的悉数情形，故可作为判断破产管理人是否尽到忠实义务的标准。

忠实义务的判断标准		
无利害关系	**主体中立**	**履职行为客观**
经济回避 业务回避 身份回避	利益归结上的无关性 职责来源上的法定性 —	滥用破产财产的禁止 自我交易的禁止 关联交易的禁止 侵犯商业秘密的禁止 利用职权或者地位获取不正当利益的禁止

三、违反勤勉忠实义务的法律后果及救济途径

（一）法律后果

1. 民事赔偿

根据《企业破产法》第一百三十条规定，"破产管理人未依照本法规定勤勉尽责，忠实执行职务的，人民法院可以依法处以罚款；给债权人、债务人或者第三人造成损失的，依法承担赔偿责任"。依据该条规定，债权人、债务人或者有利害关系的第三人若认为破产管理人履行职务的行为损害了其民事权益，便可以通过提起民事诉讼，请求法院判定破产管理人应当承担民事赔偿责任。笔者所检索的 157 例案件均据此提出相应的民事赔偿请求。

2. 司法处罚

破产管理违反忠实勤勉义务的，除承担赔偿责任的风险，还有可能承担罚款、除名等责任。首先，罚款。根据《企业破产法》第一百三十条的规定，人民法院可以向破产管理人处以罚款；根据《指定破产管理人的规定》第三十九条的规定，人民法院可以决定对破产管理人罚款，对社会中介机构为破产管理人的处以 5 万元至 20 万元人民币的罚款，对于个人为破产管理人的处以 1 万元至 5 万元人民币的罚款。其次，除名。根据《企业破产法》第二十二条的规定，若破产管理人无法胜任工作或不能依法公正执行职务，债权人可通过债权人会议向人民法院申请更换破产管理人；根据《指定破产管理人的规定》第三十九条第二款的规定，若原破产管理人拒不配合与新破产管理人完成相关的移交事项或破产管理人申请辞去破产管理人职务但人民法

院未批准时，破产管理人仍然未履行其职责义务的，编制破产管理人名册的人民法院可以决定停止其担任破产管理人一年至三年，或者将其从破产管理人名册中除名。

（二）债权人的救济途径

1. 更换破产管理人

《企业破产法》第二十二条规定："债权人会议认为破产管理人不能依法、公正执行职务或者有其他不能胜任职务情形的，可以申请人民法院予以更换"，该条对于更换破产管理人作了概括性的规定。同时，《指定破产管理人的规定》在第三十一条至第四十条中对更换破产管理人作了较为详细的规定，为保障破产审判工作的顺利进行提供了良好的指引。依据《指定破产管理人的规定》第三十一条、第三十二条之规定，债权人会议根据《企业破产法》第二十二条第二款的规定申请更换破产管理人的，应当按照下列程序办理：（1）债权人会议作出决议并向人民法院提出书面申请；（2）人民法院在收到债权人会议的申请后，应当通知破产管理人在两日内作出书面说明；（3）人民法院认为申请理由不成立的，应当自收到破产管理人书面说明之日起十日内作出驳回申请的决定；（4）人民法院认为申请更换破产管理人的理由成立的，应当自收到破产管理人书面说明之日起十日内作出更换破产管理人的决定。

2. 民事诉讼

通过民事诉讼程序来解决破产管理人责任纠纷时，原告需要提供一定的证据证明其主张的事实存在，证明其主张权利和诉讼构造的基础，否则应承担败诉风险。所以，原告需要证明支持自己请求基础成立的构成要件事实存在。《〈中华人民共和国企业破产法〉释义及实用指南》中指出，破产管理人给债权人、债务人或者第三人造成损失的，依法承担赔偿责任，应当具备以下条件：一是破产管理人实施了损害债权人、债务人或者第三人权益的违法行为；二是债权人、债务人或第三人利益受到了实际损失；三是破产管理人的违法行为与权利主体的利益受损有因果关系。当然，主观上破产管理人也须存在故意或重大过失，而一般性过失则不应当据此认定管理人承担民事赔偿责任。

笔者援引深圳市中级人民法院在"陈某某与深圳市和力讯科技有限公司管理人责任纠纷"案件判决书中的一段话作为本节的结尾："破产乃不幸之事，债务人面临资不抵债的困境，不管对债权人还是债务人而言，在此困境下均需共同面对和承担市场风险带来的损失。破产管理人于此时介入破产清算程序，是法律所规、制度所需、职责所在，破产管理人理应按照法律规定，按照破产管理人制度设计的初衷，按照履职规范勤勉、尽责、忠诚执行职务，但面对错综复杂的矛盾纠纷、面对此消彼长的利益纠葛，一旦结果不尽如人意便将矛盾焦点指向破产管理人，不仅不利于当前破产清算案件的进程，从长远来看，必将严重影响从业人员的工作积极性，影响破产制度的发育水平，最终受损的仍是诚实守信的债权人和债务人。"

第八节　房地产企业破产清算程序中的复工问题

自 2008 年全球经济危机以来，各行各业流动资金紧缺，资金链断裂现象层出不穷，中国以温州、鄂尔多斯等城市为代表的民间借贷"资本王国"如黄粱一梦，一夜倾塌。影响集中体现在房地产行业，房地产开发企业从可以"空手套白狼"、一夜暴富的捷径每况愈下，由于开发资金的短缺、银行信贷政策的收紧，各地开始出现烂尾楼，很多房地产企业事实上成了僵尸企业，死气沉沉。随着经济大环境的回暖，特别是房地产楼市的价格回升，加之中央会议号召企业要通过合法合理的程序退出市场，最高人民法院"执转破"意见的公布施行等，房地产僵尸企业开始大量通过破产法律程序，实现债务出清、重整更生。笔者所在的律师事务所在近些年被指定担任破产管理人的诸多破产案件中，大多数为房地产企业破产案件，而在房地产企业破产案件中，几乎都存在已经交付房款或正在还房贷的购房户、拆迁安置户等因为企业破产、项目停工而无法按照商品房买卖合同的约定按时拿房的情况，有的甚至一拖数年，劳民伤财。为保护房地产企业破产案件中购房户的利益，《建设工程价款优先受偿权问题批复》应运而生。虽然司法解释对消费型购房户的优先受偿权在法律上予以了保障，但在破产司法实践中由于资金短缺、投资人引进困难、破产程序复杂耗时长等，往往房地产企业进入破产程序后特别是以破产清算程序进入的案件，房屋续建复工工作遥遥无期，购房户仍不能及时拿房，这也造成了社会不稳定。鉴于维护购房户生存利益的紧迫性，缓解维稳压力，在地方党委政府的建议下或者审理破产案件的法院认为必要的情况下，先期开展房屋复工工作，建成后向购房户交付房屋，及时入住。这一做法看似正当，但是否程序违法、复工流程如何设计、如何保障顺利完成复工等都是非常值得探讨的实操问题。本节探讨的就是房地产企业在破产清算程序中开展复工工作的相关问题（以下简称清算复工）。笔者作为某房地产企业破产清算案的管理人团队现场负责人，实操了部分工程的清算复工，本节算是对该项工作的总结和反思，吸收经验，总结教训，谨资参考。

一、探讨的前提：清算复工的正当性与合法性

在破产清算程序中开展复工工作，从正当性角度考量有其充分的合理性。首先，购房户迟迟无法拿房，生存利益得不到保障和实现，通过复工建设将房屋及早交付以满足购房户的住房需求，维护社会稳定。

其次，成品房价值相较于在建工程大大提高，债务人财产价值的升值会带来广大债权人债权清偿率的提高。

再次，根据《企业破产法》第一百零九条、第一百一十三条，《民法典》第八百零七条，《新建工合同司法解释（一）》第三十六条的规定，房地产破产案件的债权清偿顺序一般依次为：破产费用和共益债务；支付全部或大部分购房款的消费购房人；建设工程价款；物权担保债权；工资等劳动债权；所欠税款；普通债权。购房户债权仅劣于破产费用和共益债务，成为除此之

外优先等级最高的债权类型。

最后，房地产企业破产的最终和最佳出路仍是复工建设完毕进行销售，以最大限度实现债权人和债务人的合法权益。在清算复工正当性有所保障的情况下，合法性成为能否实施的关键。现在看来，仅以向购房户交付房屋为目的而由法院裁定开始清算复工在程序上存在瑕疵。该瑕疵主要是程序上的瑕疵，但可以提前规避。《企业破产法》第二十五条规定了管理人的职责包括"管理和处分债务人的财产"，管理和处分行为以实现债务人财产价值最大化为原则，因此在清算复工前需要评估在建工程的现有价值和复工投入建成后的价值，通过对比预测复工建设投入能否产生超值利益、债务人财产价值是否升高，另外，该评估过程建议要聘请有资质的中介机构并出具书面的评估报告，通过这种方式以规避清算复工程序上的瑕疵。另外一种规避瑕疵的方式是将是否复工的决定权交由债权人会议表决决定，根据《企业破产法》第六十一条之规定债权人会议有权对该事项进行决定，按照《企业破产法》第六十四条之规定按照一般表决事项作出决定，此种方式最为稳妥，但必然会面临一旦表决不通过无法开展清算复工的风险。

二、清算复工前的准备工作

在清算复工具备了正当性和合法性后，就要着手清算复工前的准备工作。准备工作至少包括以下几个方面：

（一）复工现场已完成工程量固化

为区分复工在建工程在进入破产程序前已完成的工程量和后期清算复工需要完成的工程量，避免在复工期间工程款支付上产生争议，需要对复工现场已完成工程量进行固定，采取的方式是聘请有资质的工程造价评估机构到场，由建设单位、管理人、复工施工单位、设计单位、监理单位等各方主体到场，现场录音录像，形成工程量固化记录，各方签字确认，将已完成工程款与复工工程量明确分割。

（二）复工资金的保障

根据原施工预算报价和取费标准等数据，测算出复工在建工程建设完成所需要的资金量大小，该复工资金必须保障到位，这也是复工能否顺利完成的关键因素，如果资金无法保障或者建设中途资金无法跟上，必然会造成"复而又停"的不利局面，不论是对购房户的心理预期冲击还是破产案件的顺利推进都将带来非常负面的影响。关于复工资金的来源，可以通过购房户集资、意向投资人垫资、财政资金借支等方式取得，但必须对所支出的复工资金回笼有优先性保障。

（三）复工资金收支制度的建立

复工资金如何收取与支出需要提前设置一套完善的收支制度，专款专用。复工资金的收取采取管理人借款的方式，由资金提供方将复工资金一次性或分期打入管理人账户，管理人向资金提供方出具借条，专项用于复工建设，管理人财务部门单独建账。对于复工资金的支出，主要为工程进度款、材料款、工人工资等工程款项目，建议在复工前就聘请审计单位进行跟踪审计，工程款支付由施工单位申请、监理单位审查、审计单位审核、管理人支付。

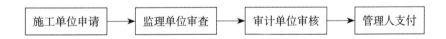

施工单位申请　→　监理单位审查　→　审计单位审核　→　管理人支付

（四）复工施工单位的选定

复工施工单位的选定是复工前的一项重要准备工作，这里的施工单位不仅包括土建安装，还包括未完工的其他项目如监理、门窗、消防、电梯、水、电、气等，是选择原施工单位还是更换新的施工单位，根据破产案件具体情况和谈判情况确定。需要说明的是，清算复工是管理人作为债务人的代表与施工单位签订施工合同，根据招投标法规定，复工施工单位的选定无需经过招投标程序。

（五）复工协议的谈判与签订

复工协议是复工过程中的协议性文件，以此确立施工单位的权利义务，因此复工协议如何约定对复工能否顺利推进至关重要。如果施工项目前期已经签订了协议，笔者建议原则上延续原协议对双方权利义务的约定，但协议应当是管理人以债务人代表的名义重新签订，协议签订前管理人应报请人民法院批准，方可签订。值得注意的是，在复工协议中必须明确施工单位严守施工进度、配合竣工验收、配合办证的义务和违约责任，以对施工单位合法有效约束。

三、清算复工过程中应注意的问题

在清算复工具备了正当性和合法性，准备工作完成，管理人要以专项报告的方式向人民法院报请裁定批准复工，人民法院以裁定书的方式批准复工，清算复工开始。

在清算复工过程中需要重点注意以下几个方面的问题：

（一）安全文明施工

清算复工是破产程序中开展的复工活动，安全文明施工非常重要，杜绝发生安全事故和工伤事故等意外情况。虽然出现事故的责任承担主体不是债务人和管理人，但会给本来就处于破产状态下的项目带来非常不利的影响。因此，管理人要加强日常监督巡查，项目所在地的建设行政主管部门应加强对复工工程建设的安全检查和巡视，确保安全文明施工。

（二）工程款支付进度和总额控制

施工过程中工程款支付进度和支付比例要严格按照施工协议约定执行，对于工程款支付总额要按照协议约定留足质保金部分，在审计结束后支付至约定比例，质保期满无质量问题后支付剩余工程款。

四、复工完成交付房屋应注意的问题

（一）督促施工单位按要求提供竣工验收材料、配合验收

复工工程建设完工，要申请竣工验收，施工单位需要提供竣工验收材料、配合验收。但实践中施工单位往往会因为对自身债权审查认定的结果不服、债权在破产程序中暂时无法得到实现等原因拒不提供竣工验收材料，不配合验收，此时管理人与施工单位签订的复工协议就显得至关重要了，必要时通过诉讼程序追究施工单位的违约责任，申请法院强制其配合竣工验收。但诉讼程序耗时较长，法院强制施工单位配合验收效果也不能保证，所以就竣工验收问题要做好两手准备，一方面法院、管理人约谈施工单位，力促其主动交出验收材料、配合验收，另一方面做好施工单位拒不配合的准备，通过聘请有资质的房屋建筑质量检测机构进行房屋质量检测，出具检测报告，用于竣工验收。

（二）房屋交付

房屋建成竣工验收后，向购房户进行房屋交付，按照一户一交原则进行交付，查清购房户手续资料，核实身份，对于尚欠购房款的购房户要求其全额补齐购房款后方可交付房屋，对于进行房屋置换的购房户要按照面积、楼层的差异据实结算、多退少补，结清房款后方可交付房屋。有其他特殊情况的，据实另行处理。

（三）办理产权证

房地产开发中的办证税费是一笔很大的费用，由房地产开发企业承担，即在房地产企业破产案件中由债务人承担，由于债务人已经进入破产程序，根本无力承担高额的办证税费，造成购房户暂时无法办理产权证。管理人要做好解释宣传工作，在案件进展过程中统一处理，项目若进入重整程序，该办证费用应纳入重整投资人的投资成本中予以解决。

五、其他需要探讨的问题

（一）复工资金的性质能否认定为共益债务

清算复工中所支出的复工资金的性质如何认定，有两种主流观点：一种认为复工资金本质上属于工程款，应将其纳入工程款债权中，与本案的其他工程款债权享有相同的清偿利益，另一种认为复工资金属于共益债务，依法应优先清偿且随时清偿。笔者倾向于后者。根据《企业破产法》第四十二条之规定，复工资金专项用于复工建设，有利于债务人财产价值增加，提高债权人债权清偿比例，应纳入共益债务范畴，根据《企业破产法》第四十三条之规定优先清偿且随时清偿。从另一个角度来看，如果复工资金不纳入共益债务而被认定为工程款债权，就要承担无法全额清偿的风险，复工资金难以保障。

（二）向购房户交房是否属于个别清偿

房屋建成竣工验收后，向购房户交付房屋是否属于《企业破产法》第十六条规定的个别清偿？笔者认为不属于。向购房户交付的房屋虽然初始产权登记在债务人名下，但购房户已经支付了购房款，债务人应继续履行商品房买卖合同，履行交付房屋的义务。而且支付全部或大部分购房款的消费购房人在破产案件中享有优先受偿权，仅劣后于破产费用和共益债务，房屋建成后对购房户交付房屋一般也不影响其他类型债权的清偿。

第九节　重整计划执行期间的变更问题

一、问题的提出

"重整计划草案"经债权人会议表决通过、法院裁定批准后进入重整计划的执行阶段，按照通过的重整计划顺利执行完毕，重整程序参与各方权利义务均按照已通过的重整计划得到落实，自不待言。但在重整计划执行过程中如果出现对重整程序参与各方权利义务影响较大、与重整计划制定时的预期相差悬殊甚至是直接影响到重整计划执行成败的重大因素和特殊情况，导致已经通过的重整计划因主观意愿或客观事实无法继续执行下去，除根据现行《企业破产法》第九十三条之规定，终止本重整计划的执行，转入破产清算程序之外，能否变更原重整计划，经一定程序后继续执行变更后的新的重整计划，以延续债务人重整程序？

重整计划执行期间的变更问题在破产实践中越来越多地被实践需要，特别是自 2020 年年初以来新冠肺炎疫情席卷全球，严重影响到各行各业的发展，加之不可预见的意外事件、法律和政策调整等因素，使得在重整计划制定时的客观情况发生重大变化，如果强行要求继续严格按照原重整计划执行，会产生偏颇性的不公结果，导致利益严重失衡，也丧失了重整程序的核心价值；如果债务人确因合理原因不愿或客观上不能继续执行原重整计划，一律转入破产清算程序，会造成已进行的重整程序司法资源的浪费，债务人也丧失了重整更生的最后机会。重整程序的核心是调整债务人、债权人、重整投资人等各方主体在重整程序中的权益安排，本质上是一个民事权利义务的处分和负担行为，重整计划中关于债权受偿方案、出资人权益调整方案的本质就是参与重整各方主体就权利义务达成的协议性文件。重整计划作为在破产司法程序框架内形成的协议性文件，与一般协议性文件不同之处在于制定程序、表决程序、执行程序、法律效力等方面，这就决定了重整计划从制定、变更到执行阶段都要按照法律规定的程序进行，在尊重意思自治的同时，必须遵循破产制度的特殊规定。

纵观我国现行《企业破产法》及先后制定实施的三个配套破产法司法解释，对重整计划的制定、表决与批准、执行等进行了细化规定，但对重整计划不执行或执行不能的处理只规定了转入破产清算程序这一路径，未规定重整计划的变更可能。为回应破产司法实践的现实需求，最高人民法院在 2018年 3 月 4 日公布的《破产审判会议纪要》第十九条、第二十条对此作出了规定，但鉴于会议纪要不是司法解释，不能直接作为裁判依据，且会议纪要对于重整计划可变更的具体适用情形、可变更的内容、变更的表决批准程序以及变更后的执行等具体问题不尽详细，在破产实践中也未形成统一认识，因此建议对重整计划执行变更问题进行更为细致的规定，在《企业破产法》修改或未来制定司法解释中写入相应条款，以统一对重整计划执行变更问题的认识，提高重整计划执行成功率，促成债务人企业顺利重整更生。

二、重整计划执行可变更的情形探析

《破产审判会议纪要》第十九条对重整计划可变更的情形规定为"国家政策调整、法律修改变化等特殊情况，导致原重整计划无法执行的"，纪要采取"列举+兜底"的方式对重整计划可变更情形进行规定，且该等特殊情况应足以导致原重整计划客观上不能执行或继续执行明显不公。在《破产审判会议纪要》发布之前的破产实践中对重整计划的可变更情形的司法实践也应作为本书探析的延展。

因此，对重整计划执行可变更情形的考察，可以从两个维度去探析，第一个维度是《破产审判会议纪要》出台前破产实践中法院准予变更重整计划的事由，第二个维度是《破产审判会议纪要》出台后对纪要内容的理解与破产实践中对纪要内容的适用，二者既有衔接，又有重合。以下结合对纪要列举情形的分析及具体情形在破产实践中的适用，探析未来在重整计划执行中可以引致原重整计划变更的可能情形。

笔者在裁判文书网上以"重整计划"+"变更"为关键词索引，选择"裁定书"作为检索目标文书类型，以2021年7月31日为截止日期共检索出公开法律文书947件，通过对检索文书的筛选，发现破产实践中引致重整计划变更的情形集中在债务人所在行业领域政策发生变化、新冠肺炎疫情导致重整计划执行期限延长等方面，除此之外，也有其他情形引致重整计划变更的实践存在。以下结合重整计划变更的破产实践典型案例与笔者对此问题的理解，对引致重整计划变更的情形进行探析。

（一）国家政策调整

典型案例：安徽省霍山县人民法院民事裁定书（2019）皖 1525 破申 4 号。

该案中，管理人认为在重整计划执行期间，因政府规划政策的调整，导致少安大酒店二期开发项目及民营园开发项目发生诸多变化，时间有所拖延，且民营园项目土地被收储，收益也有所降低，因此管理人请求法院裁定批准变更后的重整计划。法院经审查认为，因政府规划政策发生了变化，影响到原重整计划的正常执行，且变更后的重整计划经债权人会议表决，债权人人数和债权比例双过半，表决通过了变更后的重整计划，法院依法批准了变更后的重整计划。

1. 政策发布的层级要求

因政府政策调整导致原重整计划无法继续执行，从案例检索情况来看，是不常见的一类情形。政策相较于法律而言虽然属于非正式意义上的法律渊源，但其出台仍然要遵循必要的程序规范，因此绝大部分政策在相当一段时间内具有稳定性。可以引致重整计划变更的政策变化，无疑是在某个地区或某个领域具有重大革新性、紧迫性、针对性的情况变化，主管部门才会出台政策，直接产生调整行政相对人权利义务的效果。从政策发布的主体来看，全国性的政策调整对据以制定原重整计划所根据的政策出现巨大变化的概率很小，更多的是落地到债务人所在地的政府、主管部门、行业组织对债务人所在业务领域的适用政策进行调整，且该调整足以导致依据旧政策预期的执行后果发生了重大变化，不得不变更重整计划以适用新政策达成预期目标，否则原重整计划将无法继续执行，较为常见的是对某一特定领域行业资质准入条件、能源利用、环境保护、税收优惠等方面的政策变化。因此，对于政策发布的层级要求应放宽限制。

2. 政策发布的形式要求

政策发布原则上应以对行政相对人公开的方式进行，政府机关内部的公文、政策性调整、通知等不对外正式发布的文件，若不导致行政相对人权利义务调整的效果，不能作为要求变更重整计划的情形。

3. 政策发布的实质要求

政策发布能否引致重整计划变更的判断核心是该政策对债务人重整计划执行的影响是否与该政策出台前的预期产生了重大变化，且该变化足以导致原重整计划无法执行或执行显失公平。这里主要是对新发布政策与重整计划执行障碍的因果关系判断，若该政策的出台并非必然导致重整计划遭受重大不利影响或该政策在原重整计划执行时即已经可以预见的，应不构成变更重整计划的特殊情形。

（二）法律法规修改变化

从案例检索情况来看，尚未看到单纯的因法律修改导致原重整计划无法执行而必须变更重整计划的公开案例。法律的基本特征之一就是稳定性和可预见性，相较于政策的制定和出台，法律制定、修改和废止的程序更为复杂，正是基于法律这一属性，破产实践中出现单纯因法律修改导致原重整计划无法执行而要变更重整计划的情形较为罕见。对于将法律修改变化作为引致重整计划变更的特殊情形之一，应对此处的法律作广义理解，不仅包括全国人大及其常委会制定的法律，还包括其他具有立法权限的主体制定的各种规范性文件。

（三）其他可以引致重整计划变更的特殊情况

除《破产审判会议纪要》明确列举的"国家政策调整"和"法律修改变化"可以作为重整计划变更的特殊情况之外，有无其他情形足以引致重整计划变更？答案显然是肯定的，而且从法律检索的结果和破产实践的实际情况来看，其他情形的适用反而明显多于"国家政策调整"和"法律修改变化"这两种特殊情形。

判断是否构成重整计划变更的特殊情况，核心就是要考察该等情形发生后是否足以导致重整程序中的各方利益在原重整计划执行中发生了重大不利变化，从而导致原重整计划无法按照原内容继续执行或继续执行显然严重侵害重整参与方的利益，造成明显不公。

根据案例检索和破产实践需要，笔者认为以下几种情形可以考虑作为引致重整计划变更的特殊事由：

1. 疫情管控、诉讼未决等无法控制的因素

典型案例一：江苏省靖江市人民法院民事裁定书（2018）苏 1282 破 4 号之三。

该案中，管理人以债务人重整计划执行期间恰逢新冠肺炎疫情管控，神龙公司的日常经营工作未能正常开展，重整投资人靖江新征程工程咨询有限公司在完成第一期 7500 万元重整投资款的缴纳义务后，未能按期执行其余重整计划，投资人要求延期缴纳其余投资款，经债权人会议表决通过延长重整计划执行期限的方案，法院依法裁定变更原重整计划，重整计划执行期限延长至 2024 年 11 月 30 日。

典型案例二：云南省陆良县人民法院民事裁定书（2019）云 0322 破 2 号之八。

该案中，管理人以债务人股东拒不配合办理股权变更登记，债务人尚有四笔诉讼案件仍在法院审理中，诉讼程序尚未完结无法确认债权，原重整计划执行期限内确实无法完成重整计划各项事项，申请延长重整计划执行期限，法院认为原重整计划执行没有遇到无法执行、不能克服的问题，仅是时间上的迟延，不影响重整计划整体执行，批准将重整计划执行期限延长至 2021 年 3 月 31 日。

2020 年席卷全球的新冠肺炎疫情对各行各业产生了巨大冲击，余威至今，特别是对于处于破产重整挽救关键时期的债务人企业而言，更是雪上加霜。为平稳过渡，体现对破产企业在特殊时期的司法关怀，最高人民法院于 2020 年 5 月 15 日出台的《关于依法妥善审理涉新冠肺炎疫情民事案件若干问题的指导意见（二）》（法发〔2020〕17 号）第二十条第二款规定"对于重整计划或者和解协议已经进入执行阶段，但债务人因疫情或者疫情防控措施影响而难以执行的，人民法院要积极引导当事人充分协商予以变更。协商变更重整计划或者和解协议的，按照《破产审判会议纪要》第十九条、第二十条的规定进行表决并提交法院批准。但是，仅涉及执行期限变更的，人民法院可以依债务人或债权人的申请直接作出裁定，延长的期限一般不得超过六个月"。目前检索到的裁判文书中，绝大部分是基于疫情管控，法院裁定延长重整计划执行期限的案例。

关于因重整计划执行期间存在诉讼未决，诉讼程序何时终结难以预测，但并非重整计划执行期间存在诉讼未决案件都必须要等到诉讼案件终结后才能终结重整计划执行，诉讼未决案件能否成为变更重整计划的事由，笔者认为要根据原重整计划内容具体对待，如在原重整计划中已经对诉讼未决债权部分进行了偿债资金预留，则完全可以在诉讼案件生效裁判文书出具后由预留资金进行清偿，整体上不影响原重整计划的继续执行。

2. 债务人股权转让完成前因不可归责于投资人的原因导致债务人财产灭失或价值出现重大贬损

投资人参与重整程序，一般是基于对重整投资回报率的测算这一商业考量而决定参与到债务人重整程序中，但如果在投资人与债务人的原出资人之间完成关于债务人公司股权转让事宜之前，因不可归责于投资人的原因，如不可抗力、第三人侵权等导致债务人财产灭失或价值出现了重大贬损，必然会影响到投资人投资回报率的实现，此时苛求投资人仍然按照原重整计划履行投资义务，显属不公。如果个案中出现该等情形，理应给予投资人重新测算并重新达成新的重整计划的机会，变更重整计划。

需要说明的是，笔者认为目前在破产实践中存在的两种准予变更重整计划的事由并不妥当，有滥用重整计划变更制度之嫌。第一种事由为重整投资人恶意违约不再投资或因自身资金问题无法继续完成投资义务，管理人也向法院提出变更重整计划的申请，更换投资人或变更原重整计划的债务清偿方案等，典型案例有泰安市润和置业有限公司破产重整案。[1] 对于重整计划执

---

[1] 山东省肥城市人民法院（2017）鲁 0983 破 1 号之二。

行不能但仍有重整价值和重整希望的债务人企业，笔者也认同应给予其继续重整的机会，但重新引入投资人不应视为对重整计划的变更，而是在重整框架下进行的投资人招募程序，否则法律设置启动重整计划变更的特殊情形要求，就显得毫无意义了。第二种事由为重整计划执行期间出现补充申报债权，管理人以需要重新调整债权清偿方案为由申请变更重整计划，典型案例有东莞市雄基物业发展有限公司破产重整案。① 重整计划执行期间补充申报债权的接收、审核确认、受偿规则在破产法中已有明确规定，债权人未依照规定申报债权的，在重整计划执行期间不得行使权利，在重整计划执行完毕后，可以按照重整计划规定的同类债权的清偿条件行使权利。因此，不能因重整计划执行期间出现补充申报债权就对原重整计划进行变更。

三、重整计划执行可变更的内容探析

在出现重整计划可变更情形时，经申请法院审查裁定同意变更重整计划的，债务人或管理人对原重整计划中需要变更的部分提出新的调整方案，将变更后的重整计划提交债权人会议表决。那么原重整计划中的哪些内容可以进行变更？

（一）债权受偿方案

债权受偿方案是重整计划的核心，也是债权人基于自身债权在破产案件中的受偿比例、受偿期限、受偿方式投票表决通过的对自身权利处分的结果，所以重整计划变更时要对债权受偿方案进行变更的，应特别慎重，并严格按照重新表决的程序要求和表决规则进行表决。

（二）出资人权益调整方案

出资人权益调整方案是投资人与债务人原出资人之间对于重整程序中股

① 广东省东莞市第一人民法院（2017）粤 1971 破 14-4 号。

东利益调整达成的一致性方案，在债务人资不抵债情形下，往往对出资人的权益不予保留而归零。但也存在一些特殊情况，如债务人在重整时垫资可抵债、投资人愿意与出资人达成合作保留其部分股权、债转股等，出资人权益调整方案存在变更的可能。

（三）重整计划执行期限和监督期限

延长重整计划执行期限和监督期限是重整计划最为常见的变更内容，原重整计划规定的执行期限和监督期限是债务人或管理人基于原重整计划制定和表决时对未来完成重整可能需要时间的预测，当然难以做到精准无差，加之破产案件审理和办理周期不断提速限缩、要求快审快结，对重整计划执行期限的预留往往偏于保守，以至于重整计划执行期间一旦出现不在计划内的特殊情况时，重整计划执行期限和监督期限不得不予以延长。

此处需要重点探讨的一个问题是：重整计划执行期限和监督期限的延长，是否需要严格按照变更重整计划的程序历经申请、法院裁定同意、制定新的重整计划、提交债权人会议表决、法院裁定批准后执行，还是法院可以依申请径行作出裁定而无需表决。破产实践中的观点和做法并未形成一致意见，笔者认为该问题应当统一认识，形成共识。虽然重整计划执行期限和监督期限的延长，看上去并未对核心的债权受偿方案进行变更，但实际上重整计划执行期限的延长一般伴随着投资人出资期限的延长，用于偿债的资金到位时间相应地往后顺延，必然会影响到债权人债权的受偿及时性，从而在实际效果上变更了债权受偿方案。最高人民法院在《关于依法妥善审理涉新冠肺炎疫情民事案件若干问题的指导意见（二）》第二十条第二款中将本次新冠肺炎疫情管控导致的全国普遍性停产停业作为了重整计划执行期限可延长的法定情形，法院可以依申请径行作出准予延长的裁定而无需债权人会议表决。但这样的规定只是在特殊时期的特殊规定，不能放之四海而皆准。除此之外法律没有特别规定的，笔者认为重整计划执行期限和监督期限的延长应当严格按照变更重整计划的程序进行。

鉴于重整计划在进入执行程序后的变更程序繁杂，作为制定和提交重整计划的债务人或管理人，在与投资人、债权人等各方主体在磋商、制定重整计划时，务求完整、全面，必要时留有空间，为未来可能需要变更重整计划留下余地。

四、重整计划执行变更的程序探析

（一）申请变更的主体：不应仅限于债务人和管理人

《破产审判会议纪要》第十九条将重整计划变更的申请主体限定为债务人和管理人，笔者认为该规定限制了变更申请的启动主体。该条规定的意旨可能是试图与破产法规定的制定和提交重整计划的主体相对应，但从启动变更申请的紧迫性和现实需求来看，实际上投资人才是最有申请变更重整计划动力的一方。因此，笔者建议对于提出重整计划变更申请的主体不作额外限制，凡在重整计划执行过程中出现导致重整计划无法执行而权益受损的利害关系人均可以作为主体提出变更申请，由债权人会议表决并由法院审查该变更申请是否符合规定。

（二）申请变更的次数

《破产审判会议纪要》对申请变更重整计划的次数规定为以一次为限，笔者认为限定重整计划变更的次数是合理和必要的，避免因重整计划多次变更导致重整期限不断拉长、重整价值不断降低、丧失重整意义，但因变更申请能否最终形成新的重整计划，还要历经法院裁定同意变更、提出新的重整计划供债权人表决、法院裁定批准新的重整计划，因此对次数的限制应加之于法院最终批准重整计划变更的新的重整计划，而对于申请变更的次数不宜加以限制。

（三）法院对是否同意变更的审查

债权人会议和法院对利害关系人提出的变更申请进行审查，审查的重点应聚焦于申请所依据的情形是否属于导致原重整计划无法执行的诸如国家政策调整、法律修改变化、疫情管控等不可抗力影响、客观情况变化继续执行原重整计划明显不公等特殊情况。债权人会议决议同意变更重整计划的，应自决议通过之日起十日内提请人民法院批准，人民法院经审查认为符合变更条件的，裁定批准变更；若债权人会议不同意或者人民法院不批准变更申请的，经管理人或利害关系人请求，人民法院裁定终止重整计划的执行，并宣告债务人破产。

（四）债务人或管理人提出新的重整计划

法院裁定同意变更的，债务人或管理人应当在限期内提出变更后的新的重整计划，无需变更的部分应与原重整计划保持一致。《破产审判会议纪要》对提出新的重整计划的时限规定为六个月内，这虽然与《企业破产法》规定的重整计划制定期限相同（未规定可延长三个月），但笔者认为六个月的制定周期对于在原重整计划基础上进行修改调整的工作量和工作难度而言，显然过于漫长，不免发生恶意拖延重整进度的道德风险，且更为关键的是漫长过渡期内原重整计划所规定的各方权利义务如何安排将成为一个极不确定因素。就笔者的破产从业经验来看，重新提出新的重整计划的时限应大幅缩减。

（五）债权人会议对新的重整计划进行表决

新的重整计划应提交债权人会议表决，并非案件所有债权人组均要参与本次表决，对于重整计划变更并未遭受不利影响的债权人组无需参加本次表决，仅需组织遭受变更不利影响的债权人组进行表决，如变更对出资人组权益产生不利影响，出资人组也应参与本次表决。表决程序和表决规则应参照原重整计划表决规定执行，采取"双重多数决"的方式进行，即出席会议的同一表决组的债权人过半数同意重整计划草案，并且其所代表的债权额占该组债权总额的三分之二以上的，即为该组通过重整计划草案，参与表决的所有组别均表决通过即为新的重整计划表决通过；同样的，新的重整计划的表决仍适用二次表决制度和申请法院强裁制度。

（六）提请法院裁定批准

对于债权人会议表决通过的新的重整计划或管理人认为符合法院强裁条件的，管理人应自决议通过之日起 10 日内提请法院裁定批准；法院对是否裁定批准新的重整计划进行审查，经审查认为新的重整计划符合法律规定，应裁定批准新的重整计划，进入计划执行期；经审查认为新的重整计划不符合法律规定，应裁定不予批准新的重整计划，终止原重整计划的执行，并宣告债务人破产。

综上程序，以图示如下：

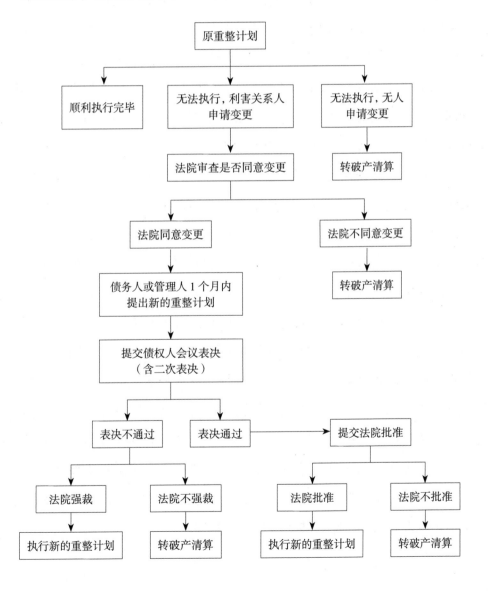

五、结论

我国现行《企业破产法》及其司法解释尚未对重整计划执行期间的变更这一在破产实践中普遍存在的问题作出明确规定，仅在《破产审判会议纪要》及临时应急性指导意见中有所提及，尚不能满足实践急迫需求，亟待统一认识和裁判口径。就此问题，根据破产从业经验和现实需求，笔者给出的初步建议如下：

在启动重整计划变更申请方面，着重考察该变更申请所依据的情形是否符合变更重整计划的特殊条件，包括但不限于原重整计划执行过程中出现的国家政策调整、法律修改变化、疫情管控等不可抗力影响、客观情况变化继续执行原重整计划明显不公等特殊情况导致原重整计划确实无法执行。

在原重整计划可变更的内容方面，影响到重整参与各方权利义务调整的部分都可纳入可变更的内容范畴，包括但不限于债权受偿方案、出资人权益调整方案、重整计划执行期限和监督期限等。

在变更重整计划执行程序方面，应作更为具体更为符合破产实践需要的可操作的程序设计，扩大提出变更申请的主体范围，利害关系人经债权人会议表决同意，均可向法院申请变更重整计划，法院根据可变更条件对变更申请进行审查，认为符合变更条件的裁定同意变更，不符合条件的裁定不予同意；在法院裁定同意变更后一个月内，由债务人或管理人提出新的重整计划，并提交因此变更遭受不利影响的债权人组和出资人组表决，表决程序和表决规则参照破产法规定的原重整计划表决执行；经表决和二次表决仍不通过的，由管理人向法院申请终止重整计划的执行并宣告债务人破产清算，如管理人认为虽然表决未通过但符合强裁条件的，可以申请法院强裁，法院不强裁的转入破产清算程序；经表决通过的，管理人在 10 日内提交法院批准新的重整计划，法院经审查认为新的重整计划符合法律规定，裁定批准新的重整计划草案，进入新重整计划执行期间；经审查认为新的重整计划不符合法律规定，裁定不予批准新重整计划，转入破产清算程序。

第十节　未按期申报债权在破产重整中的权利设置

关于未按期申报债权的债权申报人，其在破产程序中，权利如何行使、权利行使的边界等问题，及其与申报时间节点的关系，成为破产重整程序特别是破产清算转重整程序中不可回避的难题。这也是笔者长期工作在破产一线感觉比较棘手、又无明确规范指引的难题之一。在笔者看来，破产重整程序实际上就是在债权人、债务人、重整投资人（含破产重整程序中的投资人、破产清算转重整程序中的预投资人等）之间进行利益分配和权衡，任何债权的加入都会对三者的权利产生影响，该影响的起点和终点如何设定，该影响的范围大小如何限定，是破产重整程序能否顺利进行、债务人能够顺利完成重整的一个难题。如果一味允许在破产重整的整个阶段都可以补充申报债权，并且可以行使权利，那么债务人的对外债务金额就会处在一个不稳定的状态，毫无疑问会加重重整投资人的负担，重整投资人可能选择退出重整或者将新添债务负担通过变动清偿率或清偿方式、清偿时间来转移给其他债权人，给按期申报债权人造成难以预料的损失。出于法律关系稳定的考虑，若允许任何时候都可以补充申报债权，势必使法律关系长期处于不稳定的状态，破坏各方当事人的预期。这些都将对破产重整程序带来重大影响。而如果人民法院或管理人通过人为的不接受补充申报、延缓债权审核时间、限制补充申报债权人权利等方式，难免有违法之嫌，也不符合破产程序的初衷。

一、问题的列明

在破产重整程序中，对于未按照人民法院指定的债权申报期申报债权，期满后又补充申报的，其行使权利的边界在破产重整过程中如何限定？这即是本节要探讨解决的问题。换言之，债权人可以在破产财产最终分配前的任何时间补充申报，管理人依法必须接受补充申报，这是《企业破产法》第五十六条赋予补充申报债权人的权利。但接受申报和行使权利并非一一对应，债权人行使权利应当和债权审核结果、破产程序设置相关联。若对于补充申报债权的债权人行使权利采取全部肯定或全部否定的观点，带来的弊端显而易见。

（一）全部肯定观点

对于补充申报债权的债权人，在破产重整程序中全部肯定其行使权利，相当于将其视为在人民法院指定申报期内申报债权的债权人，至少可能会产生以下负面影响：

1. 债权总额不确定导致重整计划草案难以制定

《企业破产法》第八十一条规定了重整计划草案应包括的内容，其中最为核心的就是对债权人的权利调整和受偿方案。在债务人或管理人制定重整计划草案时，对债权人的权利调整和受偿方案是以制定时的数据为依据，如果在草案制定过程中，债权人人数和债权总额仍不断增加且需要列入草案，则可能会影响到全体债权人的债权调整幅度、债权受偿方式、债权受偿时间。债权人的债权调整和受偿方案始终处于一个不确定的状态，重整计划草案也难以最终确定并提交至人民法院。

2. 债权总额不确定导致重整投资人退出重整

重整投资人愿意参与破产案件的重整，一个非常重要的考量因素就是能否从中获利及获利多少，因为参与重整本身就是一个投资行为。破产企业的对外负债是需要重整投资人用债务人的财产按照人民法院裁定通过的重整计划进行偿还的，所以债权总额的大小直接关系到重整投资人的投资利益，当然也关系到重整投资人的投资意愿。如果债权总额处于不断增加的不稳定状态，而增加的债权都需要重整投资人"照单全收"，重整投资人就有可能权衡利弊转嫁风险甚至退出重整。

3. 新增债权导致按期申报债权的债权人权利受损

对补充申报债权的权利行使不作限制会导致破产债权总额增加，重整投资人如果不让渡自身利益，选择的方式可能就是将风险和负担转嫁给全体债权人，客观上拉低了债权人特别是普通债权人的债权清偿比例，清偿方式和清偿时间也可能遭到相比原方案不利的调整，对于按期申报债权的债权人权利造成损失，明显不公。

4. 新增债权导致债务人的出资人可能权利受损

对于非资不抵债破产的债务人，重整计划草案对于债务人的出资人权利调整，存在不清零的可能。对于保留了股东权益的出资人，如果债权增加甚至大量增加，就会使资产与负债的天平发生倾斜，达到资不抵债的程度，出资人的股东权益就面临被清零的风险。

（二）全部否定观点

对于补充申报债权的债权人，在破产重整程序中全部否定其行使权利，在重整计划执行完毕后才能行使权利，至少可能会产生以下负面影响：

1. 侵害补充申报债权人依法应享有的权利

《企业破产法》赋予了逾期申报债权人补充申报债权的权利，既然进行了债权补充申报，即应享有相应的债权人权利。《企业破产法》第四十五条规定的债权申报期为三十日至三个月，管理人在实际工作中通知的仅为在债务人的债权债务清册中体现的有效联系方式的已知债权人，其余债权人人民法院会在报纸媒体上进行公告。如果对于补充申报债权采取全程限制权利行使的做法，不免侵害了补充申报债权人依法享有的权利。

2. 一刀切不区分逾期申报的原因导致打击面扩大

逾期申报债权的原因多种多样，可能是出于故意、重大过失、无过失，如果采取一刀切方法对于逾期申报债权的原因不作区分、逾期申报的时间节点不作区分，难免有打击面扩大之嫌。因此，在破产重整程序中，有必要对某个时段或时间点的补充申报债权的债权人权利进行合理限制，以实现程序稳定和维护广大债权人、债务人的权利。

二、问题的现行规定及其评析

带着问题觅其法律规定，我国《企业破产法》第九十二条第二款对此规定为："债权人未依照本法规定申报债权的，在重整计划执行期间不得行使权利；在重整计划执行完毕后，可以按照重整计划规定的同类债权的清偿条件行使权利。"该款规定分为前半句和后半句两部分，在此分别予以评析。前半句"债权人未依照本法规定申报债权的，在重整计划执行期间不得行使权利"，笔者认为该条文属于"无害条款"，《企业破产法》规定的债权申报类型有两种：按期申报和逾期补充申报，对于未按照《企业破产法》规定进行债权申报，当然不属于债权人，属于其对于自身权利的处置，当然在重整计划执行期间不得行使权利。该条文写入法律的必要性存疑。后半句"在重整计划执行完毕后，可以按照重整计划规定的同类债权的清偿条件行使权利"，确定了补充申报债权人行使权利的起点，即要等到重整计划执行完毕后。但仍然无法解决的焦点问题是，全部补充申报债权人如何适用该规定？给司法实践中的操作带来不便，无规范可循。只有明确补充申报债权行使权利的临界点，才能督促债权人及时申报债权，确保重整计划制定和执行期间的稳定性，也同时符合重整投资人的预期，降低重整风险。

三、解决问题的思路

为解决遇到上述问题无规范可循，明确补充申报债权人在破产重整程序中的权利行使问题，笔者结合多年在破产一线工作特别是在破产重整案件办理过程中的经验，提出如下思路：

债权申报和行使权利的相互关系，分为两个节点、三个阶段。

第一阶段：

债权申报期开始 ←——→ 发布招募公告之日

该阶段不论是在债权申报期内进行申报的债权人，还是逾期补充申报的债权人，因该逾期补充申报债权可纳入分配方案或者重整计划的考量范围内而对其受偿情况不作限制，均有权按照《企业破产法》的规定行使权利。

第二阶段：

发布招募公告次日 ←——→ 重整计划执行完毕

该阶段进行补充申报的债权人，管理人应接受补充申报，但补充申报债权人的权利被冻结，此阶段不能行使权利。

第三阶段：

重整计划执行完毕次日 ←——→ 债务人财产分配完毕

该阶段进行补充申报的债权人，连同第二阶段权利被冻结的债权人，一并开始行使《企业破产法》规定的债权人权利。

笔者认为上述分阶段区别对待债权人的权利行使问题，能最大程度避免因补充申报债权对破产重整程序带来的负面影响，实现广大债权人、债务人、重整投资人权益平衡。

四、法律规范建议

鉴于该问题在破产司法实践中有待解决和规范，因此笔者建议将解决思路适时上升到法律规定或司法解释，以统一适用。法律规范条文文本内容建议为："债权人未在重整投资人招募公告发布之日前申报债权的，在重整计划执行期间不得行使权利；在重整计划执行完毕后，可以按照重整计划规定的同类债权的清偿条件行使权利。"

第十一节 企业破产程序管辖规则与其他程序衔接

正如《企业破产法》第一条规定的立法意旨所言，在企业出现资不抵债等危困情形时，破产程序的设立为公平清理债权债务、保护债权人和债务人的合法权益、维护社会主义市场经济秩序起到了重要作用。企业破产程序中的管辖规则较为复杂，除破产案件本身管辖外，还涉及债权确认诉讼等衍生诉讼管辖问题。此外，企业破产程序并非孤立存在的程序而是与其他程序例如执行程序等存在衔接适用。本节拟对企业破产程序管辖规则及与外部程序衔接适用问题进行简单梳理。

一、管辖相关

（一）破产案件本身管辖问题

一般破产案件管辖具体规定如下：

1. 地域管辖

《企业破产法》第三条确定了破产案件地域管辖的一般原则即破产案件由债务人住所地人民法院管辖。

就申请时如何确定债务人住所地，《民诉法司法解释》第三条规定，"债务人住所地是指其主要办事机构所在地，主要办事机构所在地不能确定的则以注册地或者登记地为住所地"；《民法典》第六十三条规定："法人以其主要办事机构所在地为住所。依法需要办理法人登记的，应当将主要办事机构所在地登记为住所。"据此，债务人的注册地或登记地原则上应为其主要办事机构所在地，故申请人可直接向债务人注册地或登记地法院提出破产申请，在两者地址不一致情况下申请人如需向主要办事机构所在地法院申请的，应提供充分证据证明债务人主要办事机构所在地与注册地（登记地）不一致。

2. 级别管辖

就一般破产案件级别管辖问题，破产法未涉及，故应沿用此前发布的《审理破产案件若干规定》第二条，即：基层人民法院一般管辖县、县级市或者区的工商行政管理机关核准登记企业的破产案件；中级人民法院一般管辖地区、地级市（含本级）以上的工商行政管理机关核准登记企业的破产案件；纳入国家计划调整的企业破产案件，由中级人民法院管辖。可见，除纳入国家计划调整的企业破产案件外，一般破产案件原则上以企业核准登记的工商行政管理机关级别为标准确定级别管辖。

在上述原则基础上，《审理破产案件若干规定》第三条又确定了一般破产案件的移送及指定管辖，即上级人民法院审理下级人民法院管辖的企业破产案件，或者将本院管辖的企业破产案件移交下级人民法院审理，以及下级人民法院需要将自己管辖的企业破产案件交由上级人民法院审理的，依照民事诉讼法相关规定办理；省、自治区、直辖市范围内因特殊情况需对个别企业破产案件的地域管辖作调整的，须经共同上级人民法院批准。

3. 关联企业合并破产管辖问题

就关联企业合并破产管辖问题，最高人民法院在 2018 年发布的《破产审判会议纪要》中予以了明确答复，其中第三十五条规定："采用实质合并方式审理关联企业破产案件的，应由关联企业中的核心控制企业住所地人民法院管辖。核心控制企业不明确的，由关联企业主要财产所在地人民法院管辖。多个法院之间对管辖权发生争议的，应当报请共同的上级人民法院指定管辖。"第三十八条规定："关联企业破产案件的协调审理与管辖原则。多个关联企业成员均存在破产原因但不符合实质合并条件的，人民法院可根据相关主体的申请对多个破产程序进行协调审理，并可根据程序协调的需要，综合考虑破产案件审理的效率、破产申请的先后顺序、成员负债规模大小、核心控制企业住所地等因素，由共同的上级法院确定一家法院集中管辖。"

（二）破产衍生诉讼管辖问题

就破产受理后的衍生诉讼案件管辖问题的法律规定散见于《企业破产法》第二十一条、《破产法司法解释（二）》第四十七条、《破产法司法解释（三）》第八条、《民事诉讼法》第三十九条、《民诉法司法解释》第四十二条中。前述规定确定的管辖原则主要有以下几点：

1. 人民法院受理破产申请后，有关债务人的民事诉讼，原则上应向受理破产申请的人民法院提起，即由受理破产申请的人民法院管辖。

2. 受理破产申请的人民法院管辖的有关债务人的第一审民事案件，可以依据《民事诉讼法》规定由上级人民法院提审，或者报请上级人民法院批准后交下级人民法院审理。

3. 受理破产申请的人民法院，如对有关债务人的海事纠纷、专利纠纷、证券市场因虚假陈述引发的民事赔偿纠纷等案件不能行使管辖权的，可以依据《民事诉讼法》规定由上级人民法院指定管辖。

4. 债务人、债权人就债权表记载的债权提起债权确认的诉讼中，如当事人之间在破产申请受理前订立有仲裁条款或仲裁协议的，应当向选定的仲裁机构申请确认债权债务关系。

二、执行案件移送破产审查相关

《民诉法司法解释》第五百一十一条规定："在执行中，作为被执行人的企业法人符合企业破产法第二条第一款规定情形的，执行法院经申请执行人之一或者被执行人同意，应当裁定中止对该被执行人的执行，将执行案件相关材料移送被执行人住所地人民法院。"据此，法定主体除径行申请之外还可通过执行案件移送破产审查的方式启动破产程序。我国现行《民诉法司法解释》第五百一十一条至第五百一十四条、《执行转破产指导意见》《破产审判会议纪要》第七章均对执行案件移送破产审查程序作出了规定。

（一）执行案件移送破产审查条件

根据《执行转破产指导意见》第二条，执行案件移送破产审查应同时符合下列条件：

1. 被执行人应为企业法人；

2. 被执行人或者有关被执行人的任何一个执行案件的申请执行人书面同意将执行案件移送破产审查；

3. 被执行人不能清偿到期债务，并且资产不足以清偿全部债务或者明显缺乏清偿能力。

（二）执行案件移送破产审查管辖问题

《执行转破产指导意见》第三条规定："执行案件移送破产审查，由被执行人住所地人民法院管辖。在级别管辖上，为适应破产审判专业化建设的要求，合理分配审判任务，实行以中级人民法院管辖为原则、基层人民法院管辖为例外的管辖制度。中级人民法院经高级人民法院批准，也可以将案件交由具备审理条件的基层人民法院审理。"

（三）执行案件移送破产审查的程序流程

执行案件移送破产审查主要包括以下三个阶段性程序：执行法院的征询及决定程序、执行法院材料移送及受移送法院接收程序、受移送法院破产审查与受理程序，具体流程如下：

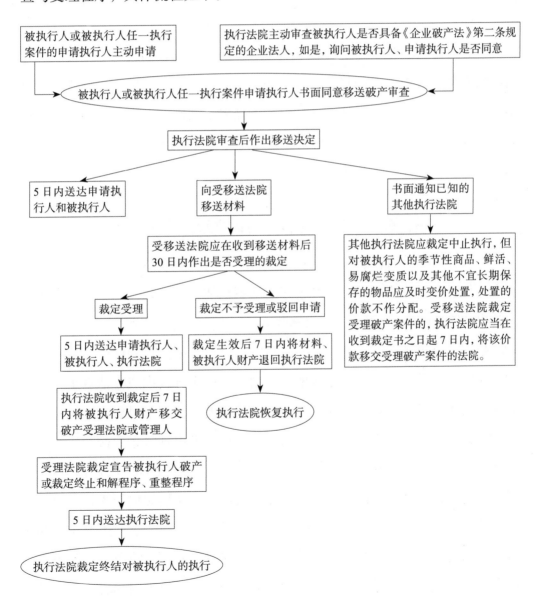

（四）执行法院保全措施衔接问题

根据《执行转破产指导意见》第九条及《破产审判会议纪要》第四十二条之规定，应按照如下方式处理执行案件移送破产审查程序中执行法院既有保全措施的衔接问题：

（1）执行法院决定移送后、受移送法院裁定受理破产案件之前：执行法院对被执行人的查封、扣押、冻结措施不解除。查封、扣押、冻结期限在破产审查期间届满的，申请执行人可以向执行法院申请延长期限，由执行法院负责办理。

（2）受移送法院裁定受理破产案件后：执行法院收到破产受理裁定后应当解除对债务人财产的查封、扣押、冻结措施；或者根据破产受理法院的要求，出具函件将查封、扣押、冻结财产的处置权交破产受理法院。破产受理法院可以持执行法院的移送处置函件进行续行查封、扣押、冻结，解除查封、扣押、冻结，或者予以处置。

三、公司解散清算程序与破产程序衔接相关

《公司法》第一百八十七条第一款规定："清算组在清理公司财产、编制资产负债表和财产清单后，发现公司财产不足清偿债务的，应当依法向人民法院申请宣告破产。"据此，公司解散清算程序可转向破产程序。

根据《公司法》第一百八十三条规定，公司解散清算程序分为自主清算和强制清算两种，公司应自出现解散事由之日起十五日内成立清算组开始清算即为自主清算，逾期不成立清算组进行清算的，债权人可以向人民法院申请强制清算。如在自主清算或强制清算阶段债务人出现《企业破产法》第二条情形的，可径行适用《公司法》第一百八十七条规定进入破产清算程序，但当债务人同时出现了需强制清算情形和破产清算情形时债权人是否可自行选择提起哪种程序呢？对此，《九民会议纪要》第一百一十七条给予了明确答复：仅能适用破产清算程序，且如债权人对符合破产清算条件的债务人提起了公司强制清算申请，经人民法院释明后仍然坚持申请对债务人强制清算

的，人民法院应当裁定不予受理。此外，最高人民法院《强制清算纪要》第三十二条至第三十五条进一步细化规定了强制清算程序与破产程序如何衔接的问题。

规定问题	《强制清算纪要》具体条文
公司强制清算向破产程序的转化	32. 公司强制清算中，清算组在清理公司财产、编制资产负债表和财产清单时，发现公司财产不足清偿债务的，除依据《公司法司法解释（二）》第十七条的规定，通过与债权人协商制作有关债务清偿方案并清偿债务的外，应依据《公司法》第一百八十八条和《企业破产法》第七条第三款的规定向人民法院申请宣告破产。
破产程序对公司强制清算的吸收	33. 公司强制清算中，有关权利人依据《企业破产法》第二条和第七条的规定向人民法院另行提起破产申请的，人民法院应当依法进行审查。权利人的破产申请符合《企业破产法》规定的，人民法院应当依法裁定予以受理。人民法院裁定受理破产申请后，应当裁定终结强制清算程序。
机构及人员衔接问题	34. 公司强制清算转入破产清算后，原强制清算中的清算组由《人民法院中介机构管理人名册》和《人民法院个人管理人名册》中的中介机构或者个人组成或者参加的，除该中介机构或者个人存在与本案有利害关系等不宜担任管理人或者管理人成员的情形外，人民法院可根据企业破产法及其司法解释的规定，指定该中介机构或者个人作为破产案件的管理人，或者吸收该中介机构作为新成立的清算组管理人的成员。上述中介机构或者个人在公司强制清算和破产清算中取得的报酬总额，不应超过按照企业破产计付的管理人或者管理人成员的报酬。
程序转化后清算事务及材料的交接、已完成清算事项的效力认定问题	35. 上述中介机构或者个人不宜担任破产清算中的管理人或者管理人的成员的，人民法院应当根据企业破产法和有关司法解释的规定，及时指定管理人。原强制清算中的清算组应当及时将清算事务及有关材料等移交给管理人。公司强制清算中已经完成的清算事项，如无违反企业破产法或者有关司法解释的情形的，在破产清算程序中应承认其效力。

四、结语

破产程序管辖规则较为复杂且存在与其他程序衔接适用问题，本节除文字外多以表格、流程图方式对于破产程序前述相关问题进行了梳理，以期帮助读者快速取得宏观认识。

第十二节　破产程序中的税收债权及税务问题

税收债权，是指税务机关代表国家作为债权人，依法请求纳税人（债务人）交纳税款的权利。本节主要探讨破产程序中一些具有争议性的税收债权及税务问题，如成立在先的税收债权是否优先于担保债权受偿？税款滞纳金、税收罚款是否同样享有税收优先权？破产撤销权对债务人提供纳税担保和清缴欠税的行为存在何种影响？税务机关是否有义务主动申报债权？破产程序中税务机关能否因债务人尚有欠税而不予提供发票？破产程序终结后税务机关能否因债务人未能完全清缴欠税而不予办理税务注销登记？本节结合现有法规及实务案例，对以上问题作一个简要的分析。

一、破产程序中的税收优先权问题

（一）税收优先权与担保债权的立法冲突及其实践现状

1. 立法冲突

无论是《企业破产法》还是《税收征收管理法》，都规定了税收优先权。所谓税收优先权，是指税务机关代表国家，按照法律的直接规定，就纳税人的特定或不特定财产优先受偿的权利。税收优先权的理论基础在于税收的公益性及风险性。税收公益性是指税收征管是为提供公共服务所需，具有强烈的公益性质；税收风险性是指，税收债权缺乏直接的对待给付，税务机关与纳税人之间存在信息不对称的情形，税收债权不能实现的风险较大。基于税收公益性及风险性的考量，故赋予税收债权优先性，以确保国家能顺利征缴税款。

围绕税收优先权的一个由来已久的争议是：破产程序中税收债权是否优先于有担保的债权受偿？从立法规定来看，《企业破产法》与《税收征收管理法》在担保债权与税收债权二者间的优先性上有矛盾之处。《企业破产法》第一百零九条规定："对破产人的特定财产享有担保权的权利人，对该特定财产享有优先受偿的权利"；第一百一十三条第一款规定："破产财产在优先清偿破产费用和共益债务后，依照下列顺序清偿：（一）破产人所欠职工的工资和医疗、伤残补助、抚恤费用，所欠的应当划入职工个人账户的基本养老保险、基本医疗保险费用，以及法律、行政法规规定应当支付给职工的补偿金；（二）破产人欠缴的除前项规定以外的社会保险费用和破产人所欠税款；（三）普通破产债权。"根据《企业破产法》的规定，破产程序中的税收优先权仅体现为优先于普通破产债权的一般优先权，而担保债权则是优先于破产费用、共益债务、职工债权、税收债权及普通破产债权的特别优先权。但《税收征收管理法》第四十五条第一款规定："税务机关征收税款，税收优先于无担保债权，法律另有规定的除外；纳税人欠缴的税款发生在纳税人以其财产设定抵押、质押或者纳税人的财产被留置之前的，税收应当先于抵押权、质权、留置权执行。"根据《税收征收管理法》第四十五条规定，成立在先的税收债权优先于担保债权；但根据《企业破产法》第一百零九条规定，担保债权作为破产程序中的特别优先权，与其成立先后时间无关，于是两部法律在此问题上发生冲突。

2. 税务机关的立场

税务机关作为一个以税款征缴为法定职能的机构，为了避免被认定为有渎职之嫌，其自然是希望纳税人所欠税款能收尽收，此种立场决定了税务机关必然主张破产程序中成立在先的税收债权优先于担保债权受偿。但此种立场自《国家税务总局关于税收征管若干事项的公告》（国家税务总局公告 2019 年第 48 号）发布后有明显转变。国家税务总局（以下简称国税总局）在第 48 号公告中提出"企业所欠税款、滞纳金、因特别纳税调整产生的利息，税务机关按照企业破产法相关规定进行申报"，而国税总局发布的《关于〈国家税务总局关于税收征管若干事项的公告〉的解读》明确："根据税收征管法第四十五条，税收优先于欠缴税款发生之后的担保债权；企业破产法中，有担保的债权优先受偿，剩余财产在优先清偿破产费用和共益债务后，再按规定顺序清偿。为更好保护其他债权人利益，促进市场经济发展，《公告》明确税务机关按照企业破产法相关规定进行申报。"可见，国税总局认为税务机

关申报债权应当按照《企业破产法》来处理，认可担保债权优先于税收债权
受偿。

3. 司法机关的立场

虽无司法解释直接言明如何处理前述立法上的冲突，但《破产法司法解
释（二）》第三条第二款规定："对债务人的特定财产在担保物权消灭或者实
现担保物权后的剩余部分，在破产程序中可用以清偿破产费用、共益债务和
其他破产债权。"理论上来讲，此款规定中"其他破产债权"包含税收债权，
因而可以认为司法解释坚持了《企业破产法》中担保债权优先于税收债权的
立场。

笔者通过在威科法律数据库检索最近五年的相关案例发现，虽然司法
实践中存在观点分歧，但多数案例中法院认为担保债权优先于税收债权受
偿，与担保债权和税收债权的成立先后无关，而适用《税收征收管理法》第
四十五条规定的案例多是在国税总局发布 2019 年第 48 号公告之前。在"中
国农业银行股份有限公司绍兴越城支行等诉绍兴金宝利纺织有限公司破产债
权确认纠纷案"①（以下简称农业银行案）中，法院提出如下四点理由：第一，
《税收征收管理法》与《企业破产法》两部法律的位阶相同，从调整对象来
看，《税收征收管理法》调整的是全体纳税人的税款征缴事项，而《企业破产
法》调整的是进入破产程序的非正常状态企业债权债务概括公平清偿程序，
《税收征收管理法》的调整范围更广，因而《企业破产法》第一百零九条、第
一百一十三条规定属于特别规定。根据特别法优先于一般法的原则，应优先
适用《企业破产法》的规定。第二，在破产程序中适用《税收征收管理法》
第四十五条规定，将打乱《企业破产法》所设定的清偿顺序，使得破产债权
的清偿体系发生混乱。法院提出，破产财产是否设立抵押权，在抵押物价值
范围内将决定税收债权的清偿顺序，抵押权设立的最大受益人将是税务机关
而非抵押权人，显然缺乏合理性。第三，《物权法》《税收征收管理法》《企业

---

① 浙江省绍兴市中级人民法院（2017）浙 06 民终 1119 号。

破产法》相关条款对税收债权、有担保债权清偿顺序的调整针对性逐渐增强，彼此是一般到特别再到更特别的关系，内在逻辑并不能支持《税收征收管理法》第四十五条规定在本案中的优先适用。第四，税收债权基于税收的公益性和风险性在《税收征收管理法》中享有优先权，但在破产程序中缺乏足够的公益性和风险性基础来支撑税收债权优先于担保债权受偿，因而应适当受限。

4. 本书观点

我们赞同依照《企业破产法》的规定处理担保债权与税收债权之间的优先权矛盾，即无论担保债权成立时间先后，税收债权不应优先于担保债权受偿。前述农业银行案中法院提出的理由已较为充分，我们仅从税收的公益性角度作进一步简述。税收债权与担保债权之间的优先性冲突背后体现的是公共利益与私人利益之间的冲突，税收债权基于其公益性与风险性在破产程序中已经处于优先于普通破产债权清偿的优先顺位，其公共利益特性已经得到了适当的制度保障，若再强调税收债权优先于担保债权，将同时导致税收债权优先于职工债权受偿，事实上即变成通过减损担保权人及劳动者权益的方式来赋予税收债权超级优先权，将使得破产清算程序过度保障税收债权而打破破产程序中公共利益与私人利益之间的平衡。

（二）破产程序中享有税收优先权的"欠税"界定

依据《企业破产法》第一百一十三条第一款第二项规定，破产人"所欠税款"（即"欠税"）享有优先受偿权，但税款滞纳金和税收罚款是否属于"欠税"范围而享有优先权，在理论界和实务中都存有争议。下文对此问题简要探讨如下。

1. 税款滞纳金不享有税收优先权

在学理上，对税款滞纳金的定性有多种观点，包括利息说、附带税收说、行政处罚说、损害赔偿说及行政强制说。主流观点为行政强制说，即认为税款滞纳金是一种税务机关对拒不履行纳税义务的纳税人课以新的金钱给付义务，以促使其清缴税款的间接强制执行手段。纳税义务人一旦未按照规定期限缴纳税款，便会被加收税款滞纳金。关于税款滞纳金在破产程序中的清偿顺位，《最高人民法院关于税务机关就破产企业欠缴税款产生的滞纳金提起的债权确认之诉应否受理问题的批复》（法释〔2012〕9号）中规定："破产企业在破产案件受理前因欠缴税款产生的滞纳金属于普通破产债权"，也即税款滞纳金不属于《企业破产法》第一百一十三条第一款第二项规定的"欠税"，破产程序中税款滞纳金不适用税收优先权，税款滞纳金应按普通债权的顺序清偿，司法实践中一般亦按此规定处理。

亦有案例将税款滞纳金列于普通破产债权之后作为劣后债权清偿。在"北京市西城区国家税务局诉中国华阳金融租赁有限责任公司破产债权确认纠纷案"[①]中，法院认为税款滞纳金债权为劣后债权，于普通债权清偿之后受偿。但是在《最高人民法院关于税务机关就破产企业欠缴税款产生的滞纳金提起的债权确认之诉应否受理问题的批复》文件公布后，大部分案例中的税款滞纳金都是按普通破产债权处置，而此判决是在相关批复文件公布之前作出，因而对当下的参考意义已然不大。

税务机关对税款滞纳金是否享有优先权同样有立场上的变化。在《国家税务总局关于税收优先权包括滞纳金问题的批复》（国税函〔2008〕1084号）中说明："按照《中华人民共和国税收征收管理法》的立法精神，税款滞纳金与罚款两者在征收和缴纳时顺序不同，税款滞纳金在征缴时视同税款管理，税收强制执行、出境清税、税款追征、复议前置条件等相关条款都明确规定滞纳金随税款同时缴纳。税收优先权等情形也适用这一法律精神，《税收征管法》第四十五条规定的税收优先权执行时包括税款及其滞纳金。"而2020年3月1日开始施行的国税总局2019年第48号公告中则明确："企业所欠的滞纳金、因特别纳税调整产生的利息按照普通破产债权申报。"因而，当下税务机关亦将税款滞纳金按普通破产债权申报处理。

---

① 北京市第一中级人民法院（2012）一中民初字第1112号。

2. 税收罚款不享有税收优先权

《破产审判会议纪要》第二十八条规定："破产财产依照企业破产法第一百一十三条规定的顺序清偿后仍有剩余的，可依次用于清偿破产受理前产生的民事惩罚性赔偿金、行政罚款、刑事罚金等惩罚性债权。"税收罚款作为一种行政罚款，按此规定也应作为劣后债权在普通破产债权清偿后清偿。将税收罚款作为劣后债权处理的案例有江苏阳帆家居用品有限公司、溧阳康美卫浴有限公司等合并破产清算案。①

不过，司法实践中尚存有税收罚款是否属于破产债权的争议。根据 2002 年出台的《审理破产案件若干规定》第六十一条规定，行政、司法机关对破产企业的罚款、罚金以及其他有关费用被认为不属于破产债权。因此，在少数案例中仍有法院认为税收罚款不属于破产债权，因而不参与破产清偿分配，如"黔东南州凯里经济开发区地方税务局与贵州宝恒建材城置业有限公司普通破产债权确认纠纷案"。②但《破产审判会议纪要》第二十八条即明确该规定是对"破产债权的清偿原则和顺序"的规定，因而笔者认为，税收罚款作为破产受理前产生的行政罚款也应被视作破产债权，只是应作为劣后债权清偿。

3. 本书观点

笔者认为，税款滞纳金和税收罚款均不属于破产程序中的"欠税"。第一，税收罚款体现惩罚性，而税款滞纳金兼具惩罚性和赔偿性，此类惩罚性债权具有特定的事实对象，是具有人身不可替代性的处罚，在破产程序中，通常债务人已不足以偿还全部债务，若让其享有优先权，只能使其他债权人应分得的财产减少，实际受到处罚的不是进行违法行为的债务人，而是其他无辜的债权人，这亦不能达成惩罚性债权设置的制度目的；第二，债务人因应缴未缴某些税种对应款项而产生"欠税"，"欠税"体现为"税"，而税款滞纳金和税收罚款都不属于"税"，如果将税款滞纳金和税收罚款都视作"税"，

---

① 江苏省溧阳市人民法院（2021）苏 0481 破 11 号之三。

② 贵州省黔东南苗族侗族自治州中级人民法院（2018）黔 26 民初 32 号。

显然违背税收法定原则。

至于税款滞纳金和税收罚款应处于何种清偿顺位，我们亦赞同税收罚款作为劣后债权清偿，税款滞纳金作为普通破产债权清偿，理由在于：税收罚款作为惩罚性公法债权若与普通破产债权同顺位清偿，在债务人财产不足以清偿债务的情况下，其他债权人将获得更少的清偿，事实上导致其他债权人与债务人共同承受该笔罚款，使得处罚对象发生转移；而税款滞纳金除了具有惩罚性质外，同时还具有赔偿性质（债务人欠缴税款造成国家损失），与作为纯粹惩罚性公法债权的税收罚款不同，因而可以作为普通破产债权清偿。

虽然立法上有冲突，但从当下司法实践现状以及国税总局2019年第48号公告来看，破产程序中税收债权较之于担保债权并不享有优先受偿性，此时破产程序中的清偿顺序是：担保债权＞破产费用及共益债务＞职工债权＞税收债权＞普通破产债权＞劣后债权。另外，税款滞纳金和税收罚款在破产程序中均不享有税收优先权。税款滞纳金按照普通破产债权清偿顺位清偿，而税收罚款属于劣后债权，在普通破产债权都清偿完后若仍有剩余款项再清偿税收罚款。

二、破产撤销权对债务人提供的纳税担保及欠税清缴行为的影响

破产撤销权，是指债务人财产的管理人对债务人在破产申请受理前的法定期间内进行的欺诈债权人或损害对全体债权人公平清偿的行为，由申请法院予以撤销的权利。我国《企业破产法》第三十一条和第三十二条规定了破产撤销权。第三十一条规定："人民法院受理破产申请前一年内，涉及债务人财产的下列行为，管理人有权请求人民法院予以撤销：（一）无偿转让财产的；（二）以明显不合理的价格进行交易的；（三）对没有财产担保的债务提供财产担保的；（四）对未到期的债务提前清偿的；（五）放弃债权的。"第三十二条规定："人民法院受理破产申请前六个月内，债务人有本法第二条第一款规定的情形，仍对个别债权人进行清偿的，管理人有权请求人民法院予以撤销。但是，个别清偿使债务人财产受益的除外。"从这两条规定来看，破产

撤销权的特征之一是其所针对的可撤销行为发生在法律规定的特殊期间，即破产临界期内。当我们在讨论破产撤销权对欠税清缴的影响时，结合前述规定，主要可予探讨的情形有二：一是，债务人在法院受理破产申请前一年内以自有财产为自己或者为他人提供纳税担保，管理人能否主张撤销？二是，债务人在法院受理破产申请前六个月内清缴所欠税款，管理人能否主张撤销？

就债务人在破产临界期内为他人或者为自己提供纳税担保而言，仅从《企业破产法》第三十一条第一款第三项的文义上来看，债务人提供的纳税担保亦属于适用破产撤销权的情形，即使债务人是在为作为公法债权的税收债权提供担保，但笔者认为，应当依据不同的情形区别对待。若债务人在破产临界期内以自有财产为自己的税款债务提供纳税担保，致使税务机关就该担保财产享有优先受偿权，损害了其他债权人公平受偿的利益，将该担保予以撤销符合破产撤销权的立法意旨。若债务人在破产临界期内以自有财产为他人的税款债务提供纳税担保，则应当就该担保是否有偿而区别看待，如该纳税担保为无偿性质，则可以通过破产撤销权撤销；若为有偿性质，由于债务人仍从其提供的财产担保中享有利益，应认为不属于可适用破产撤销权的情形，除非债务人从该担保中可获得的对价利益明显低于担保财产价值。

就债务人在法院受理破产申请前六个月内清缴税款这一情形而言，笔者认为不在破产撤销权适用范围内。其一，清缴欠税的行为可被视作使债务人财产受益的情形。若债务人不依法缴纳税款，可能被列入非正常户进而被税务机关限制开票而影响正常的生产经营，也会因为欠缴税款而被追加滞纳金及罚款，整体上减损债务人利益。其二，允许撤销债务人清缴的税款与司法解释的规定意旨不符。《破产法司法解释（二）》第十五条规定："债务人经诉讼、仲裁、执行程序对债权人进行的个别清偿，管理人依据企业破产法第三十二条的规定请求撤销的，人民法院不予支持。但是，债务人与债权人恶意串通损害其他债权人利益的除外。"此规定意在使得有公信力的"被动清偿"不被撤销。有学者提出，由于此规定中"执行"与"诉讼"并列，此处的"执行程序"不仅指诉讼法中的执行程序，还应当包括税务机关对欠税的强制执行。于是，若债务人主动清缴欠税的行为被撤销，而被动强制清缴的行为却不得撤销，缺乏制度合理性，毕竟同样是依照法定程序清偿公法上的税收债务，债务人依法纳税、税务机关依法征税，同样具备一定的公信力，缺少区别对待的基础。其三，允许撤销债务人清缴欠税的行为，将使得进入国库的税款再被取出，徒增程序成本，而且当下亦缺少现实可行的制度基础。

在以上问题之外，或许会产生这样一个疑惑：债务人在破产程序中清缴税款，是否存在被撤销的可能？由于破产撤销权针对的是破产临界期内的行为，所以在破产程序中的税款清缴行为显然不在破产撤销权的适用范围内。另外，在进入破产程序后由管理人接管债务人的财产，管理人在未进入财产分配阶段即清缴法院受理破产申请前的欠税是违反破产法规定的行为，管理人需要承担相应的法律责任。值得一提的是，上海市、重庆市、广州市、宣城市等多地已就企业破产涉税事项出台意见，提出破产企业因继续营业或者因破产财产的使用、拍卖、变现所产生的应当由企业缴纳的税（费）应按照破产费用或共益债务处理，即破产程序中的新生税款由破产财产随时清偿，持如此观点的实践案例亦有审结的"国家税务总局桂阳县税务局、湖南黄沙坪铅锌矿破产债权确认纠纷案"。① 故破产程序中基于继续营业或财产变价等原因产生的新生税款不在破产税收债权范围之内，更无撤销一说。

三、税务机关的税收债权申报义务

税务机关有义务主动向管理人申报债权。根据国税总局2019年第48号公告，税务机关应当在人民法院公告的债权申报期限内，向管理人申报企业所欠税款、滞纳金及罚款。因而可以认为，税务机关有主动申报债权的义务。实践中，法院在裁定受理企业破产申请后会在"人民法院公告网"等平台发布关于债权申报的公告，税务机关在获知公告内容后应联系管理人申报税收债权。

---

① 湖南省郴州市中级人民法院（2020）湘10民终1585号。

另外，破产管理人同样有义务通知包括税务机关在内的已知债权人及时申报债权。《企业破产法》第六十二条规定："召开债权人会议，管理人应当提前十五日通知已知的债权人。"《税收征收管理法实施细则》第五十条规定："纳税人有解散、撤销、破产情形的，在清算前应当向其主管税务机关报告；未结清税款的，由其主管税务机关参加清算。"因此，管理人也有义务根据债务清册逐一通知已知债权人，即使税务机关未在债务清册中，管理人出于审慎考虑也应将企业破产事项通知主管税务机关，并就债权申报事宜与税务机关积极沟通，避免遗漏税款债务而引发纠纷。

四、破产程序中税务机关不得因债务人尚有欠税而不予提供发票

在破产程序中，若破产企业因履行合同、处置财产或继续营业等原因在破产程序中确需使用发票的，管理人可以纳税人名义到税务机关申领、开具发票，税务机关不得以破产企业存在欠税情形为由拒绝提供发票。国税总局 2019 年第 48 号公告明确："企业因继续履行合同、生产经营或处置财产需要开具发票的，管理人可以以企业名义按规定申领开具发票或者代开发票。"2021 年发布的《关于推动和保障管理人在破产程序中依法履职进一步优化营商环境的意见》(发改财金规〔2021〕274 号)第十一条规定："破产企业因履行合同、处置财产或继续营业等原因在破产程序中确需使用发票的，管理人可以以纳税人名义到税务部门申领、开具发票。税务部门在督促纳税人就新产生的纳税义务足额纳税的同时，按照有关规定满足其合理发票领用需要，不得以破产企业存在欠税情形为由拒绝。"

但税务机关的操作与前述文件规定之间尚存在不协调的地方，实践中仍存在税务机关以破产企业仍欠缴税款而不予提供发票的情况。当下各政府部门均认识到此种做法不利于破产企业顺利完成破产程序，因而发改财金规〔2021〕274 号文明确要求税务机关不得以破产企业存在欠税情形为由拒绝纳税人合理的开票要求。在税务机关拒绝提供发票的情况下，管理人可依据相关规范性文件与税务机关作进一步沟通。

五、破产程序终结后税务机关不得因债务人
未完全清缴欠税而不予办理税务注销登记

《企业破产法》第一百二十一条规定："管理人应当自破产程序终结之日起十日内，持人民法院终结破产程序的裁定，向破产人的原登记机关办理注销登记。"按此规定意旨，只要破产程序终结，无论债务人对税务机关的欠税是否完全清缴，作为债务人的破产企业都要通过注销程序消灭其法律人格。但实务中的确存在税务注销难的问题，原因在于，《税收征收管理法》第十六条规定了纳税人在向工商行政管理机关申请办理注销登记前应当先办理变更或注销税务登记，而《税收征收管理法实施细则》第十六条进一步明确，纳税人在办理注销税务登记前，应当向税务机关结清应纳税款、滞纳金、罚款，缴销发票、税务登记证件和其他税务证件。但进入破产清算的企业少有能完全清偿欠税的，于是税务机关便会以此为由不予办理税务注销登记。

针对两法冲突造成税务注销难的问题，国税总局《关于深化"放管服"改革更大力度推进优化税务注销办理程序工作的通知》（税总发〔2019〕64号）中明确，经人民法院裁定宣告破产的纳税人，持人民法院终结破产程序裁定书向税务机关申请税务注销的，税务机关应即时出具清税文书，按照有关规定核销"死欠"。但是，持终结破产程序裁定书申请税务注销有前提条件：其一，税务机关在积极申报债权后，对于未能在破产程序中依法受偿的税收债权，才能依法予以核销；其二，管理人不存在导致税收债权未依法参与受偿，或清算过程中未妥善安排新生税款的行为。

本节仅就以上破产程序中的税收债权及税务问题作简要探讨，以供各位读者参考。但事实上，破产程序中仍有不少本书并未涉及的税务问题，比如：骗取的出口退税款或者其他应返还的税收优惠在破产程序中处于何种清偿顺位、附纳税担保的税收债权是否能按照《企业破产法》第一百零九条的规定优先受偿、在法院受理破产申请后税款滞纳金是否停止计算等。破产程序中的税务问题错综复杂，仍待进一步挖掘。

第十三节　预重整制度与债权人保护

一、预重整制度的涵义

在联合国国际贸易法委员会制定的《破产法立法指南》中，预重整被定义为"简易重整程序"，即"受影响的债权人在程序启动前，为使自己在重整谈判中商定的计划生效而启动的程序"。这一定义明确了预重整是破产程序启动前的程序，即当事人庭外自愿重整。称其为"简易重整程序"，是因为在当事人自愿庭外重整阶段谈判成功后，可以使与预重整衔接启动的重整程序得以简易化，省略一些原有的法律程序，使法庭内破产重整得以快捷、顺利完成。

笔者认为，预重整制度是在债务重组和破产重整两种制度基础上创新产生的法律制度。预重整是指在法院受理破产重整申请前，在预重整辅导机构的协助下，协助债务人、投资人等各方利害关系人进行协商讨论、展开谈判，探讨恢复生产、辅助企业推进破产重整进行的一种拯救程序。当事人在法庭外重整阶段自行协商达成重整协议，该协议进入重整程序后，随之从庭外重整阶段的"重整协议"改称为"重整计划草案"，无需根据重整协议再次制定一个重整计划草案，以市场化、法治化、简易快捷地解决企业再生问题。我国建立预重整制度的目的是要通过完善债务、预重整、破产重整的系列制度，以针对性地适用于不同的调整对象，建立一个相互衔接、全面完整的企业再生系统和机制。

二、预重整制度的历史沿革

市场化退出机制的推进促使预重整制度在中国的出现和发展。起初，我国有关预重整的成文规定主要以会议纪要、工作指引和解答等形式在地方政府、法院文件中发布。2013年，浙江省高级人民法院在《关于企业破产案件简易审若干问题的纪要》中首次提出"企业破产申请预登记"制度，对符合条件的企业进行破产申请预登记。2015年，深圳市中级人民法院发布的《破产案件立案规程》第二十五条第二款规定，在受理破产申请前，债权人和债务人可以自行协商和解或提前准备重整方案，协商和解与准备重整方案的期间不计入法院破产案件立案审查期间。2018年后，地方关于预重整的探索开始进入快速发展时期。例如，2018年温州市中级人民法院《企业金融风险处置工作府院联席会议纪要》第二章关于推进预重整工作的具体操作流程、2019年深圳市中级人民法院《审理企业重整案件工作指引（试行）》第三章、2019年北京市第一中级人民法院《北京破产法庭破产重整案件办理规范（试行）》第三章、2020年南京市中级人民法院《关于规范重整程序适用提升企业挽救效能的审判指引》第三章、2020年宿迁市中级人民法院《关于审理预重整案件的规定（试行）》以及2020年苏州市吴江区人民法院《审理预重整案件的若干规定》，这些规范性文件就预重整的程序启动、预重整期限、管理人选任、预重整费用的承担等作了探索式的规定。

在国家层面，最高人民法院在2018年《破产审判会议纪要》第四部分破产重整第二十二条提出：探索推行庭外重整与庭内重整制度的衔接。在企业进入重整程序之前，可以先由债权人与债务人、出资人等利害关系人通过庭外商业谈判，拟定重整方案。重整计划启动后，可以重整方案为依据拟定重整计划草案提交人民法院依法审查批准。这是最高人民法院第一次在国家层面上承认预重整制度的合理性与合法性，也是对各地积极探索预重整制度的鼓励，对各地开展预重整的立法和实践产生了积极的推动作用。2019年，国家发改委、最高人民法院等13部委发布《加快完善市场主体退出制度改革方案》（发改财金〔2019〕1104号），提出要"研究建立预重整和庭外重整制度，实现庭外重整制度、预重整制度与破产重整制度的有效衔接。强化庭外重整的公信力和约束力，明确预重整制度的法律地位和制度内容"。该方案为破产法改革，尤其是预重整制度的完善指明了方向。2019年，最高人民法院在《民商事审判会议纪要》第一百一十五条继续明确完善庭外重整与庭内重整的衔接机制，并且对庭外重整协议效力在重整程序中的延伸作出了规定。该纪要不仅认可了庭外重整协议在重整程序中的约束力，而且充分保障了有关债权人的异议权。

三、预重整制度对于债权人的现实意义

联合国国际贸易法委员会制定的《破产法立法指南》将预重整评价为解决债务人财务困境最符合成本效益的手段。该制度通过简化重整程序，可以避免单纯庭外重整中存在的各种困难，以及正式重整程序通常相伴随的其中一些费用、拖延以及程序上和法律上的要求。预重整能够解决原有庭外重整和破产重整程序的制度性不足，从下述几个方面提升重整成功率和债权人的清偿率。

（一）预重整有利于保全企业的商业价值

如果法院直接裁定受理破产申请，企业进入破产程序，外界对企业的经营预期和价值判断将大大降低，由此以破产清算程序启动的，破产企业清算处置财产的压力陡增，而重整程序因其不可逆的程序要求以及期限限制，企业的重整价值可能被严重低估，从而给破产企业、债权人均带来更为不利的局面。预重整制度因其跳脱破产清算及重整程序的限制，能够给予各方当事人相对充分的时间清理债权债务，最大限度地保存、挖掘企业现有的和潜在的价值，各方利益主体可以充分地磋商谈判，就企业当前及未来的发展方向进行充分的沟通，同时也使得困境企业在此阶段有机会掌握更多的主动权，争取保全更多的企业利益。

（二）预重整便于企业尽早开展自我拯救

债务人一旦进入重整程序，便是走上了一条不可逆转的道路。如果重整失败，公司将转入破产清算且无法再回转至重整程序。这使得债务人在决定是否进入重整程序时会感到担忧，经常拖延申请从而延误了最佳拯救时机。因此，其中一些公司丧失或者部分丧失了重整成功的最佳条件。预重整可以补齐目前企业拯救制度的缺失与短板，该制度具有转换的灵活性，预重整不成功时债务人并不当然进入破产清算程序，各方仍存在通过债务重组、协商沟通、执行和解等方式谈判的余地。在条件充分时，各方仍可恢复磋商并通

过申请重整程序完成企业自我救赎，这为债务人企业留存了较大的回旋余地，有利于鼓励符合预重整条件的企业及早进入拯救程序，化解执行僵局和突破债务桎梏，解决企业拯救启动过晚的积年痼疾。

（三）预重整有助于重整计划的充分协商沟通

预重整客观上还有助于解决重整期限不足等操作性问题，为促进重整计划的充分协商沟通，双方在法庭外自愿协商重组，使重整制度的核心——重整计划在进入程序前得以协商完成。现行破产法规定重整期限最长为9个月，然而重整基础工作难以在9个月内完成，客观上容易导致重整计划草案不成熟，债权人、债务人和投资人之间的沟通不够，最终出现表决难以通过的结果。而将接管、财产状况调查、债权申报与审核、审计与评估、投资人招募、重整计划草案拟定以及与主要债权人对重组方案进行沟通等基础工作前置到预重整的庭外程序中，能够为制定与调整重整计划草案提供充分详细的数据，为债权人、债务人和投资人之间的充分沟通提供宽松的期限。有利于形成"谈判—妥协—再谈判—再妥协"的良好沟通局面，大大提高重整计划草案表决通过的成功率。

（四）预重整充分保障了意思自治的空间

预重整不同于正式进入破产重整阶段，对于各方的意思表达、认定都有很大的操作弹性。预重整可以充分有效地调动利益相关者的积极性，若处理恰当，则可以在债务人、债权人、与重整辅导机构之间建立良性互动的信任关系。因为在预重整阶段，信息得以充分披露，各方利益主体据此已经进行了反复和深入的磋商，在反复博弈中，各方对企业的现状及预期发展方向都有了深刻的了解，对其他利益主体也有了更清晰的认知，这对于下一步正式进入重整程序，高效推进重整工作，最终取得重整成功具有重要的积极意义。在重整程序中，各方利益主体将此前商业协商一致通过的重整计划提交给法院，法院原则上会直接批准该重整预案的实施。法院对预重整程序中谈判成果的承认，在一定程度上限制了司法权的过度干预，也体现了公权力对私权利的尊重，充分保障了当事人意思自治的空间，也不存在受大债权人的"钳制"而妥协损害部分债权人和股东权益的现象。

（五）预重整能够调动府院联动保障机制

部分债务人企业破产除了受困于债务累累、难以清偿之外还存在资可抵债但因客观原因无法变现处置导致不能及时清偿债务或不能正常生产经营的情形，通过政府的提前介入有助于僵局化解，同时，预重整创造了政府与债务人企业直接对话的平台，为政府介入提供了相关程序的保障。

各地有关预重整的文件对府院联动的外部保障机制作了规定，这为企业重整时面临的棘手问题的解决提供了强大支持。其中，南京市中级人民法院《关于规范重整程序适用提升企业挽救效能的审判指引》规定，在预重整期间，债务人、债权人、管理人等应当积极取得当地政府的支持和帮助，落实企业破产处置协调联动机制有关文件要求，充分发挥政府在预重整中组织协调、维稳处置、招商引资、政策扶持等方面的职能作用。温州市中级人民法院《企业金融风险处置工作府院联席会议纪要》规定，人民法院对相关工作进行指导和监督。如需引进战略投资人、属地政府、管理人、债务人等均应积极参与，聚集各方资源提高引进效率和成功率。宿迁市中级人民法院《关于审理预重整案件的规定（试行）》规定，预重整期间，债务人、临时管理人应主动借力已建立的破产审判府院联动机制及相关机构制定出台的关于鼓励、推动债务重组的意见规定，积极争取配套政策、资金支持，为预重整工作的顺利开展创造有利的外部条件。

四、预重整案例：二重集团预重整案

中国第二重型机械集团公司（以下简称二重集团）与中国第二重型机械集团公司（德阳）重型装备股份有限公司（以下简称二重重装）预重整案（以下简称二重预重整案）被称为中国预重整第一案，为预重整制度的实践操作提供了丰富的借鉴经验。二重集团作为重要的央企，在技术装备制造方面具有国内领先优势，归中央直接管理，系二重重装的控股股东。2011年以来，受经济形势和自身管理等多方面因素的影响，两公司经营效益不佳，接连亏损，甚至连最基本的生产经营和员工社保都需要靠银行借贷来解决。3年后，两公司负债总额竟超200亿元，其中二重重装因亏损严重，被上海证券交易所暂停上市。

但是由于两公司资产负债体量大、债权债务关系复杂，且职工众多、维稳压力大等，企业在正式进入破产程序之前，由国有资产监督管理委员会会同原银行业监督管理委员会和各大金融债权人进行长期谈判，旨在保证两公司正常生产经营的情况下，通过庭外协商的方式妥善解决两公司负担的巨额金融债务。为帮助企业纾困，国资委协调与两公司有债权债务关系的债权人组成债权人委员会，开展庭外谈判。债权人委员会中银行的债权比例较大，银监会出面组织协调，经过多次协调谈判，各方最终达成初步性意见，一致同意两债务人采取现金偿债、债转股和保留部分债权的方式解决现有负债问题，两债务人得以缓解金融债务危机。虽然在长期的协商下，各方达成了针对主要金融债权人的清偿方案，但鉴于《商业银行法》第四十三条商业银行不能主动向企业投资的规定，在两公司债务重组中，各金融债权人无法主动实现对两公司债权的债转股，导致金融债权无法完全实现，影响债务重组的真正落地。对此，债务重组各方借助《企业破产法》中的企业重整制度，使债务重组方案通过重整制度确定下来，让各大金融债权人被动接受企业股权，以此解决债转股的限制问题。与此同时，部分债权人向法院提起了破产重整申请，法院受理重整后，在司法框架内将金融债务重组方案纳入重整计划，预重整阶段的重整成果与破产重整有效衔接，使得如此大规模的债务重整案件从正式受理破产重整到终止破产重整程序仅耗时70天。

二重预重整案后，我国又先后涌现了不少与预重整有关的案件，比较有典型意义的是"府院联动"模式下的福昌电子重整案、杭州怡丰城重整案，以及江苏的申特系企业重整案等。我国的预重整实践在部分先行地方的规范指引下，不断显现出预重整的制度价值和优势。当前的预重整实践探索，虽然在一定程度上与典型意义上的预重整仍然存在较大差距，但是在社会利益、经济利益等多方因素的影响下，冠以预重整之名的实践探索必然会为我国预重整制度的最终落地和更好实施提供宝贵的经验。

附录　法律法规索引

　　本书附录索引法律、司法解释、国务院及部委规章、地方法规及法院规定、行业协会规定，出于本书字数限制，主要索引重点省、市、区等，部分地方法规仅截取近五年内现行有效的规定。

第一节　现行法律及司法解释

一、与破产相关的法律

中华人民共和国企业破产法

二、与清算相关的法律

中华人民共和国公司法（2018 年修正）

三、涉及破产相关的法律

中华人民共和国香港特别行政区基本法

中华人民共和国刑法修正案（一）

中华人民共和国信托法

中华人民共和国票据法（2004 年修正）

中华人民共和国刑法修正案（六）

中华人民共和国合伙企业法（2006 年修订）

中华人民共和国反洗钱法

中华人民共和国企业国有资产法

中华人民共和国全民所有制工业企业法（2009 年修正）

中华人民共和国劳动合同法（2012 年修正）

中华人民共和国保险法（2015 年修正）

中华人民共和国证券投资基金法（2015 年修正）

中华人民共和国商业银行法（2015 年修正）

中华人民共和国农民专业合作社法（2017 年修订）

中华人民共和国劳动法（2018 年修正）

中华人民共和国职业病防治法（2018 年修正）

中华人民共和国证券法（2019 年修订）

中华人民共和国民法典

中华人民共和国刑法（2020 年修正）

中华人民共和国民用航空法（2021 年修正）

中华人民共和国海南自由贸易港法

中华人民共和国印花税法

中华人民共和国个人信息保护法

中华人民共和国湿地保护法

中华人民共和国期货和衍生品法

四、涉及破产相关的司法解释、司法文件

（一）"两高"司法解释

最高人民法院关于实行社会保险的企业破产后各种社会保险统筹费用应缴纳至何时问题的批复

最高人民法院关于执行《中华人民共和国刑法》确定罪名的规定

最高人民检察院关于人民检察院直接受理立案侦查案件立案标准的规定（试行）

最高人民法院关于审理扰乱电信市场管理秩序案件具体应用法律若干问题的解释

最高人民法院、最高人民检察院关于执行《中华人民共和国刑法》确定罪名的补充规定

最高人民检察院关于涉嫌犯罪单位被撤销、注销、吊销营业执照或者宣告破产的应如何进行追诉问题的批复

最高人民法院关于审理企业破产案件若干问题的规定

最高人民法院、最高人民检察院关于办理妨害预防、控制突发传染病疫情等灾害的

刑事案件具体应用法律若干问题的解释

最高人民检察院关于渎职侵权犯罪案件立案标准的规定

最高人民法院关于审理企业破产案件确定管理人报酬的规定

最高人民法院关于审理企业破产案件指定管理人的规定

最高人民法院关于《中华人民共和国企业破产法》施行时尚未审结的企业破产案件适用法律若干问题的规定

最高人民法院、最高人民检察院关于执行《中华人民共和国刑法》确定罪名的补充规定（三）

最高人民法院关于债权人对人员下落不明或者财产状况不清的债务人申请破产清算案件如何处理的批复

最高人民法院关于适用《中华人民共和国企业破产法》若干问题的规定（一）

最高人民法院关于税务机关就破产企业欠缴税款产生的滞纳金提起的债权确认之诉应否受理问题的批复

最高人民法院关于个人独资企业清算是否可以参照适用企业破产法规定的破产清算程序的批复

最高人民法院、最高人民检察院关于办理渎职刑事案件适用法律若干问题的解释（一）

最高人民法院关于审理拒不支付劳动报酬刑事案件适用法律若干问题的解释

最高人民法院关于公布失信被执行人名单信息的若干规定（2017 年修订）

最高人民法院、最高人民检察院关于办理虚假诉讼刑事案件适用法律若干问题的解释

最高人民法院、最高人民检察院关于办理侵犯知识产权刑事案件具体应用法律若干问题的解释（三）

最高人民法院关于破产企业国有划拨土地使用权应否列入破产财产等问题的批复（2020 年修正）

最高人民法院关于适用《中华人民共和国企业破产法》若干问题的规定（二）（2020 年修正）

最高人民法院关于适用《中华人民共和国企业破产法》若干问题的规定（三）（2020 年修正）

最高人民法院关于审理海事赔偿责任限制相关纠纷案件的若干规定（2020 年修正）

最高人民法院关于对因资不抵债无法继续办学被终止的民办学校如何组织清算问题

的批复（2020 年修正）

最高人民法院关于审理存单纠纷案件的若干规定（2020 年修正）

最高人民法院关于审理期货纠纷案件若干问题的规定（二）（2020 年修正）

最高人民法院关于审理海上货运代理纠纷案件若干问题的规定（2020 年修正）

最高人民法院关于审理海上保险纠纷案件若干问题的规定（2020 年修正）

最高人民法院关于适用《中华人民共和国民法典》有关担保制度的解释

最高人民法院关于审理民事案件适用诉讼时效制度若干问题的规定（2020 年修正）

最高人民法院关于适用《中华人民共和国保险法》若干问题的解释（二）（2020 年
修正）

最高人民法院关于适用《中华人民共和国保险法》若干问题的解释（四）（2020 年
修正）

最高人民法院关于适用《中华人民共和国涉外民事关系法律适用法》若干问题的解
释（一）（2020 年修正）

最高人民法院关于适用《中华人民共和国公司法》若干问题的规定（二）（2020 年
修正）

最高人民法院关于审理船舶碰撞纠纷案件若干问题的规定（2020 年修正）

最高人民法院关于审理船舶油污损害赔偿纠纷案件若干问题的规定（2020 年修正）

最高人民法院关于适用简易程序审理民事案件的若干规定（2020 年修正）

最高人民法院关于审理与企业改制相关的民事纠纷案件若干问题的规定（2020 年
修正）

最高人民法院关于审理船舶碰撞和触碰案件财产损害赔偿的规定（2020 年修正）

最高人民法院关于审理票据纠纷案件若干问题的规定（2020 年修正）

最高人民法院关于人民法院执行工作若干问题的规定（试行）（2020 年修正）

最高人民法院关于适用《中华人民共和国民法典》婚姻家庭编的解释（一）

最高人民法院关于适用《中华人民共和国保险法》若干问题的解释（三）（2020 年
修正）

最高人民法院关于审理独立保函纠纷案件若干问题的规定（2020 年修正）

最高人民法院关于适用《中华人民共和国公司法》若干问题的规定（五）（2020 年
修正）

最高人民法院关于审理军队、武警部队、政法机关移交、撤销企业和与党政机关脱

钩企业相关纠纷案件若干问题的规定（2020年修正）

最高人民法院关于适用《中华人民共和国公司法》若干问题的规定（四）（2020年修正）

最高人民法院关于民事执行中变更、追加当事人若干问题的规定（2020年修正）

最高人民法院关于审理外商投资企业纠纷案件若干问题的规定（一）（2020年修正）

最高人民法院关于审理无正本提单交付货物案件适用法律若干问题的规定（2020年修正）

最高人民法院关于审理涉台民商事案件法律适用问题的规定（2020年修正）

最高人民法院关于审理信用证纠纷案件若干问题的规定（2020年修正）

最高人民法院关于审理期货纠纷案件若干问题的规定（2020年修正）

最高人民法院关于适用《中华人民共和国公司法》若干问题的规定（三）（2020年修正）

最高人民法院关于适用《中华人民共和国刑事诉讼法》的解释（2021年修正）

最高人民法院关于北京金融法院案件管辖的规定

最高人民法院关于上海金融法院案件管辖的规定（2021年修正）

人民法院在线诉讼规则

最高人民法院关于审理非法集资刑事案件具体应用法律若干问题的解释（2022年修正）

最高人民法院关于适用《中华人民共和国民事诉讼法》的解释（2022年修正）

（二）"两高"司法文件

最高人民法院执行工作办公室关于法院已判决确权的财产不应列入破产财产的复函

最高人民法院办公厅关于破产工商户拖欠保险费处理意见的函

最高人民法院转发中财委复本院东北分院关于私营企业破产后偿还无抵押品的银行贷款的程序问题的公函的函

最高人民法院关于破产私商所欠之公款或私人债务及当事人之罚没款可否以公债抵偿问题的批复

最高人民法院关于私营企业破产还债中的问题的批复

最高人民法院关于破产清偿的几个问题的复函

最高人民法院关于佛山市中级人民法院受理经济合同纠纷案件与青岛市中级人民法院受理破产案件工作协调问题的复函

业破产案件适用法律若干问题的规定》的通知

最高人民法院关于正确审理企业破产案件为维护市场经济秩序提供司法保障若干问题的意见

最高人民法院关于受理借用国际金融组织和外国政府贷款偿还任务尚未落实的企业破产申请问题的通知

最高人民法院关于正确适用《中华人民共和国企业破产法》若干问题的规定（一）

最高人民法院关于充分发挥人民法院审理企业破产案件司法职能作用的通知

最高人民法院关于印发《管理人破产程序工作文书样式（试行）》的通知

最高人民法院关于印发《人民法院破产程序法律文书样式（试行）》的通知

最高人民法院关于印发《关于审理上市公司破产重整案件工作座谈会纪要》的通知

最高人民法院关于依法开展破产案件审理积极稳妥推进破产企业救治和清算工作的通知

最高人民法院关于印发《关于在中级人民法院设立清算与破产审判庭的工作方案》的通知

最高人民法院关于调整强制清算与破产案件类型划分的通知

强制清算与破产案件信息业务标准（2016年7月）

最高人民法院关于印发《关于企业破产案件信息公开的规定（试行）》的通知

最高人民法院关于破产案件立案受理有关问题的通知

最高人民法院关于印发《企业破产案件破产管理人工作平台使用办法（试行）》的通知

最高人民法院关于印发《企业破产案件法官工作平台使用办法（试行）》的通知

最高人民法院关于印发《关于执行案件移送破产审查若干问题的指导意见》的通知

最高人民法院对潘定心提出的建立和实施个人破产制度建议的答复

最高人民法院答复《关于破产申请受理前已经划扣到执行法院账户尚未支付给申请执行人的款项是否属于债务人财产及执行法院收到破产管理人中止执行告知函后应否中止执行问题的请示》的复函

最高人民法院关于印发《全国法院破产审判工作会议纪要》的通知

最高人民法院办公厅关于强制清算与破产案件单独绩效考核的通知

最高人民法院关于推进破产案件依法高效审理的意见

最高人民法院等关于推动和保障管理人在破产程序中依法履职进一步优化营商环境

的意见

最高人民法院办公厅转发《关于推动和保障管理人在破产程序中依法履职　进一步优化营商环境的意见》的通知

最高人民法院关于开展认可和协助香港特别行政区破产程序试点工作的意见

最高人民法院与香港特别行政区政府关于内地与香港特别行政区法院相互认可和协助破产程序的会谈纪要

最高人民法院关于《破产分配中本金与利息清偿顺序疑问》的回复

第二节　国务院、部委规章

一、国务院相关规定

国务院关于在若干城市试行国有企业破产有关问题的通知

国务院关于在若干城市试行国有企业兼并破产和职工再就业有关问题的补充通知

国务院办公厅关于调整全国企业兼并破产和职工再就业工作领导小组组成人员的通知

二、国务院其他涉及破产相关的规定

股票发行与交易管理暂行条例

国务院办公厅转发中国人民银行、国家计委关于企业债券到期不能兑付问题处理意见的通知

企业国有资产产权登记管理办法

国务院办公厅转发中国人民银行整顿城市信用合作社工作方案的通知

国务院关于解决当前供销合作社几个突出问题的通知

国务院办公厅转发中国人民银行整顿信托投资公司方案的通知

国务院办公厅转发国家经贸委关于鼓励和促进中小企业发展若干政策意见的通知

金融资产管理公司条例

金融机构撤销条例

国务院办公厅转发证监会关于证券公司综合治理工作方案的通知

国务院办公厅转发《国资委关于推进国有资本调整和国有企业重组指导意见》的通知

国务院办公厅关于规范国有土地使用权出让收支管理的通知

诉讼费用交纳办法

中华人民共和国劳动合同法实施条例

工伤保险条例（2010年修订）

全民所有制工业企业转换经营机制条例（2011年修订）

中华人民共和国乡村集体所有制企业条例（2011年修订）

国务院办公厅关于进一步加强资本市场中小投资者合法权益保护工作的意见

国务院关于促进市场公平竞争维护市场正常秩序的若干意见

证券公司监督管理条例（2014年修订）

国务院关于国有企业发展混合所有制经济的意见

中华人民共和国城镇集体所有制企业条例（2016年修订）

证券公司风险处置条例（2016年修订）

中华人民共和国税收征收管理法实施细则（2016年修订）

国务院办公厅关于推动中央企业结构调整与重组的指导意见

国务院关于市场化银行债权转股权的指导意见

国务院关于积极稳妥降低企业杠杆率的意见

国务院办公厅关于印发《地方政府性债务风险应急处置预案》的通知

国务院办公厅关于创新管理优化服务培育壮大经济发展新动能加快新旧动能接续转换的意见

期货交易管理条例（2017年修订）

直销管理条例（2017年修订）

融资担保公司监督管理条例

国务院关于印发《中国（海南）自由贸易试验区总体方案》的通知

企业国有资产监督管理暂行条例（2019年修订）

外资保险公司管理条例（2019年修正）

外资银行管理条例（2019年修正）

国务院办公厅关于印发《国有金融资本出资人职责暂行规定》的通知

优化营商环境条例

国务院关于进一步提高上市公司质量的意见

国务院关于实施金融控股公司准入管理的决定

中华人民共和国城镇国有土地使用权出让和转让暂行条例（2020 年修订）

国务院关于开展营商环境创新试点工作的意见

中华人民共和国市场主体登记管理条例

三、其他部委涉及破产相关的规定

中国人民银行对《关于贷款企业破产后银行贷款问题的请示》的复函

中国人民银行、中国工商银行、中国农业银行、中国银行、中国建设银行关于停产整顿、被兼并、解散和破产企业贷款停减缓利息处理问题的通知

劳动部关于进一步做好破产企业、困难企业职工和离退休人员基本生活保障工作的通知

国家国有资产管理局关于租赁房屋使用权不能作为承租者破产财产的复函

劳动部对《关于破产企业能否成为被诉人的请示》的复函

国家经贸委、中国人民银行印发《关于全国企业兼并破产和职工再就业工作进展情况及下一步工作安排的报告》的通知

国家经贸委、中国人民银行关于下达核销呆坏帐准备金预分配规模和编制企业兼并破产和职工再就业工作计划的通知

国家国有资产管理局对《关于国有企业兼并破产中有关资产评估问题的请示》的复函

中国人民银行关于借用世界银行转贷款的国有工业企业破产问题的复函

财政部、国家税务总局关于对企业兼并破产中不予核销的银行呆、坏帐损失营业税抵扣问题的通知

对外贸易经济合作部办公厅关于转发财政部《关于印发〈国有企业试行破产有关会计处理问题暂行规定〉的通知》等文件的通知

国家国有资产管理局关于认定从事国有企业破产财产评估资产评估机构的通知

中国人民银行关于对《关于兼并、破产及减员增效有关问题的请示》的复函

国家环境保护总局关于企业破产后无法收回的环保贷款资金性质认定和账务处理有关问题的批复

关于因破产、被工商部门吊销营业执照或自行解散的企业拖欠职工工资引发的劳动争议如何确认被诉人的请示

关于发布《实施〈全国企业兼并破产和职工再就业工作计划〉银行呆、坏帐准备金核销办法》的通知

中国人民银行关于专项贷款企业破产后银行受偿财产变现损失处理问题的复函

国家国有资产管理局关于下发《在若干城市试行国有企业破产有关资产评估问题的暂行规定》的通知

中国人民银行关于企业破产兼并、减员增效工作中涉及金融的几个问题的复函

财政部会计司关于对《国有企业试行破产有关会计处理问题暂行规定》的说明

中国人民银行办公厅关于实施 1998 年《全国企业兼并破产和职工再就业工作计划》核销银行呆坏帐有关问题的紧急通知

中国人民银行关于处理外贸企业破产核销呆帐和解决政策性因素造成的贷款损失问题的复函

国家税务总局关于企业破产后新办企业缴纳所得税问题的批复

劳动和社会保障部办公厅关于对破产企业离退休人员养老保险有关问题的复函

对外贸易经济合作部办公厅关于转发《关于印发军队武警部队政法机关非金融类脱钩企业劳动保障清理处理工作和企业实施兼并破产撤销涉及核销银行呆坏帐问题的两个文件的通知》的通知

国家经贸委关于做好企业兼并破产工作确保社会稳定的紧急通知

劳动和社会保障部办公厅关于兼并破产企业职工提前退休问题的函

财政部关于中央企业破产资产评估项目管理有关问题的通知

劳动和社会保障部办公厅关于破产企业职工自谋职业领取一次性安置费后能否享受失业保险待遇问题的复函

国家经济贸易委员会等关于印发《关于中央所属有色金属企事业单位下放地方管理后有关企业关闭破产债转股问题的请示》的通知

国家经济贸易委员会、财政部、劳动和社会保障部、中国人民银行印发《关于对部分下放地方的原中央所属有色金属施工企业实施破产的请示》的通知

劳动和社会保障部办公厅关于对破产企业生产自救期间应否缴纳社会保险费问题的复函

中国人民银行关于债权金融机构审查政策性破产建议项目的有关问题的通知

劳动和社会保障部办公厅关于破产企业一次性安置人员再就业后工龄计算问题的复函

财政部关于部分债转股企业申请破产问题的意见

劳动和社会保障部办公厅关于对原华航光学仪器厂破产后职工异地安置有关问题的

答复意见

劳动和社会保障部办公厅关于做好关闭破产国有企业职工安置方案审核工作的通知

国家环保总局关于破产企业排污收费有关问题的复函

司法部、国有资产监督管理委员会、财政部、中国银行业监督管理委员会、劳动和社会保障部关于监狱企业实施政策性关闭破产有关问题的通知

国务院国有资产监督管理委员会关于在国有企业重组改制和关闭破产中开展维护职工合法权益专项治理工作的通知

劳动和社会保障部、国防科学技术工业委员会关于做好关闭破产军工企业职工安置工作有关问题的通知

国务院国有资产监督管理委员会、中华全国总工会、劳动和社会保障部、监察部、财政部关于 2005 年在国有企业重组改制和关闭破产中进一步开展维护职工合法权益工作的通知

劳动和社会保障部关于印发部关闭破产企业职工安置工作协调小组联席会议纪要的通知

国务院国有资产监督管理委员会、全国总工会、监察部等关于 2006 年在国有企业重组改制和关闭破产中开展维护职工合法权益工作的通知

劳动和社会保障部办公厅关于印发关闭破产企业职工安置工作协调小组联席会议纪要的通知

人力资源和社会保障部等关于妥善解决关闭破产国有企业退休人员等医疗保障有关问题的通知

财政部关于开展中央及中央下放地方政策性关闭破产企业移交办社会职能有关情况调查工作的通知

财政部办公厅关于征求《企业破产清算有关会计处理规定》意见的函

财政部关于印发《企业破产清算有关会计处理规定》的通知

财政部、农业农村部关于征求《农民专业合作社解散、破产清算时接受国家财政直接补助形成的财产处置暂行办法》意见的函

财政部、农业农村部关于印发《农民专业合作社解散、破产清算时接受国家财政直接补助形成的财产处置暂行办法》的通知

第三节　地方法规

一、北京地区

北京市国有资产管理局关于转发《国家国有资产管理局关于做好企业破产过程中国有资产管理工作的通知》

北京市人民政府转发国务院关于在若干城市试行国有企业兼并破产和职工再就业有关问题补充文件的通知

北京市财政局转发《财政部关于试行破产的国有企业清偿中央基本建设预算内资金债务的若干规定》的通知

北京市劳动局关于企业破产涉及劳动工作有关问题的通知

北京市劳动局关于本市国有企业破产后有关社会保险问题的通知

北京市国家税务局转发《国家税务总局关于企业破产、倒闭、解散停业后增值税留抵税额处理问题的批复》的通知

北京市地方税务局关于本市列入国家级兼并、破产企业有关税务处理办法的通知

北京市人民政府办公厅关于转发《北京市国有企业破产工作暂行规定》和《北京市企业兼并工作暂行规定》的通知

北京市破产企业非经营性资产移交暂行办法

北京市人民政府办公厅转发北京市破产企业非经营性资产移交暂行办法的通知

北京市劳动和社会保障局、北京市经济委员会、北京市财政局关于印发《北京市国有破产企业职工分流安置暂行办法》的通知

关于印发《关于解决国有困难企业和关闭破产企业职工基本生活若干问题的意见》的通知

关于转发《财政部、国家税务总局关于对企业兼并破产中不予核销的银行呆坏账损失营业税抵扣问题的通知》

延庆县地方税务局关于转发北京市财政局、北京市地方税务局转发财政部国家税务总局关于对企业兼并破产中不予核销的银行呆坏帐损失营业税抵扣问题的通知

北京市人民政府国有资产监督管理委员会关于进一步做好企业破产工作的意见

北京市门头沟区地方税务局转发《北京市财政局、北京市地方税务局、北京市国家税务局关于大连证券破产及财产处置过程中有关税收政策问题的通知》

北京市劳动和社会保障局关于转发劳动和社会保障部《关于进一步做好在国有企业

重组改制和关闭破产中维护职工合法权益工作有关问题的通知》的通知

北京市财政局关于印发《北京市破产准备金使用管理暂行办法》的通知

关于建立企业破产工作府院联动统一协调机制的实施意见

国家税务总局北京市税务局关于进一步推进破产便利化优化营商环境的公告

关于印发《北京市进一步优化营商环境推动和保障管理人在破产程序中依法履职若干措施》的通知

二、广东地区

广州市国有工业企业实施破产的工作意见

广州市经济委员会关于印发广州市国有工业企业实施破产的工作意见（试行）的通知

转发《财政部、国家税务总局关于对企业兼并破产中不予核销的银行呆、坏帐损失营业税抵扣问题的通知》的通知

转发财政部国家税务总局关于对企业兼并破产中不予核销的银行呆坏帐损失营业税抵扣问题的通知

深圳市地方税务局关于加强与人民法院配合清缴破产企业税款的通知

转发《财政部、国家税务总局关于对企业兼并破产中不予核销的银行呆坏帐损失营业税抵扣问题的通知》

关于不再审核企业兼并破产中不予核销的银行呆坏帐损失营业税抵扣问题的通知

深圳市地方税务局关于不再审核企业兼并破产中不予核销的银行呆坏帐损失营业税抵扣问题的通知

广东省人民政府办公厅关于切实做好关闭或破产的省属国有煤矿企业职工异地就业工作的通知

关于将原关停、破产拍卖企业已缴纳医疗保障金的退休人员纳入社会医疗保险的通知

深圳市地方税务局转发国家税务总局关于广信深圳公司破产案件有关法律问题的批复的通知

广州市人民政府关于广州市企业关闭破产转制有关问题的通知

广州市人民政府关于我市关闭破产企业职工安置费用政府资助标准有关问题的通知

广州市国家税务局关于做好第二批关闭破产重组企业有关工作的通知

关于界定企业破产经济补偿时间问题的复函

广东省财政厅转发《财政部关于印发〈资源枯竭矿山企业关闭破产费用测算办法〉的通知》

深圳市属国有企业关闭、破产和改制中富余员工安置暂行办法

广东省茂名市人民政府关于处理国有企业转制破产有关问题的通知

转发劳动和社会保障部办公厅关于破产企业职工自谋职业领取一次性安置费后能否享受失业保险待遇问题的复函的通知

湛江市人民政府关于制定湛江市市属国有企业（资产）转让、租赁、破产暂行管理办法

湛江市市属国有企业（资产）转让、租赁、破产暂行管理办法

关于印发《广东省省属关闭破产企业离退休人员管理过渡办法》的通知

关于进一步做好我省有色金属资源枯竭矿山关闭破产工作的通知

转发《财政部、国家税务总局关于大连证券破产及财产处置过程中有关税收政策问题的通知》

广东省劳动厅、广东省经贸委、广东省总工会、广东省企业联合会、广东省企业家协会关于2003保险年度关闭、破产企业移交社会化管理离岗退养人员趸缴养老保险费、医疗保险费、托管生活费缴费标准有关问题的通知

深圳市地方税务局关于重新发布《转发财政部、国家税务总局关于对企业兼并破产中不予核销的银行呆坏帐损失营业税抵扣问题的通知》文件的决定

深圳市地方税务局关于重新发布《转发国家税务总局关于广信深圳公司破产案件有关法律问题的批复的通知》文件的决定

关于破产职工安置办法的复函

关于2004保险年度关闭、破产企业移交社会化管理离岗退养人员趸缴养老保险费、医疗保险费、托管生活费缴费标准有关问题的通知

深圳市人民政府废止关于实施深圳市属国有企业关闭破产和改制中富余员工安置暂行办法有关问题的通知的决定

关于在广州购房的省属煤矿关闭（破产）企业退休、下岗人员办理入户问题请示的复函

关于同意河源市水泥厂申请政策性破产的批复

关于破产职工安置有关问题的复函

关于印发《关于在企业重组改制和破产中切实维护职工合法权益的工作意见》的通知

广东省政府国资委关于做好 2006 年国有企业政策性关闭破产工作的通知

韶关市医疗保险服务管理中心人秘科关于调整驻韶省属关闭破产煤矿职工补充医疗保险有关规定的通知

转发全国企业兼并破产和职工再就业工作领导小组关于进一步做好政策性关闭破产项目审核工作有关问题的通知

转发中国银行业监督管理委员会　中国证券监督管理委员会财政部关于"辽国发"破产清算前置程序债权申报有关工作的通知

关于印发《广东省实施中央下放地方政策性关闭破产有色金属矿山企业尾矿库闭库治理安全工程项目和补助资金监督管理暂行办法》的通知

关于印发《广东省中央下放地方政策性关闭破产有色金属矿山企业尾矿库闭库治理工作会议纪要》的通知

深圳市第五届人民代表大会常务委员会公告（第八十一号）深圳市人民代表大会常务委员会关于废止《深圳经济特区企业破产条例》等 3 项特区法规的决定

国家税务总局深圳市税务局企业破产涉税事项办理指南

深圳经济特区个人破产条例

企业破产涉税事项办理一本通

深圳市破产事务管理署关于印发《深圳市个人破产信息登记与公开暂行办法》的通知

三、上海地区

上海市全面深化国际一流营商环境建设实施方案

上海市人民政府办公厅关于建立完善企业破产工作协调机制的通知

上海市加强改革系统集成持续深化国际一流营商环境建设行动方案

企业破产涉税事项办理操作指南 2.0

上海市优化营商环境条例（节选）

上海市人民政府关于印发《上海市营商环境创新试点实施方案》的通知

上海市人民政府办公厅关于印发《上海市 2022 年优化营商环境重点事项》的通知

上海市浦东新区完善市场化法治化企业破产制度若干规定

四、江苏地区

江苏省人民政府关于认真实施《中华人民共和国企业破产法（试行）》的通知

转发《财政部、国家税务总局关于对企业兼并破产中不予核销的银行呆、坏账损失营业税抵扣问题的通知》

南京市地方税务局关于企业破产兼并有关税收问题的处理意见

转发《财政部、国家税务总局关于对企业兼并破产中不予核销的银行呆、坏帐损失营业税抵扣问题的通知》的通知

转发劳动和社会保障部办公厅《关于破产企业职工自谋职业领取一次性安置费后能否享受失业保险待遇问题的复函》的通知

江苏省人民政府办公厅关于破产关闭国有集体企业职工安置有关问题的函

关于对破产企业欠缴养老保险费债权清理和追缴工作的通知

转发《省政府办公厅关于破产关闭国有集体企业职工安置有关问题的函》的通知

关于停产、半停产、空壳、破产和关闭企业职工分流安置办法

关于困难企业职工和破产企业退休人员医疗保险问题的意见

转发劳动和社会保障部《关于做好关闭破产国有企业职工安置方案审核工作的通知》的通知

对"关于外资企业依法破产、解散时医疗期内职工和怀孕期、产期、哺乳期内的女职工劳动关系及相关待遇处理的请示"的复函

市政府关于市属国有集体企业破产关闭撤销时职工自谋职业安置费计发标准的补充规定

江苏省人民政府国资委关于贯彻落实在国有企业重组改制和关闭破产中开展维护职工合法权益专项治理工作要求的通知

常州市劳动局关于市区用人单位破产时一至四级工伤职工医疗保险费缴纳有关问题的处理意见

市政府办公室转发市总工会等部门关于妥善解决市属破产企业省部级以上劳动模范养老保险费的意见的通知

关于解决困难和破产关闭的国有集体企业退休人员参加基本医疗保险问题的意见

连云港市市级困难破产关闭国有集体企业退休人员参加基本医疗保险暂行办法

关于印发《江苏省困难和破产关闭的国有集体企业退休人员参加基本医疗保险省级补助资金分配管理办法》的通知

关于下达 2006 年困难和破产关闭的国有企业退休人员参加基本医疗保险省级补助资金的通知

泰州市劳动局、泰州市财政局关于对 2005 年部分地区困难和破产关闭的国有集体企业退休人员参加医疗保险补助资金予以结算的通知

连云港市人民政府关于印发连云港市国有破产企业档案处置暂行办法的通知

徐州市人民政府办公室关于印发《徐州市困难和破产关闭的国有集体企业退休人员参加基本医疗保险暂行办法》的通知

市政府办公室关于印发《市属破产企业地面附着物补偿实施意见》的通知

关于下达 2007 年困难和破产关闭的国有集体企业退休人员参加基本医疗保险省级补助资金的通知

江苏省地方税务局关于破产企业资产处置过程中有关营业税问题的批复

转发《关于破产企业资产处置过程中有关营业税问题的批复》的通知

徐州市地方税务局转发江苏省地方税务局《关于破产企业资产处置过程中有关营业税问题的批复》的通知

南京市地方税务局转发《江苏省地方税务局关于破产企业资产处置过程中有关营业税问题的批复》的通知

关于下达 2007 年部分地区困难和破产关闭的国有集体企业退休人员参加基本医疗保险考核补助资金的通知

关于下达 2008 年困难和破产关闭的国有集体企业退休人员参加基本医疗保险省级补助资金的通知

关于对地方关闭破产国有企业退休人员参加城镇职工基本医疗保险情况进行调查的通知

关于对欠缴失业保险费企业破产后有关问题的答复意见

省政府关于徐州矿务集团有限公司青山泉等六对矿井实施关闭破产的通知

关于破产撤销解散用人单位一至四级工伤职工有关社会保险费缴纳问题的通知

徐州市人民政府国资委关于准备市属困难和破产关闭国有集体企业退休人员参加基本医疗保险审核材料的通知

关于成立市人防建筑工程总公司拆迁及破产遗留问题处置工作领导小组的通知

扬州市政府办公室关于建立扬州市企业破产处置协调联动机制的实施意见

常熟市人民政府办公室关于建立常熟市企业破产处置协调联动机制的意见

常州市人民政府办公室关于建立企业破产处置协调联动机制的通知

五、浙江地区

浙江省劳动厅、浙江省经济体制改革委员会、浙江省计划经济委员会、浙江省财政厅关于做好破产、兼并、转让、租赁企业职工安置工作的通知

杭州市人民政府办公厅关于加强转制及破产企业档案工作的意见的通知

转发市财政局关于杭州市属国有企业破产专项（周转）资金管理办法的通知

关于妥善解决破产关闭解散和改制企业退休人员参加基本医疗保险问题的意见

杭州市劳动和社会保障局转发浙江省劳动和社会保障厅等部门《关于妥善解决破产关闭解散和改制企业退休人员参加基本医疗保险问题的意见》的通知

浙江省劳动和社会保障厅关于破产改制企业职工缴费年限问题的批复

浙江省劳动和社会保障厅关于原破产企业职工要求提前退休问题的批复

丽水市人事劳动社会保障局关于原国有、集体企业破产改制分流人员基本医疗保险有关问题的通知

杭州市人民政府办公厅关于成立杭州市企业涉险与破产司法处置府院联动工作领导小组的通知

关于印发《浙江省优化营商环境办理破产便利化行动方案》的通知

国家税务总局浙江省税务局关于支持破产便利化行动有关措施的通知

关于衢州市2021年度市本级工业企业破产管理人专项补助情况的公示

六、重庆地区

重庆市破产企业国有土地使用权处理办法（试行）

重庆市国有企业实施破产若干规定（试行）

重庆市国家税务局关于破产清算有关涉税问题的通知

重庆市国家税务局关于加强破产企业税收管理和税款清算工作的通知

重庆市地方税务局转发财政部《关于印发〈国有企业试行破产有关会计处理问题暂行规定〉的通知》的通知

重庆市地方税务局转发《重庆市人民政府关于严格执行企业兼并破产中用税收抵扣银行呆坏帐损失有关政策的通知》的通知

关于我县国有企业破产后职工安置问题的请示

中共重庆市委办公厅、重庆市人民政府办公厅关于当前破产企业有关问题的处理

意见

重庆市劳动和社会保障局关于贯彻《重庆市国有企业破产实施意见》有关问题的复函

重庆市经济委员会关于对《重庆市国有企业破产实施意见（试行）》（渝办发〔2000〕75 号）职工安置政策解释的通知

重庆市人民政府办公厅关于印发《重庆市三峡库区国有淹没工矿企业破产关闭实施办法》的通知

重庆市劳动和社会保障局关于解释破产企业职工安置待遇的函

重庆市经济委员会关于调整破产企业中转业、退伍军人安置政策的通知

重庆市劳动和社会保障局等印发重庆市破产企业欠缴基本养老保险费核销报批办法的通知

重庆市国资委、重庆市监察局关于在国有企业改制重组和兼并破产中防止国有资产流失、维护职工合法权益的意见

重庆市人民政府办公厅关于国有破产企业退休人员参加基本医疗保险市级统筹的实施意见

重庆市人民政府办公厅关于成立重庆市城镇集体工业企业破产工作指导小组的通知

重庆市劳动局关于国有企业破产享受破产政策有关问题的复函

重庆市涪陵区人民政府办公室关于国有破产关闭企业退休人员参加基本医疗保险的通知

重庆市巴南区人民政府办公室关于国有破产企业退休人员参加基本医疗保险区级统筹的实施意见

城镇集体所有制工业企业破产指导意见（试行）的通知

关于国有改制破产企业退休人员按照余命年清算缴纳医疗保险费的实施意见的通知

重庆市劳动和社会保障局关于移民淹没企业关闭破产领取安置费的人员失业保险待遇问题的复函

关于破产企业退休工伤人员工伤医疗有关问题的复函

转发市政府办公厅关于调整国有破产企业退休人员和国有企业大龄下岗职工达到法定退休年龄后参加医疗保险余命医疗费提取标准的通知

重庆市永川区人民政府办公室关于印发永川区原国有破产关闭企业退休人员参加医疗保险试行办法的通知

关于调整国有破产企业退休人员和国有企业大龄下岗职工达到法定退休年龄后参加医疗保险余命医疗费提取标准的通知

重庆市劳动和社会保障局、重庆市财政局、重庆市人民政府国有资产监督管理委员会、重庆市经济委员会关于做好关闭破产国有企业退休人员参加城镇职工基本医疗保险工作的通知

关于调整国有破产企业退休人员参加基本医疗保险市级统筹有关办法的通知

重庆市人民政府办公厅关于调整国有破产企业退休人员参加基本医疗保险市级统筹有关办法的通知

重庆市永川区人民政府办公室关于印发重庆市永川区原国有关闭破产企业退休人员一次性参加城镇职工基本医疗保险实施办法的通知

重庆市劳动和社会保障局关于对关闭破产国有企业退休人员参加城镇职工基本医疗保险工作进行专项督查的通知

重庆市永川区人民政府办公室关于明确在永市级及市级以上原国有破产企业退休人员住院统筹和个人帐户统一按区内企业退休人员待遇标准执行的通知

彭水苗族土家族自治县人民政府办公室关于关闭破产国有企业退休人员参加城镇职工基本医疗保险的通知

关于调整国有破产企业退休人员参加基本医疗保险有关办法的通知

璧山县人民政府办公室关于印发璧山县原国有关闭、破产企业退休（职）人员参加城镇职工基本医疗保险参保办法的通知

重庆市永川区人民政府办公室关于对国有企业"双解"人员和关闭破产解体城镇集体所有制企业退休人员以个人身份参加城镇职工医疗保险实行财政补助和缴费优惠的通知

重庆市万盛区人民政府关于印发《万盛区原国有关闭破产企业退休人员一次性参加城镇职工基本医疗保险实施办法》的通知

重庆市永川区人民政府办公室关于区属原国有关闭破产企业退休人员参加城镇职工基本医疗保险后建立个人帐户的通知

关于进一步做好关闭破产国有企业退休人员等参加城镇职工基本医疗保险工作的通知

关于审理企业破产案件通过竞争方式选任管理人的实施办法（试行）

重庆市第五中级人民法院企业破产案件审理指南（试行）

企业破产程序涉税事项操作指引（试行）

重庆市第五中级人民法院关于印发《破产案件快速审理指引》的通知

重庆破产法庭债权人参与破产事务指引

重庆市第五中级人民法院关于印发《破产案件管理人指定办法》的通知

重庆市注册会计师协会专业技术委员会专家提示（第四期）——关于执行破产管理人业务的风险提示函

七、其他地区（近五年现行有效）

关于用人单位申请破产期间医疗工伤生育保险有关问题的通知

南平市人民政府办公室关于调整企业破产和信贷风险处置工作统一协调机制成员的通知

三明市财政局关于批复三明市经贸委破产关闭企业离退休人员管理站 2016 年度部门决算的通知

关于规范国有企业关闭破产国有大中型企业改革职工安置方案审核备案有关办理程序的通知

三明市财政局关于批复三明市经贸委破产关闭企业离退休人员管理站 2017 年度部门决算的通知

陕西省人民政府办公厅关于建立企业破产联动工作机制的通知

河南省人力资源和社会保障厅关于对破产企业失业保险待遇有关问题的答复

商洛市人民政府办公室关于建立企业破产联动工作机制的通知

三明市财政局关于批复三明市经贸委破产关闭企业离退休人员管理站 2018 年度部门决算的通知

青岛市财政局、青岛市中级人民法院关于印发《市级破产案件援助资金管理使用办法》的通知

确山县人民法院关于印发《确山县人民法院关于关联企业实质合并破产工作指引（试行）》的通知

安徽省宣城市中级人民法院、国家税务总局宣城市税务局印发《关于优化企业破产程序中涉税事项办理的实施意见》的通知

四川省商务厅关于请组织相关企业参加"美国企业申请破产保护对中国供应商的冲击"网上研讨会的通知

钦州市人民政府办公室关于建立钦州市企业破产工作府院联席会议制度的通知

关于加快推进"僵尸企业"（破产企业）土地处置工作的通知

转发国家《关于推动和保障管理人在破产程序中依法履职进一步优化营商环境的意见》的通知

贵州省人民政府办公厅关于建立企业破产处置府院联动机制进一步优化营商环境的通知

关于进一步做好自治区直属政策性关闭破产企业工伤人员待遇有关问题的通知

海南自由贸易港企业破产程序条例

第四节　地方法院规定

一、广东地区

（一）广东高院

广东省高级人民法院关于依法及时审理资源枯竭矿山破产案件的通知

广东法院立案工作规定（试行）

广东省高级人民法院关于对经济有困难的当事人予以司法救助的实施办法

广东省高级人民法院关于转发《最高人民法院印发〈关于规范人民法院再审立案的若干意见〉的通知》的通知

广东省高级人民法院关于采取摇珠的方式确定破产财产拍卖机构的补充通知

广东省高级人民法院关于认真学习《破产法》新司法解释依法规范审理破产案件的通知

广东省高级人民法院关于对适用中止执行的若干问题的意见（试行）

广东省高级人民法院关于民商事审判适用代位权制度若干问题的指导意见

广东省高级人民法院关于审理破产案件若干问题的指导意见

广东省高级人民法院立案庭关于规范审查再审申请与再审立案的若干意见（试行）

广东省高级人民法院关于印发《广东省法院再审诉讼暂行规定》的通知

广东省法院再审诉讼暂行规定

广东省高级人民法院关于指定广州铁路运输两级法院受理民商事纠纷案件范围的规定

广东省高级人民法院关于印发《广东省高级人民法院关于调整民事审判第一庭与第二庭案件管辖范围的意见》的通知

广东省高级人民法院关于印发《广东省高级人民法院关于中止执行案件恢复执行的规定（试行）》的通知

广东省高级人民法院关于调整第一审民商事纠纷案件级别管辖标准的通知

广东省高级人民法院关于做好因国际金融危机引发案件工作的通知

广东省高级人民法院关于为我省农村改革发展提供全面有力司法保障和服务的若干意见

广东省高级人民法院关于美国对外贸易有限公司申请承认和执行（美国）国际仲裁解决中心商业仲裁法庭裁决一案的请示

广东省高级人民法院关于继续抓好无财产执行案件清理工作的紧急通知

广东省高级人民法院关于在当前执行工作中重视并切实维护好社会稳定的通知

广东省高级人民法院关于贯彻《最高人民法院关于进一步加强和规范执行工作的若干意见》的实施意见

广东省高级人民法院关于民商事审判实践中有关疑难法律问题的解答意见

广东省高级人民法院关于印发《全省部分法院破产审判业务座谈会纪要》的通知

广东省部分法院破产审判业务座谈会纪要

广东省高级人民法院关于试行第一审民商事纠纷案件级别管辖标准的通知

广东省高级人民法院关于调整省法院机关审判业务部门管辖案件范围的通知

广东省高级人民法院关于印发《广东法院司法委托入选专业机构（2015年修订）的基本条件》的通知

广东省高级人民法院关于执行案件移送破产审查的若干意见

广东省高级人民法院关于规范办理执行信访案件若干问题的通知

广东省高级人民法院执行局关于执行程序法律适用若干问题的参考意见

广东省高级人民法院印发《广东省高级人民法院关于审理第三人撤销之诉案件疑难问题的解答》的通知

广东省高级人民法院关于印发《关于规范企业破产案件管理人选任与监督工作的若干意见》的通知

广东省高级人民法院执行局关于执行程序法律适用若干问题的参考意见（2018年7月）

广东省高级人民法院关于编制广东省破产案件管理人名册有关事项的公告

广东省高级人民法院关于为促进民营经济健康发展提供司法保障的实施意见

广东省高级人民法院关于广东省破产案件管理人名册拟任名单的公告

关于我市法院间首先查封案件与优先债权执行案件处分查封财产有关问题的意见（试行）

广东省高级人民法院关于"僵尸企业"司法处置工作指引

广东省高级人民法院关于审查处理执行裁决类纠纷案件若干重点问题的解答

关于印发《广东省高级人民法院关于审理企业破产案件若干问题的指引》的通知

广东省高级人民法院关于依法审理新冠肺炎疫情防控期间民事行政案件的通告

广东省高级人民法院关于依法保障受疫情影响企业复工复产的意见

广东省高级人民法院关于限制消费及纳入失信被执行人名单工作若干问题的解答

广东省高级人民法院执行局关于正确掌握纳入失信被执行人名单和限制消费范围及条件的指引

（二）深圳中院

深圳市中级人民法院关于申诉和申请再审的若干规定（试行）

深圳市中级人民法院执行案件流程管理规定（试行）

深圳市中级人民法院关于审理劳动争议案件若干问题的指导意见（试行）

关于印发《深圳市中级人民法院破产案件机构管理人名册编制办法》的通知

深圳市中级人民法院关于印发《深圳市中级人民法院破产案件管理人分级管理办法》的通知

深圳市中级人民法院破产案件管理人考核办法（试行）

深圳市中级人民法院管理人报酬确定和支取管理办法（试行）

深圳市中级人民法院关于房屋买卖合同纠纷案件的裁判指引（2014年修订）

深圳市中级人民法院关于基本解决执行难目标的实施标准（试行）

深圳市中级人民法院公司强制清算案件审理规程

深圳市中级人民法院破产案件管理人工作规范

深圳市中级人民法院破产案件立案规程

深圳市中级人民法院破产案件审理规程

深圳市中级人民法院破产案件管理人援助资金管理和使用办法（2015）

深圳市中级人民法院关于印发《深圳市中级人民法院关于审理劳动争议案件的裁判指引》的通知

深圳市中级人民法院关于印发《破产案件债权审核认定指引》的通知

深圳市中级人民法院简单案件的立案识别分流标准（试行）

深圳市中级人民法院关于执行移送破产案件管理人工作指引

深圳市中级人民法院关于印发《深圳市中级人民法院关于执行案件移送破产审查的操作指引（试行）》的通知

深圳市中级人民法院多元化纠纷解决机制诉前调解工作指引

深圳市中级人民法院关于印发《审理企业重整案件的工作指引（试行）》的通知

深圳市中级人民法院关于印发《关于提升"办理破产"质效优化营商环境的实施意见》的通知

深圳市中级人民法院关于为优化营商环境提供司法保障的意见

（三）其他法院

中山市中级人民法院关于审理劳动争议案件若干问题的参考意见

广州破产法庭关于疫情防控期间破产审判工作的指引

深圳破产法庭加强个人破产申请与审查工作的实施意见

二、北京地区

（一）北京高院

北京市高级人民法院、北京市司法局关于执行公证机关依法赋予强制执行效力的债权文书的暂行办法

北京市高级人民法院关于生效法律文书中止执行若干问题的规定

北京市高级人民法院贯彻实施《最高人民法院关于人民法院执行工作若干问题的规定（试行）》的若干意见

北京市高级人民法院关于印发《执行案卷文书、材料制作要求及装订排列顺序（试行）》的通知

北京市高级人民法院关于下发《关于北京市各级人民法院受理第一审民事、经济纠纷案件级别管辖的规定》的通知

北京市高级人民法院关于印发《北京市高级人民法院关于适用简易程序审理民商事案件的若干意见》的通知

北京市高级人民法院关于办理各类案件有关证据问题的规定（试行）

北京市高级人民法院关于企业下落不明、歇业、撤销、被吊销营业执照、注销后诉讼主体及民事责任承担若干问题的处理意见（试行）

北京市高级人民法院审理民商事案件若干问题的解答（之三）

北京市高级人民法院关于指定北京铁路运输两级法院受理民商事纠纷案件范围的规定

北京市高级人民法院关于办理申诉、申请再审案件的规定（试行）

北京市高级人民法院审理民商事案件若干问题的解答之四（试行）

北京市高级人民法院关于北京市各级人民法院审判部门承办案件案号的规定（试行）

北京市高级人民法院关于执行案卷管理的若干规定（试行）

北京市高级人民法院关于办理民事抗诉案件的指导意见（试行）

北京市高级人民法院关于印发《北京市高级人民法院审理民商事案件若干问题的解答之五（试行）》的通知

北京市高级人民法院关于印发《北京市高级人民法院审理买卖合同纠纷案件若干问题的指导意见（试行）》的通知

北京市高级人民法院关于认真落实最高人民法院《关于为维护国家金融安全和经济全面协调可持续发展提供司法保障和法律服务的若干意见》，审理好涉及因金融危机引发的商事纠纷案件的通知

北京市高级人民法院关于印发《北京市高级人民法院关于商事审判应对金融危机的若干意见》的通知

北京市高级人民法院关于印发《北京市高级人民法院关于审理公司强制清算案件操作规范》的通知

北京市高级人民法院关于贯彻执行《规范民、商事审判庭案件管辖分工的规定（试行）》的通知

北京市高级人民法院关于规范民事抗诉案件审查程序的通知

北京市高级人民法院关于审理人民调解协议司法确认案件若干问题的意见

北京市高级人民法院民事申请再审案件立案审查工作实施办法（试行）

北京市高级人民法院企业破产案件审理规程

北京市高级人民法院关于公布审判执行工作规范性文件清理汇编结果的通知

北京市高级人民法院关于印发修订后的《北京市法院执行工作规范》的通知

（二）其他法院

北京市高、中级法院执行局（庭）长座谈会（第二次会议）纪要——关于变更或追加执行当事人若干问题的意见

关于印发《关于在民事审判工作中贯彻执行〈民事诉讼法〉的参考意见》等文件的通知

关于案款分配及参与分配若干问题的意见

北京市法院执行案件办理流程与执行公开指南

关于参加全国企业破产重整案件信息平台视频培训的通知

北京法院执行办案规范——银行存款的执行

北京破产法庭破产重整案件办理规范（试行）

北京市第一中级人民法院关于疫情防控期间调整立案、诉讼服务和信访接待工作方式的通告

北京破产法庭关于加强疫情防控期间破产管理人工作的指导意见

北京破产法庭破产案件管理人工作指引（试行）

关于清算组办理人民币银行结算账户相关业务的联合通知

北京破产法庭关于降低办理破产成本的工作办法（试行）

北京破产法庭中小微企业快速重整工作办法（试行）

北京市第一中级人民法院关联企业实质合并重整工作办法（试行）

三、江苏地区

江苏省高级人民法院、江苏省人民检察院关于认定滥用职权、玩忽职守犯罪所造成的经济损失的意见

江苏省高级人民法院关于进一步明确民事案件审判管辖的通知

关于印发《苏州市国有破产企业档案处置暂行办法》的通知

江苏省高级人民法院关于委托执行工作实施细则（试行）

关于认真贯彻《最高人民法院、司法部关于进一步加强人民调解工作切实维护社会稳定的意见》的通知

江苏省高级人民法院执行工作细则（试行）

江苏省人民法院委托拍卖实施办法

江苏省高级人民法院关于规范全省法院诉讼收费工作的若干规定（试行）

江苏省人民法院委托鉴定、拍卖工作补充规定（试行）

江苏省高级人民法院审判委员会关于妥善审理破产案件、维护经济社会稳定若干问题的讨论纪要

江苏省高级人民法院关于审理公司强制清算案件若干问题的意见（试行）

江苏省高级人民法院关于进一步加强全省法院调解工作的意见

江苏省高级人民法院关于当前宏观经济形势下依法妥善审理非金融机构借贷合同纠纷案件若干问题的意见

关于为我省加快转变经济发展方式提供司法保障的意见

江苏省高级人民法院婚姻家庭案件审理指南（2010年）

关于为促进我省中小民营企业健康发展提供司法保障的意见

江苏省高级人民法院侵犯专利权纠纷案件审理指南

江苏省高级人民法院关于印发《江苏省高级人民法院关于为实施创新驱动战略推进科技创新工程加快建设创新型省份提供司法保障的意见》的通知

江苏省高级人民法院涉外商事案件审理指南

苏州地区法院审理企业破产重整案件的经验

关于印发《苏州市拒不支付劳动报酬案件移送和查处工作实施办法（试行）》的通知

江苏省高级人民法院关于认真贯彻落实党的十八大和省委十二届四次全会精神　为开创江苏科学发展新局面提供坚强司法保障的意见

江苏省高级人民法院关于人民法院审理确认调解协议案件若干问题的讨论纪要

江苏省高级人民法院关于做好修改后的《中华人民共和国民事诉讼法》施行后立案审判工作的讨论纪要

江苏省高级人民法院、江苏省人民检察院、江苏省公安厅、江苏省司法厅关于印发《关于防范和查处虚假诉讼的规定》的通知

关于执行疑难若干问题的解答

江苏省高级人民法院关于我省执行拒不支付劳动报酬罪数额标准的意见

江苏省高级人民法院关于实行网上司法拍卖（变卖）的规定

关于当前商事审判若干问题的解答（二）

江苏省高级人民法院登记立案工作流程规定（试行）

江苏省高级人民法院、江苏省人民检察院、江苏省公安厅、江苏省国家安全厅、江

苏省司法厅关于印发《关于进一步规范司法人员与当事人、律师、特殊关系人、中介组织接触交往行为的实施办法》的通知

江苏省高级人民法院关于民间借贷、借款、担保合同案件涉及经济犯罪若干问题的纪要

江苏省高级人民法院关于充分发挥破产审判职能作用服务保障供给侧结构性改革去产能的意见

江苏省高级人民法院印发《关于实行审判权与执行权相分离体制改革的实施方案》的通知

江苏省高级人民法院关于在基层法院开展民商事案件速裁工作的意见

江苏省高级人民法院印发《关于深入推进矛盾纠纷多元化解和案件繁简分流的实施意见（试行）》通知

江苏省高级人民法院破产案件审理指南（2017年修订）

江苏省高级人民法院、江苏省司法厅关于开展律师调解工作的实施意见

江苏省高级人民法院关于"执转破"案件简化审理的指导意见

江苏省高级人民法院关于规范轮候查封案件、流拍案件结案问题的通知

江苏省高级人民法院、江苏省住房和城乡建设厅印发《关于建立住房公积金执行联动机制的指导意见》的通知

江苏省高级人民法院关于规范执行案件移送破产的若干规定（2018）

江苏省高级人民法院关于印发《关于充分发挥审判职能作用为企业家创新创业营造良好法治环境的实施意见》的通知

江苏省高级人民法院关于全面推进"分调裁审"机制改革的实施办法（试行）

江苏省高级人民法院关于加强金融审判维护金融安全的指导意见

南京市中级人民法院关于做好当前疫情防控期间破产审判工作的指导意见

江苏省盐城市中级人民法院关于印发《全市法院切实履行审判职能为依法防控疫情提供有力司法服务和保障的工作意见》的通知

常州市中级人民法院关于印发《关于依法防控疫情保障企业稳经营促发展的意见》的通知

江苏省高级人民法院关于切实做好疫情防控期间执行工作的实施意见

江苏省高级人民法院关于为依法防控疫情和促进经济社会发展提供司法服务保障的指导意见

江苏省高级人民法院关于印发《关于做好新冠肺炎疫情防控期间破产审判工作的实施意见》的通知

江苏省高级人民法院关于正确理解和适用参与分配制度的指导意见

江苏省高级人民法院、国家税务总局江苏省税务局关于做好企业破产处置涉税事项办理优化营商环境的实施意见

江苏省高级人民法院关于强化依法规范公正善意文明执行理念进一步做好优化营商环境工作的指导意见

江苏省高级人民法院侵犯商业秘密民事纠纷案件审理指南（修订版）

江苏省高级人民法院侵害商标权民事纠纷案件审理指南（修订版）

江苏省高级人民法院关于开展"与个人破产制度功能相当试点"工作中若干问题解答

关于做好破产企业金融事项办理优化营商环境的实施意见

江苏省高级人民法院关于印发《全省法院服务保障疫情防控和经济社会发展十二条司法措施》的通知

江苏省高级人民法院执行异议及执行异议之诉案件办理工作指引（一）

四、浙江地区

浙江省高级人民法院关于落实"三项承诺"的实施意见

浙江省高级人民法院关于印发第一批《浙江省人民法院破产案件管理人名册》入册名单的通知

浙江省高级人民法院关于对外委托拍卖管理的规定（试行）

浙江省高级人民法院关于资金链断裂引发企业债务重大案件的集中管辖问题的通知

浙江省高级人民法院审理金融纠纷案件若干问题讨论纪要

浙江省高级人民法院关于贯彻落实《国家知识产权战略纲要》充分发挥司法保护知识产权主导作用的举措

浙江省高级人民法院关于充分发挥司法职能保障经济平稳较快发展的指导意见

关于审理劳动争议案件若干问题的意见（试行）

浙江省高级人民法院关于审理民间借贷纠纷案件若干问题的指导意见

浙江省高级人民法院关于为中小企业创业创新发展提供司法保障的指导意见

浙江省高级人民法院民二庭关于印发《商事审判若干疑难问题理解》的通知

浙江省高级人民法院关于审理典当纠纷案件若干问题的指导意见

浙江省高级人民法院民事审判第一庭关于审理建设工程施工合同纠纷案件若干疑难问题的解答

温州市中级人民法院关于为温州市金融综合改革试验区建设提供司法保障的若干意见

浙江省高级人民法院关于印发第二批《浙江省人民法院破产案件社会中介机构管理人名册》《浙江省人民法院破产案件个人管理人名册》的通知

浙江省高级人民法院印发《关于部分罪名定罪量刑情节及数额标准的意见》的通知

浙江省高级人民法院关于印发《关于服务金融改革大局依法妥善审理民间借贷纠纷案件的若干意见》的通知

浙江省高级人民法院印发《关于规范企业破产案件管理人工作若干问题的意见》的通知

浙江省高级人民法院关于办理民事再审检察建议案件的纪要

浙江省高级人民法院关于民事抗诉案件审查工作的纪要

温州市中级人民法院关于印发《关于试行简化破产案件审理程序的会议纪要》的通知

温州市中级人民法院关于印发《关于执行程序和破产程序衔接的会议纪要》的通知

浙江省高级人民法院关于印发《网络司法拍卖（变卖）工作规程（试行）》的通知

浙江省高级人民法院关于印发《关于企业破产案件简易审若干问题的纪要》的通知

浙江省高级人民法院关于印发《关于企业破产财产变价、分配若干问题的纪要》的通知

浙江省高级人民法院、浙江省人民检察院、浙江省公安厅关于当前办理集资类刑事案件适用法律若干问题的会议纪要（三）

宁波市中级人民法院关于网络司法拍卖（变卖）工作规定（试行）

浙江省高级人民法院民二庭关于印发《关于审理公司强制清算案件若干问题的纪要》的通知

温州市中级人民法院关于贯彻实施《温州市民间融资管理条例》的纪要

浙江省高级人民法院关于进一步规范管理人动态管理若干事项的通知

关于印发《关于建立律师主持和解制度及沟通机制的实施意见》的通知

关于印发《关于进一步做好拒不支付劳动报酬案件查处移送工作实施意见》的通知

关于为宁波市建设金融生态示范区提供司法保障的实施细则

助力经济社会平稳运行的通知

浙江省高级人民法院印发《审理第三人撤销之诉案件疑难问题解答》的通知

浙江省高级人民法院、浙江省司法厅、浙江省律师协会关于进一步加强在线诉讼的若干意见

浙江省高级人民法院关于印发《浙江法院个人债务集中清理（类个人破产）工作指引（试行）》的通知

浙江省高级人民法院关于规范律师调查令制度的办法

浙江省高级人民法院执行局关于规范执行审计相关问题的工作指引

诸暨市人民法院关于审理预重整案件的操作指引（试行）

关于优化营商环境完善破产程序配套金融服务若干问题的纪要

五、上海地区

上海市高级人民法院关于本市破产案件受理审批的通知

上海市高级人民法院关于印发《关于审理企业法人破产案件若干问题的解答》的通知

上海市高级人民法院企业破产管理人管理办法

上海市高级人民法院关于指定企业破产案件管理人的办法

上海市高级人民法院关于公司强制清算案件指定清算组中介机构适用企业破产案件管理人指定办法

上海市高级人民法院关于调整本市企业破产案件受理审批工作的规定

上海市高级人民法院关于在企业破产案件审理中严格执行《上海法院涉国有资产司法委托拍卖操作规则（试行）》的通知

上海法院企业破产案件管理人工作职责指引

上海市高级人民法院企业破产案件管理人管理办法

上海市高级人民法院企业破产案件管理人名册评审办法

上海市高级人民法院关于编制第二批企业破产案件管理人名册的公告

上海市高级人民法院关于评定企业破产案件一级管理人的公告

上海市高级人民法院指定企业破产案件管理人办法

上海市高级人民法院关于简化程序加快推进破产案件审理的办案指引

关于印发《上海市高级人民法院破产审判工作规范指引（试行）》的通知

上海法院企业破产案件管理人信息披露规则（试行）

上海市高级人民法院上海市人力资源和社会保障局关于企业破产欠薪保障金垫付和追偿的会商纪要

上海市高级人民法院上海市市场监督管理局关于企业注销若干问题的会商纪要

上海市高级人民法院、上海市人力资源和社会保障局关于企业破产欠薪保障金垫付和追偿的会商纪要

上海市高级人民法院上海市工商业联合会关于加强合作促进民营经济健康发展的合作意见备忘录

上海市高级人民法院关于疫情防控期间办理破产案件相关问题的通知

上海市高级人民法院关于破产受理等信息即时推送以及做好相关衔接工作的指引

上海市高级人民法院中国人民银行上海分行关于合作推进企业重整优化营商环境的会商纪要

上海市高级人民法院国家税务总局上海市税务局关于优化企业破产程序中涉税事项办理的实施意见

上海市高级人民法院上海市住房和城乡建设管理委员会关于破产程序中规范处置住房公积金债权的会商纪要

上海市高级人民法院关于破产衍生诉讼案件诉讼费缓交相关问题的通知

上海市高级人民法院　上海市司法局关于印发《上海市破产管理人分级管理办法（试行）》的通知

上海市高级人民法院关于破产程序中财产网络拍卖的实施办法（试行）

上海市高级人民法院破产审判工作规范指引（2021）（节选）

上海市高级人民法院关于简化程序加快推进破产案件审理的办案指引（修订）

关于上海市破产管理人扩容、分级的预通知

上海市高级人民法院关于调整上海法院强制清算与破产案件集中管辖的通知

上海市高级人民法院执行转破产工作的规范指引（2022 年版）

上海市高级人民法院关于解除破产案件债务人财产保全和相关执行措施的暂行办法

上海市高级人民法院关于涉新冠肺炎疫情案件法律适用问题的系列问答五（2022 年版）（节选）

上海破产法庭预重整案件办理规程（试行）

上海市高院、市司法局关于协同加强"办理破产"工作优化营商环境的若干意见

六、天津地区

天津市高级人民法院关于调整天津市各级人民法院第一审民商事案件级别管辖标准的通知

天津市高级人民法院关于裁定不予承认和执行社团法人日本商事仲裁协会东京05—03号仲裁裁决的报告

天津市高级人民法院关于刑法分则部分条款犯罪数额和情节认定标准的意见

天津市高级人民法院印发《天津法院文化建设五年纲要》的通知

天津市高级人民法院关于为"促发展、惠民生、上水平"提供司法保障与服务的实施意见

天津市高级人民法院关于为"调结构、惠民生、上水平"提供司法保障与服务的实施意见

天津市高级人民法院关于为美丽天津建设提供司法保障与服务的实施意见

天津市高级人民法院关于依法保障和促进民营经济发展的实施意见

天津市高级人民法院关于院机关与审判区受理案件范围的规定

关于印发《天津市高级人民法院关于进一步规范诉讼费用收取标准的指导意见（试行）》的通知

天津市高级人民法院关于审理保理合同纠纷案件若干问题的审判委员会纪要（一）

天津二中院金融商事审判白皮书（2013—2014）

天津市高级人民法院关于审理保理合同纠纷案件若干问题的审判委员会纪要（二）

关于刑法部分罪名数额执行标准和情节认定标准的意见

天津市高级人民法院关于印发《天津市高级人民法院关于建立涉民生案件立案、审判与执行工作协调配合机制的意见》的通知

天津市高级人民法院关于实施修订后的《〈关于常见犯罪的量刑指导意见〉实施细则》的通知

关于印发《关于落实"三个着力"重要要求为我市"一基地三区"建设提供司法保障的具体意见》的通知

关于印发第二批《天津法院司法工作标准（2017年修订版）》的通知

关于印发《天津市高级人民法院关于为供给侧结构性改革提供司法服务和保障的意见》的通知

天津市高级人民法院关于印发《天津法院破产管理人名册编制办法》的通知

天津市高级人民法院关于印发《天津市高级人民法院关于进一步为我市深化国有企业改革提供司法保障的实施意见》的通知

天津市高级人民法院关于印发《天津市高级人民法院关于依法保障企业家合法权益营造创新创业发展良好法治环境的实施意见》的通知

天津市高级人民法院关于印发《天津市高级人民法院关于进一步为民营经济发展提供司法保障的实施意见》的通知

天津市高级人民法院、天津市人力资源和社会保障局印发《关于审理劳动人事争议案件的会议纪要》的通知

天津市高级人民法院关于印发《天津法院财产保全案件审查指南（试行）》的通知

天津市高级人民法院关于印发《天津法院立案工作指南（试行）》的通知

天津市高级人民法院关于印发《天津市高级人民法院指定破产管理人工作办法》的通知

天津市高级人民法院关于印发《天津市高级人民法院破产管理人分级管理办法》的通知

天津市高级人民法院关于适用快速审理方式审理破产案件的审判委员会纪要

七、山东地区

山东省高级人民法院关于规范民事诉讼调解工作的意见

山东省高级人民法院关于一审民商事诉讼审前准备程序的暂行规定

山东省高级人民法院关于审理公司纠纷案件若干问题的意见（试行）

山东省高级人民法院关于充分发挥人民法院职能作用，为经济平稳较快发展与社会和谐稳定提供有力司法保障和服务的意见

山东省高级人民法院关于中国银行股份有限公司莱芜分行与山东岱银纺织集团股份有限公司信用证纠纷一案的请示

山东省高级人民法院2011年民事审判工作会议纪要

山东省泰安市中级人民法院关于审理民间借贷纠纷案件若干问题的指导意见

山东省高级人民法院关于更新企业破产案件管理人名册的公告

山东省高级人民法院关于企业破产案件管理人名单的公告

济南市中级人民法院关于印发《破产案件审判操作指引（试行）》的通知

山东省高级人民法院关于印发修订后《常见犯罪量刑指导意见实施细则》的通知

关于明确执行案件移送破产审查管辖的通知

山东省高级人民法院民二庭关于审理公司纠纷案件若干问题的解答

山东省高级人民法院关于加强生态环境司法保护服务保障"四减四增"工作的意见

关于破产案件中采取网络司法拍卖方式处置破产财产的通知

山东省高级人民法院、山东省人力资源和社会保障厅关于审理劳动人事争议案件若干问题会议纪要

山东省高级人民法院关于印发《企业破产案件审理规范指引（试行）》的通知

山东省高级人民法院关于为依法防控疫情和促进经济平稳运行提供司法保障的意见

山东省高级人民法院民事审判第二庭法官会议纪要（第一期）

济南市中级人民法院执行局关于民事执行案件执前和解工作实施细则（试行）

济南市中级人民法院关于破产案件简化审理程序的操作规程（试行）

山东省高级人民法院关于服务保障在常态化疫情防控中加快生产生活秩序全面恢复和九大改革攻坚行动的意见

山东省高级人民法院关于编制企业破产案件管理人名册的公告

山东省高级人民法院执行疑难法律问题解答（二）

山东省东营市中级人民法院关于个人债务清理的实施意见（试行）

山东省高级人民法院执行疑难法律问题解答（三）

威海市中级人民法院关于审理预重整案件的操作指引（试行）

山东省高级人民法院办公室关于印发劳动争议热点难点问题诉讼指引的通知

八、重庆地区

重庆市高级人民法院关于在强制执行中实施审计调查若干问题的规定（试行）

重庆市高级人民法院、重庆市人民检察院印发《关于规范民事行政检察建议工作的若干意见（试行）》的通知

重庆市高级人民法院关于第二批企业破产案件管理人名册的公告

重庆市高级人民法院关于贯彻落实最高人民法院《关于正确审理企业破产案件为维护市场经济秩序提供司法保障若干问题的意见》有关问题的通知

重庆市高级人民法院关于司法拍卖工作的规定（试行）

重庆市高级人民法院转发《最高人民法院关于审理公司强制清算案件工作座谈会纪要》的通知

涉外商事案件诉讼指南

关于印发《办理拒不支付劳动报酬案件的实施意见》的通知

重庆市高级人民法院关于办理实现担保物权案件若干问题的解答

重庆市高级人民法院关于执行程序中移送破产审查若干问题的解答

重庆市高级人民法院《关于常见犯罪的量刑指导意见》实施细则（2017）

重庆市高级人民法院关于民事诉讼管辖若干问题的解答

重庆市高级人民法院关于执行分配方案异议之诉若干问题的解答

重庆市高级人民法院、重庆市人民检察院、重庆市公安局印发《关于办理非法集资类刑事案件法律适用问题的会议纪要》的通知

重庆市高级人民法院关于印发《破产重整申请审查工作指引（暂行）》的通知

重庆市高级人民法院关于提请审议刘晓龙等三十八位同志职务任免的议案

重庆市高级人民法院民营企业法律风险防控提示书

重庆市高级人民法院关于为高新技术产业开发区建设提供司法服务和保障的意见

重庆市高级人民法院印发《关于重庆两江新区人民法院　重庆自由贸易试验区人民法院受案范围的规定（修订）》的通知

重庆市高级人民法院关于为重庆在推进新时代西部大开发中发挥支撑作用提供司法服务和保障的意见

重庆市高级人民法院关于破产案件简化审理的工作规范

重庆市高级人民法院转发《最高人民法院关于同意重庆市第五中级人民法院内设专门审判机构并集中管辖部分破产案件的批复》的通知

重庆市高级人民法院关于为依法防控疫情与经济社会平稳发展提供司法保障的意见

重庆市高级人民法院依法防控疫情与保障经济社会发展十二条措施

重庆市高级人民法院关于在民事诉讼中推行律师调查令的意见（2020修订）

重庆市高级人民法院印发《关于进一步协调破产审判与执行工作持续优化营商环境的意见》的通知

重庆市高级人民法院　国家税务总局重庆市税务局关于印发《关于建立企业破产处置协作机制的指导意见》的通知

九、湖南地区

湖南省高级人民法院关于实行破产案件收、结案审查备案制度的通知

湖南省高级人民法院关于审理涉及银行不良金融资产转让纠纷的指导意见

湖南省高级人民法院关于印发《关于全省各级人民法院受理第一审民商事案件级别管辖的规定》的通知

长沙市中级人民法院关于选定企业破产案件管理人的公告

湖南省高级人民法院关于审理劳动争议案件若干问题的指导意见

湖南省高级人民法院关于印发《湖南省高级人民法院关于贯彻〈最高人民法院关于常见犯罪的量刑指导意见〉的实施细则》的通知

湖南省高级人民法院关于规范企业破产案件管理人工作的若干意见（试行）

湖南省高级人民法院关于涉新型冠状病毒感染肺炎疫情案件法律适用若干问题的解答

湖南省高级人民法院关于为扎实做好"六稳"工作，全面落实"六保"任务提供司法服务和保障的意见

湖南省高级人民法院印发《湖南省高级人民法院关于用好司法政策切实保护企业发展的通知》的通知

十、陕西地区

陕西省高级人民法院印发《关于为我省"十一五"规划顺利实施提供司法保障的意见》的通知

陕西省高级人民法院印发《关于为推动科学发展促进社会和谐把陕西建成西部强省提供司法保障的意见》的通知

陕西省高级人民法院关于为维护国家金融安全和经济全面协调可持续发展提供司法保障的实施意见

陕西省高级人民法院关于为全省"十二五"规划顺利实施提供司法保障的意见

陕西省高级人民法院关于适用刑法有关条款数额、情节标准的意见

陕西省高级人民法院关于印发《关于执行案件移送破产审查工作的实施意见（试行）》的通知

陕西省高级人民法院关于执行案件移送破产审查、审理操作规程（试行）

陕西省高级人民法院关于为做好疫情防控 促进陕西经济社会发展提供有力司法服务和保障的意见

陕西省高级人民法院关于为奋力谱写陕西高质量发展新篇章提供有力司法服务与保障的意见

陕西省高级人民法院关于建立执行移送破产直通机制工作指引（试行）

十一、四川地区

四川省高级人民法院印发《关于审理破坏社会主义市场经济秩序罪案件适用法律若干问题的意见》的通知

涉外民商事案件诉讼指南

四川省高级人民法院民事审判第一庭关于印发《关于审理劳动争议案件若干疑难问题的解答》的通知

四川省高级人民法院关于印发《关于审理民商事纠纷管辖权异议案件的工作规范（试行）》的通知

成都市中级人民法院破产案件管理人考核评价办法（试行）

四川省高级人民法院关于印发《关于审理破产案件若干问题的解答》的通知

四川省高级人民法院关于充分发挥审判职能作用为打赢疫情防控阻击战提供有力司法保障的指导意见

成都市中级人民法院破产案件预重整操作指引（试行）

四川省成都市中级人民法院　国家税务总局成都市税务局关于企业破产程序涉税事项合作备忘录

四川省高级人民法院　四川省人民检察院关于印发《〈关于常见犯罪量刑指导意见（试行）〉实施细则（试行）》的通知

十二、河南地区

河南省高级人民法院关于更新企业破产案件管理人名册的公告

郑州市中级人民法院关于印发《郑州市中级人民法院审理预重整案件工作规程（试行）》的通知

河南省高级人民法院印发《关于依法妥善办理中小微企业受疫情影响案件的工作指引》的通知

关于印发《关于办理合同诈骗刑事案件若干问题的座谈会纪要》的通知

安阳市中级人民法院关于关联公司实质性合并破产操作指引（试行）

河南省高级人民法院关于审理企业破产案件破产成本管理的指引

河南省高级人民法院关于规范企业破产案件管理人工作的意见

河南省高级人民法院　国家税务总局河南省税务局印发《关于企业破产程序涉税问题处理的实施意见》的通知

河南省高级人民法院、河南省地方金融监督管理局、中国人民银行郑州中心支行、中国银行保险监督管理委员会河南监管局印发《关于加强对破产重整企业金融支持的意见》的通知

十三、江西地区

江西省高级人民法院关于民事案件对外委托司法鉴定工作的指导意见

新余市中级人民法院关于规范执行案件中止、终结执行的若干规定（试行）

江西省高级人民法院关于印发《江西省高级人民法院〈关于常见犯罪的量刑指导意见〉实施细则》的通知

关于印发《江西省涉嫌拒不支付劳动报酬犯罪案件查处衔接工作办法》的通知

江西省高级人民法院关于充分发挥审判职能作用为疫情防控提供司法服务和保障的意见

江西省高级人民法院、江西省人力资源和社会保障厅印发《关于办理劳动争议案件若干问题的解答（试行）》的通知

江西省高级人民法院关于转发《江西省企业破产管理人协会企业破产援助资金使用和管理办法（试行）》的通知

江西省高级人民法院关于审理企业破产预重整案件工作指引

江西省高级人民法院关于印发破产案件适用快速审理方式的工作指引的通知

十四、福建地区

关于印发《关于部分经济犯罪、渎职犯罪案件数额幅度及情节认定问题的座谈纪要》的通知

福建省高级人民法院关于审理劳动争议案件若干问题的意见

福建省高级人民法院关于印发《审理人身损害赔偿案件若干问题的意见》等三个《意见》的通知

福建省高级人民法院关于全面加强诉讼调解工作推动建立健全多元纠纷解决机制的意见

厦门市中级人民法院关于编制企业破产案件管理人名册的公告

福建省高级人民法院关于印发《福建法院服务保障中国（福建）自由贸易试验区建设的意见》的通知

福建省高级人民法院、福建省司法厅关于开展律师调解试点工作的实施意见

福建省高级人民法院关于充分发挥审判职能作用为坚决打赢疫情防控阻击战提供有力司法服务保障的指导意见

十五、广西地区

广西壮族自治区高级人民法院关于印发修订后《广西壮族自治区高级人民法院〈关于常见犯罪的量刑指导意见〉实施细则》的通知

广西壮族自治区高级人民法院民二庭关于印发《关于审理涉及新冠肺炎疫情民商事案件的指导意见》的通知

广西壮族自治区高级人民法院民二庭关于印发《关于办理破产案件若干问题的指导意见》的通知

广西壮族自治区高级人民法院民二庭关于审理公司纠纷案件若干问题的裁判指引

广西壮族自治区高级人民法院关于司法保障产权和企业家权益的十条意见

广西壮族自治区高级人民法院关于充分发挥审判职能作用服务保障"六稳""六保"工作的实施意见

十六、贵州地区

贵州省高级人民法院关于印发《关于审理涉金融类纠纷案件若干问题的会议纪要》的通知

贵州省高级人民法院关于印发《破产管理人管理制度》的通知

关于依法严厉打击妨害新型冠状病毒肺炎疫情防控违法犯罪的通告

贵州省高级人民法院、贵州省人民检察院、贵州省公安厅、贵州省司法厅关于依法严厉打击妨害新冠肺炎疫情防控违法犯罪的通告

关于印发《关于企业破产程序涉税问题处理的实施意见》的通知

贵州省高级人民法院关于印发《贵州省高级人民法院破产审判工作实务操作指引（试行）》的通知

十七、吉林地区

吉林省高级人民法院《关于常见犯罪的量刑指导意见》实施细则

关于商事审判若干疑难问题的解答（一）

吉林省高级人民法院省级企业破产案件管理人机构名册评选办法

吉林省高级人民法院关于编制省级企业破产案件管理人机构名册的公告

关于印发《吉林省高级人民法院关于审理劳动人事争议案件法律适用问题的解答

（三）》的通知

吉林省长春市中级人民法院关于设立长春破产法庭并集中管辖部分破产案件的公告

十八、辽宁地区

沈阳市中级人民法院关于审理房地产案件若干问题的处理意见（之二）

辽宁省高级人民法院关于当前商事审判中适用法律若干问题的指导意见

辽宁省沈阳市中级人民法院关于编制企业破产案件管理人名册的公告

沈阳市中级人民法院关于办理简易执行案件的暂行办法

辽宁省大连市中级人民法院、国家税务总局大连市税务局印发《关于优化企业破产处置过程中涉税事项办理的意见》的通知

辽宁省大连市中级人民法院、大连市市场监督管理局印发《关于企业破产中办理公司登记事项若干问题的意见》的通知

十九、内蒙古地区

内蒙古自治区高级人民法院关于印发《全区法院劳动争议案件审判实务研讨会会议纪要》的通知

内蒙古自治区高级人民法院印发《关于技术咨询和技术审核工作管理规定（试行）》《关于民事执行中评估、拍卖和变卖工作实施细则（试行）》和《关于对外委托工作管理规定（修订）》的通知

内蒙古自治区高级人民法院印发《关于审理破产案件指定管理人若干问题的实施意见（试行）》的通知

内蒙古自治区高级人民法院、内蒙古自治区劳动人事争议仲裁委员会关于劳动人事争议案件适用法律若干问题的指导意见

内蒙古自治区高级人民法院关于审理涉新冠肺炎疫情民商事案件相关问题的指引

二十、其他地区

安徽省高级人民法院关于审理劳动争议案件若干问题的意见

关于印发安徽省高级人民法院《关于常见犯罪的量刑指导意见》实施细则的通知

安徽省高级人民法院关于充分发挥审判职能作用依法促进非公有制经济发展的指导意见

安徽省高级人民法院　国家税务总局安徽省税务局关于企业破产程序中有关涉税事项处理的意见

甘肃省高级人民法院关于印发《甘肃省高级人民法院企业破产案件管理人名册（2007 年度）》的通知

海南省高级人民法院印发《海南省高级人民法院关于企业破产清算案件快速审理的若干意见（试行）》的通知

海南省高级人民法院关于印发《企业破产案件程序指引》的通知

河北省高级人民法院关于为县域经济发展提供司法保障和服务的实施意见

关于规范拒不支付劳动报酬案件办理流程的意见

黑龙江省高级人民法院关于印发《全省法院司法技术工作司法廉洁若干规定（试行）》的通知

黑龙江省高级人民法院对外委托鉴定、评估、拍卖等工作管理制度

黑龙江省高级人民法院关于严厉打击涉疫情防控相关刑事犯罪的紧急通知

黑龙江省高级人民法院关于充分发挥司法职能　支持企业应对疫情　服务保障企业健康发展的意见

湖北省高级人民法院《关于常见犯罪的量刑指导意见》实施细则

武汉市中级人民法院关于加强立案、审判与执行工作协调配合的若干意见（试行）

湖北省高级人民法院关于认真学习贯彻《湖北省人民代表大会关于奋力夺取疫情防控和经济社会发展双胜利的决定》的通知

湖北省高级人民法院关于营造法治化营商环境工作座谈会纪要

宁夏回族自治区高级人民法院关于充分发挥审判职能作用为实施生态立区战略提供司法服务和保障的意见

宁夏回族自治区高级人民法院关于印发《关于开展涉金融案件专项执行活动实施方案》的通知

青海省高级人民法院关于印发《青海省高级人民法院关于规范审理企业破产案件的实施意见》的通知

青海省高级人民法院关于全省法院第一审民商事案件级别管辖标准的意见

青海省高级人民法院《关于常见犯罪的量刑指导意见》实施细则

山西省高级人民法院关于服务"四为四高两同步"保障高质量转型发展的指导意见

新疆维吾尔自治区高级人民法院关于指定乌鲁木齐铁路运输两级法院案件管辖范围的规定（试行）

新疆维吾尔自治区高级人民法院关于应对疫情为企业健康发展提供司法保障的十二

条意见

昆明市中级人民法院规范执行工作实施办法

云南省高级人民法院关于充分发挥审判职能作用依法促进和保障我省非公有制经济健康发展的意见

云南省高级人民法院关于印发《破产案件审判指引（试行）》的通知

昆明市中级人民法院关于规范全市法院房地产企业破产案件审理相关问题的指引（试行）

第五节　行业、协会规定

一、全国性组织

中华全国律师协会律师担任破产管理人业务操作指引

中注协发布《注册会计师承办企业破产案件相关业务指南（试行）》

中国注册会计师协会关于配合做好《企业破产法》及相关司法解释实施有关工作的通知

中国注册会计师协会关于印发《中国注册会计师协会破产清算专业指导委员会工作规则》及委员会组成人员名单的通知

注册会计师承办企业破产案件相关业务指南（试行）

中华全国律师协会律师担任破产管理人业务操作指引

二、北京地区

北京注册会计师协会关于印发《北京注册会计师注册资产评估师行业治理商业贿赂专项工作自查自纠阶段工作实施方案》的通知

北京注册会计师协会专家委员会专家提示〔2014〕第 8 号——钢材贸易类企业主要业务审计风险提示

北京注册会计师协会专家委员会专家提示〔2015〕第 2 号——对坏账准备的相关考虑

关于《北京市高级人民法院关于编制企业破产案件机构管理人名册的公告》的补充通知

北京注册会计师协会专业技术委员会专家提示〔2019〕第6号——破产重整程序中共益债务识别及应对

北京资产评估协会维权委员会专家提示〔2019〕年第1号——资产评估委托合同风险提示

北京注册会计师协会专业技术委员会专家提示〔2020〕第4号——非持续经营的审计关注

资产评估业务所涉刑事犯罪案例分析及风险防范建议

北京注册会计师协会专业技术委员会专家提示〔2020〕第11号——上市公司重组需关注事项

北京资产评估协会惩戒委员会资产评估机构诉讼案例集

三、上海地区

上海市律师事务所担任管理人参与办理本市破产案件使用管理人工作平台操作指引（2016）

律师代理破产债权的申报与审核业务操作指引（2016）

律师承办破产程序申请业务操作指引（2017）（试行）

破产案件债权人会议的筹备及召开操作指引（2017）

律师办理上海地区破产案件在疫情防控形势下召开远程无纸化债权人会议的工作操作指引（试行）（2020）

律师办理上海地区破产案件在疫情防控形势下进行书面债权申报的工作操作指引（试行）（2020）

上海市破产管理人分级管理办法（试行）

关于发布《上海证券交易所上市公司自律监管指引第13号——破产重整等事项》的通知

关于发布《上海市破产管理人协会破产案件管理人工作指引（试行）》的通知

四、其他地区

广东省资产评估协会关于继续执行粤价〔2010〕142号文规定的资产评估收费标准

广东省注册会计师协会关于会计师事务所开展破产审计业务的风险提示函

江苏省注册会计师协会关于对《会计师事务所担任破产管理人业务指引（试行）（征求意见稿）》征求意见的通知

江苏省注册会计师协会关于印发《江苏省会计师事务所担任破产管理人业务指引（试行）》的通知

浙江省注册会计师协会关于要求从事企业破产案件相关业务的会计师事务所进行预登记的通知

浙江省注册会计师协会关于印发《财产状况报告编制指引（试行）（适用于非金融企业破产重整）》的通知

图书在版编目(CIP)数据

破产债权人权利保护实务指南/吴华彦主编.—上
海:上海人民出版社,2023
ISBN 978-7-208-18209-7

Ⅰ.①破⋯ Ⅱ.①吴⋯ Ⅲ.①破产法-中国-指南
Ⅳ.①D922.291.92-62

中国国家版本馆 CIP 数据核字(2023)第 050782 号

责任编辑 夏红梅
封面设计 一本好书

破产债权人权利保护实务指南
吴华彦 主编

出　　版　上海人民出版社
　　　　　(201101　上海市闵行区号景路 159 弄 C 座)
发　　行　上海人民出版社发行中心
印　　刷　上海商务联西印刷有限公司
开　　本　787×1092　1/16
印　　张　21.5
插　　页　2
字　　数　296,000
版　　次　2023 年 7 月第 1 版
印　　次　2023 年 7 月第 1 次印刷
ISBN 978-7-208-18209-7/D·4103
定　　价　88.00 元